连云港孔望山

Kongwangshan of Lianyungang

中国国家博物馆田野考古研究中心
南京博物院考古研究所
连云港市文物管理委员会办公室　编著
连云港市博物馆

文物出版社

绘　　图：丁晓愉
摄　　影：宗同昌
拓片制作：傅万里

封面设计：周小玮
责任印制：陈　杰
责任编辑：张庆玲

图书在版编目（CIP）数据

连云港孔望山 / 中国国家博物馆田野考古研究中心，
南京博物院考古研究所，连云港市文物管理委员会办公
室，连云港市博物馆编著. – 北京：文物出版社，2010.1
ISBN 978-7-5010-2684-5

Ⅰ. 连…　Ⅱ. ①中…　②南…　③连…　Ⅲ. 石刻
– 文化遗址 – 发掘报告 – 连云港市　Ⅳ. K877.405

中国版本图书馆 CIP 数据核字（2009）第 013867 号

连 云 港 孔 望 山

中国国家博物馆田野考古研究中心
南 京 博 物 院 考 古 研 究 所　编著
连云港市文物管理委员会办公室
连 云 港 市 博 物 馆
＊
文物出版社出版发行
（北京东直门内北小街 2 号楼）
http://www.wenwu.com
E-mail: web@wenwu.com
北京达利天成印刷有限公司印刷
新 华 书 店 经 销
787 × 1092　1/8　印张：35　插页：3
2010 年 1 月第 1 版　第 1 次印刷
ISBN 978-7-5010-2684-5　定价：980 元

Kongwangshan of Lianyungang

By

Center for Field Archaeology and Research, National Museum of China

Archaeological Institute, Nanjing Museum

Office of Cultural Relics Management Committee, City of Lianyungang

Lianyungang City Museum

Cultural Relics Press

Beijing · 2010

连云港孔望山（南→北）

目　次

下　编

插 图 目 次

前　言

孔望山是位于江苏省连云港市海州区东2.5公里处的一座孤立小山，草木葱茏，风景秀丽。山麓崖壁间的大量题刻表明这里自北宋末年以来即为文人骚客的流连探幽之所。

孔望山在学术界引起注目是因为雕凿在西南山麓的摩崖造像群被识别出有早期佛教内容，1980年学界就对此区域的古代遗址进行了系统调查和研究。随着研究的深入，发现当年资料的披露也有欠完整，并且根据遗址的规模推测当时还应存在相属的地面建筑，为了全面、客观地公布孔望山摩崖造像群及其周边的文物遗迹资料，推进相关学术研究，1999年原中国历史博物馆考古部向国家文物局提交报告，计划对孔望山遗址群进行全面的考古调查和发掘。

2000年初，经国家文物局批准，由原中国历史博物馆考古部、南京博物院考古研究所、连云港市文物管理委员会办公室、连云港市博物馆四方联合组成连云港孔望山遗址考古队。由原中国历史博物馆考古部主任信立祥和南京博物院考古研究所所长张敏共同担任领队，队员主要有原中国历史博物馆王睿、丁晓愉、傅万里、闫子瑛，南京博物院王奇志、赵东升，连云港

市文物管理委员会办公室骆琳、孙亮、石峰，连云港市博物馆项剑云、纪达凯、陈刚、高海燕、周海华，故宫博物院宗同昌，上海博物馆蔡筱明，无锡市锡山区文物管理委员会办公室邹忆军等。丁晓愉、蔡筱明和闫子瑛负责绘图，宗同昌负责摄影，石刻造像与石刻题记的捶拓工作由傅万里承担。

2000年至2003年开展的田野工作分为二步：第一步是对孔望山遗址群进行全面调查，主要是对地面遗迹进行踏查和对重点区域试掘以寻找相关的建筑基址；第二步是在调查和试掘的基础上对孔望山遗址中的遗迹进行全面的资料采集工作。

通过调查和发掘，基本搞清了孔望山遗址群的遗迹数量、种类和分布范围。遗迹分为古城址、石刻遗迹、古建筑基址三大类，均分布在孔望山山脊和凤凰山山脊之间约30万平方米的范围内，由于孔望山古城的南北城垣是沿两山山脊修建的，因此全部遗迹均分布在古城城垣之内。石刻遗迹主要分布在孔望山南麓和东主峰上。分布在孔望山南麓的石刻遗迹自西向东有摩崖造像群及其南侧谷地中的圆雕石蟾蜍、圆雕石象、石碑座和人工石室"龙洞"，孔望山东主峰上的石刻遗迹有杯盘刻石和承

露盘。

调查工作的重点是寻找与遗址群相关的古建筑遗址。根据地形地貌和从地面采集到的瓦当等建筑遗物的分布范围判断，在石碑座以西、摩崖造像群以南的平坦谷地上最有可能建造大型建筑，所以在此区域布设了多个规格不等的探沟和探方。

经过试掘，在石碑座以西约60米、摩崖造像群以南约85米处，发现了一道西北—东南走向的石墙。石墙由多块人工打制的规整长方形巨石砌成，墙北侧是与墙顶面齐平的建筑基址面，因此判断出这是一处建筑台基的南墙。在石墙东南约25米处，发现一个在基岩上开凿出的圆形水井，水井的时代与建筑基址相同，由此大体确定了建筑基址的位置。

第二步，根据调查结果，对孔望山遗址的各项遗迹进行了测量定位，对摩崖造像群、圆雕石象、圆雕石蟾蜍、石碑座、人工石室"龙洞"和孔望山东主峰上的石刻遗迹承露盘、杯盘刻石进行测绘、记录和拍摄，绘制了墨线效果图，并对造像群和题刻进行了拓片的捶拓。

在发现的古建筑基址区域内布设了14个10米×10米的探方，揭露出一座隋唐时期大型殿堂基址的西半部。从地势判断，殿堂的东部已经被孔望山流下的山水彻底冲毁。在殿堂基址的西侧，发现了2处时代更早的台基基址，但基址已被彻底破坏。

为了搞清古城的建造年代和构筑方法，对古城南城垣东南端的城墙和西城门进行了解剖发掘。

发掘工作结束后，北京万惠兴科技有限公司对孔望山遗址全景和孔望山东主峰上的杯盘刻石及承露盘、建筑基址、古城西城门解剖发掘区等地点进行了航空摄影。

2003年秋季开始了调查发掘资料的整理和报告编写工作。孔望山遗址的部分材料1981年就发表过，摩崖造像群的年代和性质是多年来的学术研究热点，为尽可能客观、完整、详细地公布本次调查结果，同时梳理孔望山遗址群的研究历程，我们将报告分为上编和下编两大部分。上编为调查、发掘资料的介绍，下编是对资料的分析和综合研究。

报告编写工作分工如下：前言和上编第一章由信立祥、骆琳、项剑云承担；上编第二、四、五章由王奇志、信立祥、骆琳承担；上编第三章由王睿、信立祥、孙亮承担。下编第一章由王睿承担；第二章由王奇志承担；结语由信立祥、王睿承担。全部书稿完成后，信立祥进行了审阅、修改和最后定稿。除特别注明者外，报告中的照片，主要由宗同昌负责拍摄；报告中各种石刻遗迹的写生图、示意图，主要由丁晓愉负责；拓片由傅万里拓制，北京墨森公司的刘彬先生在电脑制图方面给予了技术支持。英文扉页和提要由Sonya S. Lee（李琛妍）女士翻译。在整理调查发掘资料的过程中，南京市文物研究所的叶剑灵、刘步英完成了出土器物的修复工作，山西省平朔考古队的李碧承担了器物的绘图工作。

孔望山遗址群的调查发掘项目从立项到报告出版，国家文物局和江苏省文化厅给予了大力支持。在报告编写过程中，国家博物馆的黄燕生先生为考古队提供了大量图书资料，孙机、李零、郑岩诸位先生通阅了有关摩崖造像群部分的文稿，提出了宝贵的修改意见。在佛教部分的写作过程中，张总先生给予了指导，Sonya S. Lee（李琛妍）女士、李静杰先生、秦小丽女士提供了大量资料。在本报告的编辑过程中，文物出版社的张庆玲女士付出了诸多心血，在此一并表示诚挚感谢。

上 编

第一章　连云港市的历史沿革、自然地貌变迁与
孔望山遗址群的发现研究简史

一　连云港市的历史沿革和自然地貌变迁

连云港市的地理坐标为东经118°24′～119°48′，北纬34°～35°07′，地处江苏省东北隅的黄海之滨，东临黄海，与朝鲜、韩国、日本隔海相望；北与山东省比邻；西、南与江苏省徐州、宿迁、淮安、盐城四市接壤。连云港市市境东西长129公里、南北宽101公里，总面积7368平方公里，人口460万，下辖东海、赣榆、灌云、灌南四县。市区面积881平方公里，人口70万，分为海州、新浦、连云等行政区，市政府驻新浦（图一）。

连云港市今所辖地域，远古时期是东夷少皞氏的活动区域。夏商时期属《禹贡》中的徐州。周武王灭商后，封黄帝之后于祝（今赣榆）。春秋时期，先后为郯国和莒国属地，春秋晚期属

越。战国时期，楚灭越，遂辖有其地。秦统一后在此置朐县，治朐（今连云港市海州区），初属薛郡，后改属郯郡。西汉初，改郯郡为东海郡，汉武帝置刺史后隶属徐州，东汉时属东海国。三国时期，属魏为郯县，西晋时复属东海郡。东晋至南北朝时期，东海郡先后属北方政权的后赵、南燕、北魏、东魏、北齐和北周，而海中的郁州（今云台山）则长时间被南方政权所控制，先后在此侨立过青、徐二州和南、北青州，并设立北海郡，置郁县、广饶县属之。北周改朐县为朐山县，此县名一直沿用到元。隋徙海州治朐山（今连云港市海州区）。五代时期，先后属吴和南唐，宋灭南唐后为海州东海郡，属淮南东路。元至正十五年（1355年），升为海州路，隶江北淮东道，后改为海宁府、海宁州，属淮安路，领县三。明代复称海州，属淮安府，领县赣榆。清雍正二年（1724年），升海州为直隶州，仍以淮安府之沐阳县来属，领县二[1]。

1912年，裁海州直隶州置东海县，县治海州，与灌云、赣榆、沐阳合称海属四县，隶江苏省；1935年，将连云港埠设置为普通市，定名为连云市；1948年4月，连云市升为省直辖市。

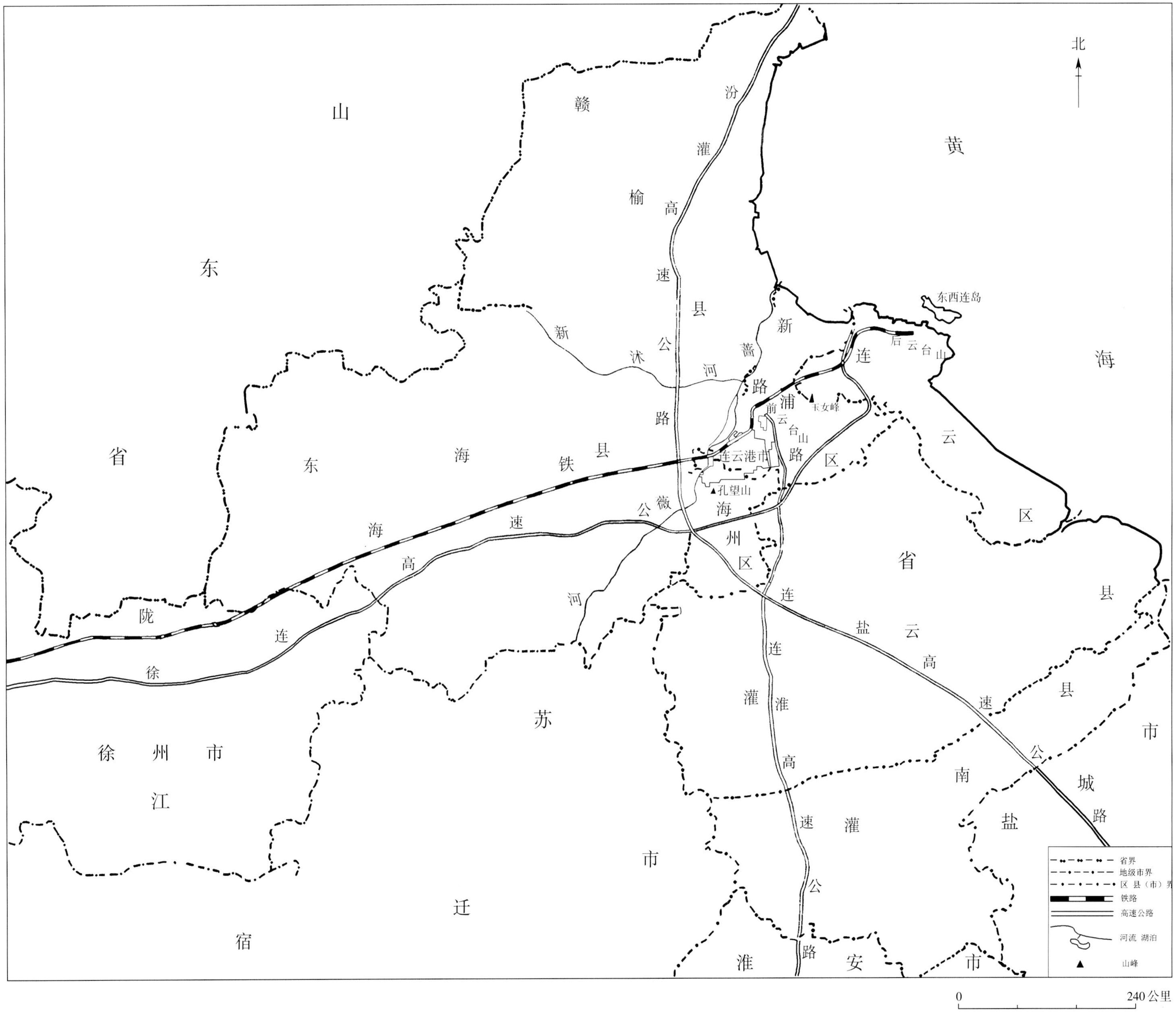

图一　连云港市行政区划图

新中国成立后，原连云市更名为新海连市，隶属山东省；1953年，新海连市及东海县、赣榆县划归江苏省管辖，翌年新海连市升为省直辖市；1961年，新海连市更名为连云港市；1983年至1996年，先后将东海、赣榆、灌云和灌南四县划归连云港市管辖，形成了现在连云港市的行政区划[2]。

连云港市地处鲁中南丘陵与淮北平原的结合部，地貌以平原为主，地势总体上由西北向东南倾斜。西北部为低山丘陵区，自西南向东北依次为锦屏山、南云台山（又称前云台山）、中云台山、北云台山（又称后云台山）和东西连岛。锦屏山在清康熙十三年（1674年）以前称朐山；云台山，古称郁州、郁州山、苍梧山，明嘉靖以后始称云台山，其中南云台山因是著名长篇神话小说《西游记》中花果山的原型又被称为花果山，其主峰玉女峰海拔625.3米，是江苏省的最高峰；东西连岛古称鹰游山，是江苏省最大的海岛。中部为剥蚀、堆积的倾斜平原，海拔在5～25米之间。东部为滨海平原，海拔在5米以下。

市区的主要河流是蔷薇河，流经海州西部后转向东北从临洪口入海。人工河盐河南北流贯新浦区西侧、海州区东部并南接洪泽湖和大运河。

连云港市位处北暖温带南部，属季风特点的海洋性气候。全年四季分明，夏秋季多东南风，主要受海洋性气流控制；冬春季多西北风，主要受大陆性气流控制。年平均温度为14℃左右，年平均降水量为937毫米，气候温和湿润。

连云港地处黄海之滨，数千年来海岸线经历了沧海桑田的巨大变化，战国以来的文献和文人墨客的诗文生动地反映了海岸线的变迁情况。

战国时期成书的《山海经·海内东经》载："都州在海中，一曰郁州。"[3] 北宋苏轼《次韵陈海州书怀》诗："郁郁苍梧海上山，蓬莱万丈有无间。"[4] 明监察御史李锦《登海州孔望山》诗："孔望山边是海州，登山闲看海波流。"[5] 上述记载和诗文，

证明了战国以来至明代，海州湾特别是今连云港市区的海岸线是大体稳定的：孔望山是大陆东端临海的山峦，南、中、北云台山和东西连岛是海中的一列群岛，而今连云港市政府所在的新浦区则是一片汪洋（图二）。

明代中期至今的近500年间海州湾岸线发生了巨大变化。明弘治七年（1494年），黄河北流河道彻底阻断，河水全部由徐州经淮河入海，黄河带来的巨量泥沙造成了海州湾的迅速淤积和海岸线的东移[6]。清顺治十八年至康熙十六年（1661～1677年）强制实行的"裁海"，在沿海各港口"严钉桩木"，造成"沙壅积滞，海口垫淤，内洼外高，淮黄无归，时为漫决"。康熙七年（1668年）发生的郯城大地震，引起了包括今连云港市在内的周围地区地壳的明显抬升，对海州湾岸线的东移产生了强烈的影响。由于上述原因，至清康熙十六年（1677年），"云台山与海州城（陆上）只隔一河，此水系绕山（南云台山）而流，潮涨不过十里，潮落不过四、五里"，甚至"潮落可以徒行"过海。正因为日渐淤塞变窄，当地居民称这一海峡为"小海"，这一地名一直沿用至今。至康熙五十年（1711年）南云台山与海州城间忽成陆地，直抵山下矣[7]。乾隆年间（1736～1795年），南

［1］《天一阁藏明代方志选刊·隆庆海州志》卷一，上海古籍书店影印，1981年重印，1、2页。（清）唐仲冕修、汪梅鼎纂：《嘉庆海州直隶州志》卷二表第一（沿革），清嘉庆十六年（1811年）版。连云港市地方志编纂委员会编：《连云港市志》，方志出版社，2000年，186、187页。

［2］连云港市地方志编纂委员会编：《连云港市志》，方志出版社，2000年，187～189页。有关近几年的连云港市沿革，主要依据该市档案局有关档案。

［3］袁珂：《山海经校注·山海经海经新释卷八·山海经第十三·海内东经》，上海古籍出版社，1980年，330页。

［4］《天一阁藏明代方志选刊·隆庆海州志》卷十，上海古籍书店影印，1981年重印，53页。

［5］《天一阁藏明代方志选刊·隆庆海州志》卷十，上海古籍书店影印，1981年重印，56页。

［6］张传藻：《连云港地理与经济》，河海大学出版社，1999年，310、311页。

海州总图

北至安东卫获水巡检司一百九十里界

吴山　兴庄场　赣榆县　涑树浦墩

秦山　鸭岛　竹岛　北固墩　演武厅　危尖墩　莺游山　高公岛

俱马领山　临洪巡检司　临洪场　演武厅　真武庙　梳楼夜月　孔望山

南固墩　朱吾墩　东墩　巨平墩　墟沟营

高桥巡司　蔷薇铺　濛雨秋成　千户所　海州　察院　阳谷朝霞　平山墩　徐淁场　清风顶　玉皇庙　在城烟墩

驼峰　石碑　高桥　王家沟　蔷薇河　大慈寺　儒斋　城隍庙　府馆　黑关墩　关王庙　唐宋碑　千户所　备倭厅

牛山　虎峰夕照　外庙　石室春风　九横桥　演武厅　官渡舡

房山　南留铺　东岳　马耳晴岚　员林寺　阴崖积灵　紫竹庵

房山铺　兴国铺　青伊铺

板浦场　山前瀛　芦石墩　白现浦

接迎墩　石剑河墩　破王河墩　东阙巡司　涟河　新坝墩　咸阳河　惠泽巡检司

东陬山墩　西陬山墩　小星山　大星山

大海洋

莞渎场　五港口浦　莞渎浦　五大浦

南至界首河安东县一百五十里界

东至大海洋六十里界

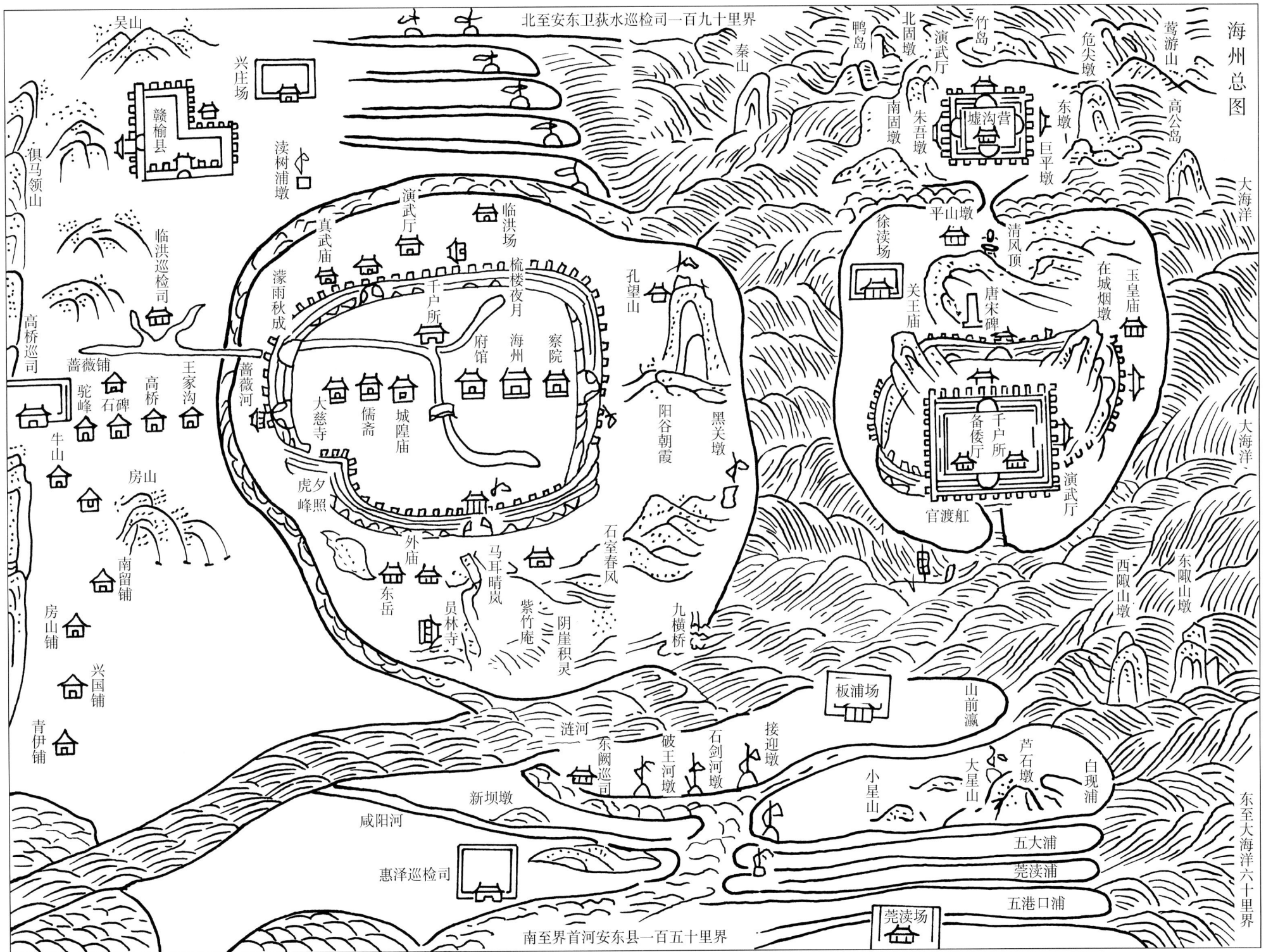

图二　明代海州总图（采自《天一阁藏明代方志选刊·隆庆海州志》，上海古籍书店影印，1981年。案，标示文字经隶定）

云台山南北两侧的海岸线分别向东淤进了5至10公里，据《嘉庆海州直隶州志》所载海州疆境图，南、中云台山已经相连成陆，但北云台山和东西连岛仍为近海岛屿。自明代中期至今的400多年间，海州湾岸线向东推进了25至30公里。目前，除了沿海新淤成陆的滩涂已渐次成为盐场外，数百年来由海岸东移形成的淤积平原大部分已经成为沃野良田。

二 孔望山遗址群的发现研究简史

孔望山是连云港市海州区锦屏山东北部的一座孤立小山，地理坐标为东经119°36′22″，北纬34°36′28″，西距海州区政府2.5公里，东北距新浦市中心6公里，南距锦屏山东延支脉青龙山1公里，向东5公里就是著名的旅游胜地花果山。

孔望山，唐宋时期名龙兴山，南宋以后名古城山，又名巡望山，明代始称孔望山。相传孔子问官于郯子，尝登此山望海，因以为名。山为东西走向，岩质为花岗片麻岩，东西长约700米，南北宽约550米。有东、西二峰，东峰高峻，海拔123.17米；西峰平缓，海拔86米。山南约400米处的凤凰山，是一座东西走向、海拔仅37米的低矮山丘。在孔望山西麓和凤凰山西麓之间，是一条高出周围地面3～6米、向西南呈弧形突出的基岩隆起带，使两山之间的谷地呈西高东低的簸箕形（图三）。

在孔望山与凤凰山两山山脊之间约30万平方米的范围内，分布着由古城垣、摩崖造像群、象石、蟾蜍石、人工石室"龙洞"、石碑座、杯盘刻石、承露盘和古建筑基址等组成的古代遗迹群，其中位于孔望山南麓西端的摩崖造像群已于1988年被国务院公布为国家重点文物保护单位（图三～五）。

在孔望山遗址群中，有关古城址的记载最早，明清时期的地理著作《地理新书》、《舆地要览》、《读史方舆纪要》和《隆庆海州志》、《嘉庆海州直隶州志》中都有记述，除《地理新书》认为该城是古海州城址外，其他著述均认为该城址是南宋时期的军事防御城堡遗址。1980年，孔望山古城址被连云港市政府公布为第一批市级文物保护单位。

关于人工石室"龙洞"的最早记载见于明《隆庆海州志》[8]，记述极为简略，清《嘉庆海州直隶州志》则全文收录了石室内壁和石室外石壁上的古代题刻文字。《嘉庆海州直隶州志》云："（孔望山）山巅有墨池，下有龙洞"[9]，"墨池"疑即本报告所记孔望山东主峰上的石承露盘。该州志对位于孔望山南麓雕刻精美的圆雕石象本身没有记述，只著录了象腹部的文字题勒，却将"象石"二字误录为"石象"[10]。

关于孔望山南麓最西端的摩崖造像群，由于后世对造像内容不理解，加之古代文人和金石学家偏重石刻中的文字题记，对于古代没有文字题记的石刻艺术作品则大多视而不见，因而对这一重要的摩崖造像群的记载寥若晨星。最早的记述是"龙洞"外石壁上明成化十年（1474年）的安钝题铭，文曰："大明成化十年春三月朔日，直隶淮安府同知安钝，抚民之暇，偕知州陶昺，因观古圣贤遗像，来游此洞。"[11] 清《嘉庆海州直隶

[7] 清顺治十八年至康熙五十年（1661～1711年）；海岸线变迁情况参见（清）唐仲冕修、汪梅鼎纂：《嘉庆海州直隶州志》卷二十载《淮扬道黄桂申文》、《吏部侍郎哲尔肯等会看云台山奏略》、《国朝江之蓁等请复云台状》、《云台山志》，清嘉庆十六年（1811年）版，19、22、17、16页。

[8]《天一阁藏明代方志选刊·隆庆海州志》卷二，上海古籍书店影印，1981年重印，1页。

[9]（清）唐仲冕修、汪梅鼎纂：《嘉庆海州直隶州志》卷十一，清嘉庆十六年（1811年）版，3页。

[10]（清）唐仲冕修、汪梅鼎纂：《嘉庆海州直隶州志》卷二十八，清嘉庆十六年（1811年）版，43页。

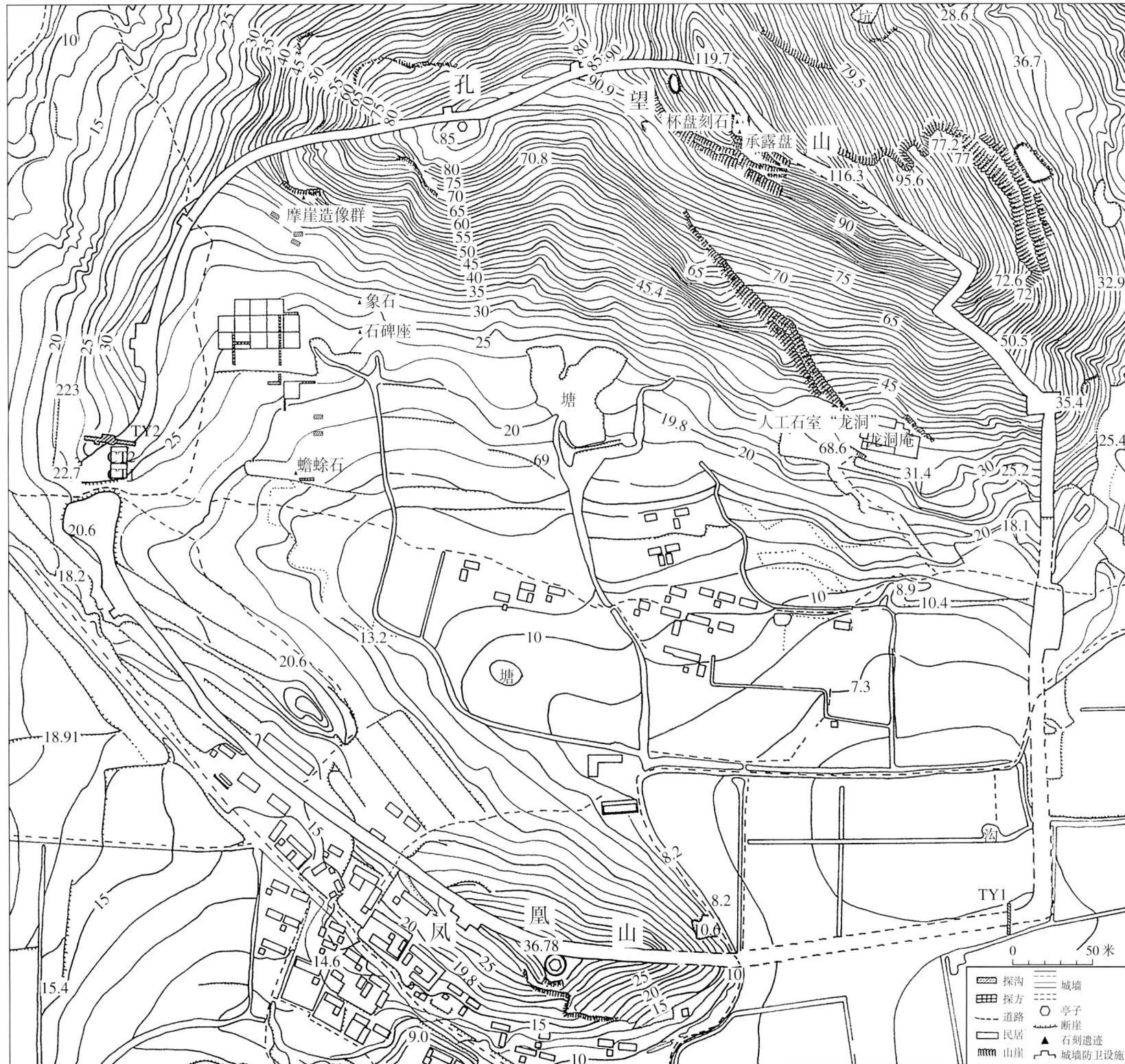

图三　孔望山遗址群所在区域地形和遗迹、发掘区分布图

图四　孔望山遗址全景（航拍）

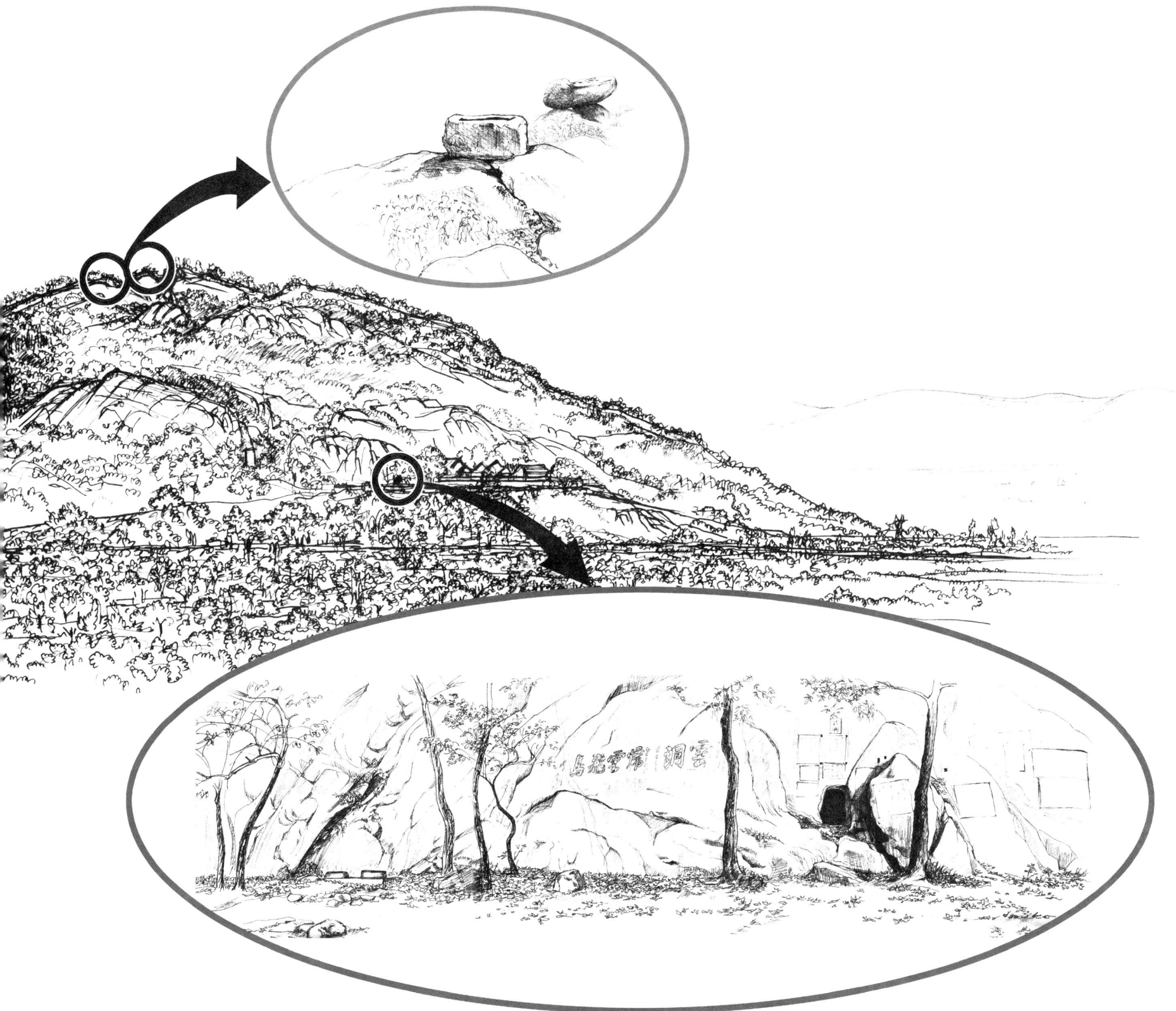

图五　孔望山遗址石刻遗迹分布示意图

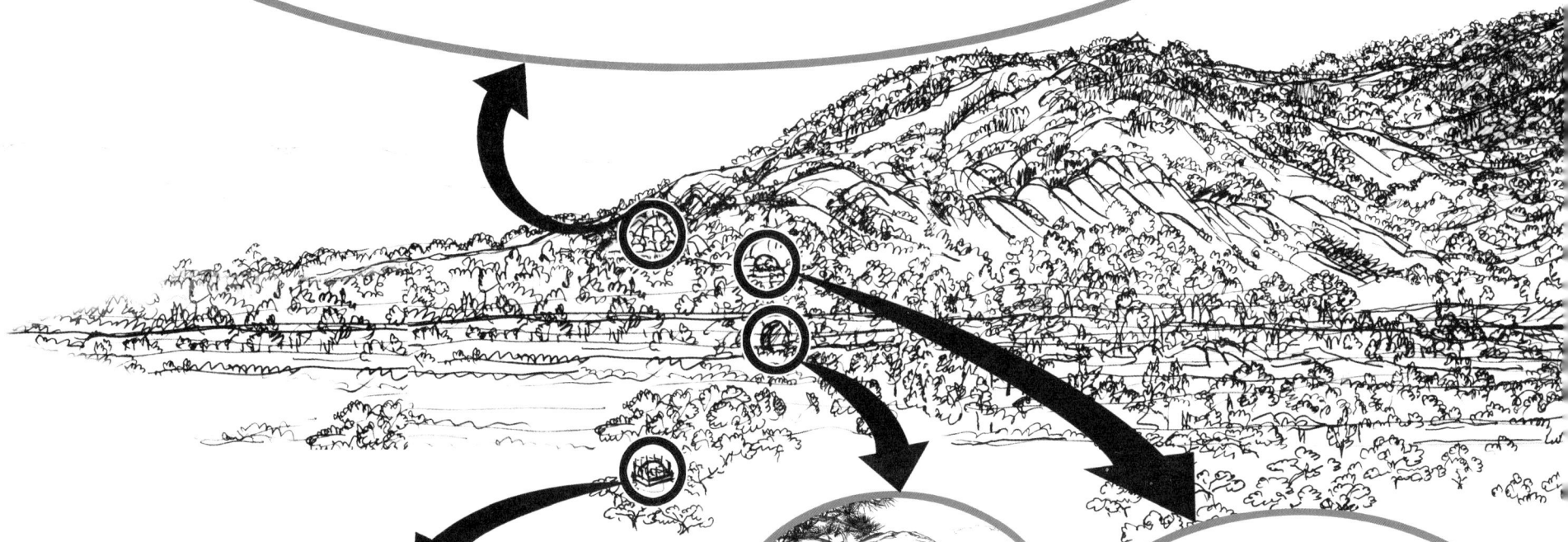

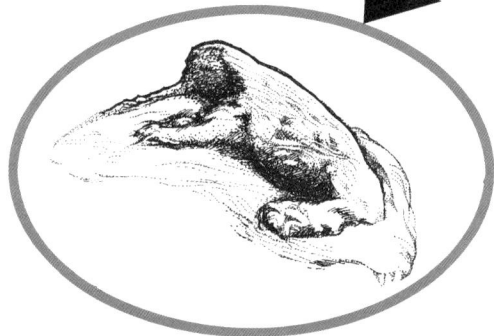

州志》载：孔望山"峭壁嵯嵁有诸贤磨崖像，冠裳甚古，如读汉画"[12]。20世纪50年代初，傅惜华将历年收集的汉画像石拓片整理出版为《汉代画像全集》，书中收录了孔望山摩崖造像群中的两尊造像[13]，但将造像地点误定为山东益都的稷山。

自20世纪50年代起，考古工作者对孔望山摩崖造像群进行了多次实地考察。1954年，江苏省文物管理委员会对孔望山摩崖造像群作了第一次实地调查，认为"就画像作风看，似与汉武梁祠画像相似"[14]。1957年，南京博物院的朱江同志再次调查后认为该造像群是汉代作品，并认为是世俗内容[15]。70年代末，连云港市的文物工作者对孔望山摩崖造像群的布局、技法进行分组研究，认为其中的人物造像服饰有明显的汉代特征，造像群的主要内容是汉画像石上常见的宴饮、乐舞、杂技类题材。

1980年6月，原中国历史博物馆的史树青先生赴连云港市实地考察摩崖造像群后首次指出，孔望山摩崖造像群中有早期佛教内容。同年8月，北京大学俞伟超教授、中央美术学院金维诺教授、故宫博物院步连升副研究员和北京大学研究生信立祥等人受国家文物局委托，对孔望山摩崖造像群进行实地考察，得出了与史树青先生相同的结论。同年10月，连云港市博物馆考古组的丁义珍、项剑云二同志与中央美术学院的汤池教授、中央民族学院的陈兆复教授、北京大学的研究生信立祥等人组成了联合调查组，用考古学方法对孔望山摩崖造像群及周围的石刻遗迹进行了系统的调查和测绘。1981年7月，发表了调查报告和俞伟超、信立祥关于摩崖造像群雕造时代的论文，认为这是一处东汉时期的佛、道教造像群，约雕造于东汉桓帝灵帝时期，有可能是当时东海庙的遗存[16]。结论在中外学术界和宗教界引起了巨大轰动，考古学界、历史学界和美术史界人士纷纷执笔著文，主要围绕孔望山摩崖造像群的年代和题材内容展开了热烈讨论，各方之见在下编第一章中有详细引证。

以下依古城城垣、摩崖造像群、造像群周边的石刻遗存和造像群前的遗址为序分别予以介绍。

[11] 收录于（清）唐仲冕修、汪梅鼎纂：《嘉庆海州直隶州志》卷二十八，清嘉庆十六年（1811年）版，31页。案，原文有讹误。

[12] 收录于（清）唐仲冕修、汪梅鼎纂：《嘉庆海州直隶州志》卷十一，清嘉庆十六年（1811年）版，3页。

[13] 傅惜华：《汉代画像全集》二编，巴黎大学北京汉学研究所图谱丛刊之一，1951年，北京，图232，说明见32页。案，书中将造像地点误定为山东省益都县城西北30里的稷山摩崖。

[14] 寄庵、人俊：《江苏省文管会调查孔望山石刻画像》，《文物参考资料》1954年第7期，127、128页。

[15] 朱江：《海州孔望山摩崖造像》，《文物参考资料》1958年第6期，74页。

[16] 连云港市博物馆：《连云港市孔望山摩崖造像调查报告》，《文物》1981年第7期，1~7页。俞伟超、信立祥：《孔望山摩崖造像的年代考察》，《文物》1981年第7期，8~15页。

第二章 古城城垣的勘察和解剖

孔望山古城位于孔望山与凤凰山之间，平面形状不规则，略呈箕口向东的簸箕形，东西长约630、南北宽约540米，城垣周长约1950米，基本封闭（图三）。

城垣基本形制尚存，大多为土筑，西城墙保存最好，现存高度均在4米以上，最高处达8米。建于山脊上的北城墙和南城墙西段可见墙基和残存墙体，内外两侧由石块垒砌而成，北城墙部分被景区利用，在其上加铺条石作为上下山的旅游道路。南墙中段因凤凰山开山采石被彻底破坏，古城东南角的墙体已被夷为农田和果园，仅有零星隆起的土墩，东城墙北段尚存有部分墙体。

根据古城的现状，为搞清古城年代和构筑方法，我们主要采用地面勘察和探沟解剖相结合的方法来考察城址。下面以古城城墙的结构和建筑方式为主线，把勘察和探沟解剖的结果介绍如下。

一 城垣的勘察

勘察的方法主要是现场观察、测量和记录，为了观测便利，在局部区域对表层覆土及城墙坍塌堆积做了清理。古城城墙的建筑方法是因地制宜，在岗地、山脊和平地等不同地形条件下采取相应的堆砌方法。以下分别介绍。

（一）岗地上的西部城墙

西部城墙位于孔望山西南部和凤凰山西北部中间基岩隆起的岗地顶部，中部现有缺口，宽约5～6米，一条东西向道路由此通过（图三、六、七）。道路北侧城墙下部的基岩明显经过人工打凿，形成一个大略垂直的立面。

图七　古城西城墙中部的道路（西→东）（信立祥 摄）

道路北侧的城墙保存状况较好，最高处比道路地面高出7～8米。该处城墙明显宽于他处，东西宽达30米以上，形成一个较为宽阔的高台。向北约30米，城墙急遽向东内收，然后转向西北，在城墙外侧形成一个半月形地带，半月形地带的北侧有一南北长约5米、东西进深约2～3米的马面。

道路南侧城墙也有一处东西宽约30米的平台，平台以南的城墙外侧亦有与路北城墙相同的半月形结构，但内侧不向东收缩。在半月形地带的南端，城墙向外突出，突出部分的西南角有一个马面。从保存情况看，南侧半月形地带的城墙保存状况

不如道路北侧城墙，其最高处与道路地面的相对高度仅3～4米，马面东侧和南侧也已被取土破坏。

道路南北两侧城墙总体向外突出，两侧的平台当为古城西城门门楼遗存，现在的道路疑为原西城门的门道。道路两侧大略对称的半月形城墙以及距离不远的马面，可以使攻城之敌遭受东、南、北三面夹击，以加强城门的防卫。显然，西城门地带是古城的重点设防地段。

门道北侧城墙从半月形地带北侧的马面处折向东北，方向约10°。此段城墙保存较高，宽约10米，高约10米。至摩崖造像群西南约50米处又有一个土筑马面，城墙在此转向，以大约40°的走向折向孔望山西坡，随着山的走势逐步沿山脊向东北延伸（图三、八）。

西南部城墙从马面南端处起，呈直线以大约130°方向折向东南的凤凰山，其间约有300米的城墙南侧被现代建筑破坏和叠压（图三）。

（二）孔望山山脊上的北部城墙

西北部城墙进入孔望山的主脊后，断续分布在西主峰西侧嶙峋怪石群之中。山脊上城墙的堆筑方法与岗地上的有所不同，其现存部分的结构为内外两侧垒砌石壁，中间填土，保存较为完好的部分宽约5米。北侧壁用巨石砌筑，保存高度不一，最高处近2.1米；南侧壁则用较小石块砌筑，一般保存较低，部分已经完全无存（图九）。

西主峰附近有两个构造相似的石砌马面，相距约80米。西侧马面现已部分坍塌，清理表面覆土及坍塌堆积后，发现马面

突出城墙部分的平面略呈梯形，北侧宽5.5、南侧宽约7、向北突出4.5米，该马面西、北、东三侧以垒筑的石墙为护坡（图一○）。西侧石护坡残高约0.3米，方向355°，坡度83°，护坡南部与一大块基岩相接，以此基岩为转角向西南方向与城墙的外侧石壁相连。北侧石壁残高1.4米，方向255°，坡度79°。东侧石壁残高1米，方向340°，坡度83°，与马面东侧城墙垂直相交。马面的西墙是与城墙一体筑成的，但东墙却与城墙有着堆筑上的先后关系，城墙先筑成，石壁略向东斜，马面的东墙叠压其上，形成较晚（图一○）。

东侧马面东西长4.7米，南北进深5.5米（图一一）。这两个马面均选择建筑在便于攀爬和隐蔽的山脊上，足见对于古城西北部防御的重视。

清理马面坍塌堆积时发现少量砖块，多已残破，共17块，其中青灰色砖16块，皆为素面。这16块砖皆属宋代，有三种规格，一种长22.6、宽10.5、高4.8厘米；一种长24.5、宽10.5、高2.7厘米；一种残破，宽11.5、高5厘米。另有一块橙色砖，正面遍饰绳纹，残长16、宽16、高5厘米（图一二）。

城墙至孔望山西主峰的山石壁立处直至东主峰东部，分布着数组巨石群。巨石群陡峭壁立，尤以北侧为甚，城墙蜿蜒穿插其间，巨石群之间的城墙砌筑方法一如前述。尤其在城墙与山体的结合处，城墙外侧面非常规整，与东部山体壁立的北侧面东西成一条直线（图一三）。

城墙从东主峰东部陡峭的石崖处沿山脊而下向东南延伸约200米，方向约为130°，城墙宽约5米，两侧用石块堆砌形成挡土墙，唯石

块比垒砌北部和西北部城墙的石块小，内填夹有大量碎石及少量陶瓷片的黄土，陶瓷片皆为唐宋时期遗物。

（三）孔望山东麓和平地上的东部城墙

城墙至孔望山标高点41米处转折向南直至孔望山东南山麓，此段城墙在山体上宽4.8米，两侧底部用不规则的石块砌成挡土墙，中间填土夯实。

城墙至山麓渐宽，进入孔望山风景区的东西向公路将山脚

图八 孔望山西坡上的城墙（信立祥 摄）

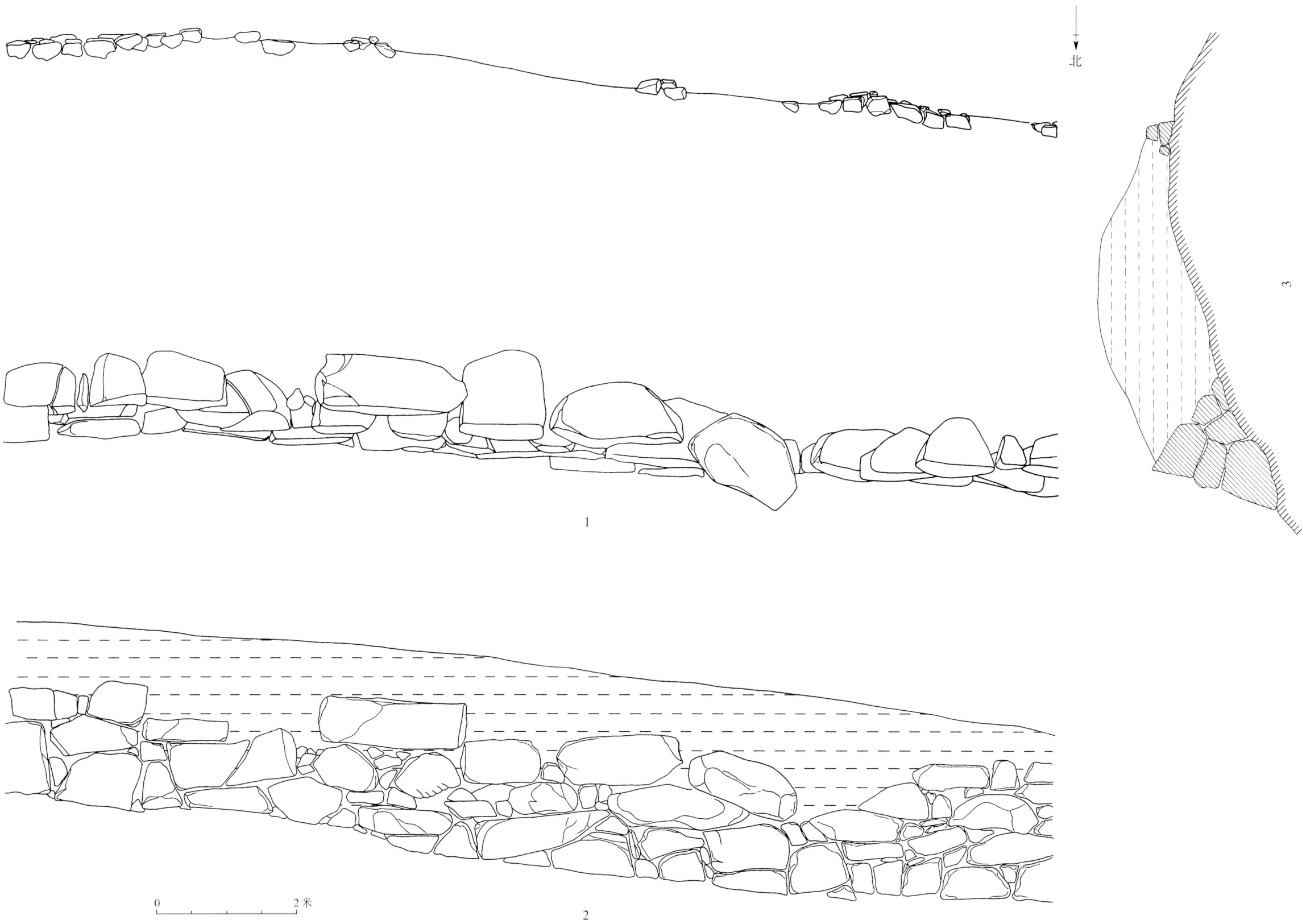

北

0 ____ 2 米

图九　孔望山西主峰上的古城城墙（局部）（王奇志　绘）

1.平面图　　　2.侧视图　　　3.剖面图

3

北

4

2

1

0　　　　　　　　　　5 米

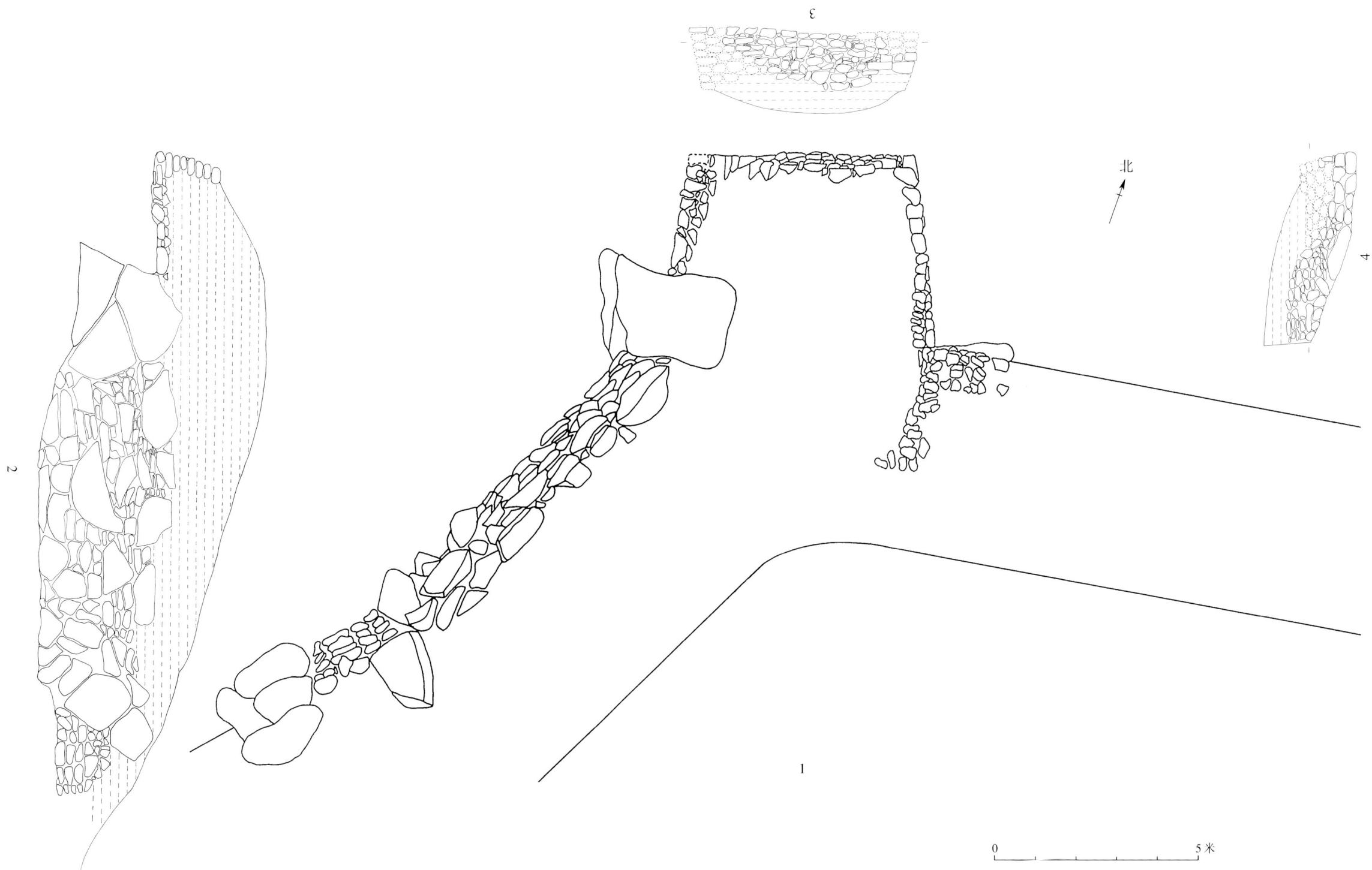

图一〇　孔望山西主峰附近的西马面（王奇志　绘）

1. 平面图　　2. 西壁正视图　　3. 北壁正视图　　4. 东壁正视图

图一一　孔望山西主峰附近东马面的北壁、东壁（东北→西南）（信立祥 摄）

图一二　堆筑古城马面所用砖块（信立祥 摄）

图一三　孔望山东主峰附近的古城城墙北壁（西北→东南）（信立祥 摄）

处的城墙破坏，公路北侧的城墙形成断面，略加铲刮便可见地面以上部分的城墙剖面（图一四、一五），此处城墙现存（比现地表）高 2.2、顶部宽约 3、底部宽近 9 米，逐层夯打筑成，层面较平，夯层厚度在 6～20 厘米之间。土质坚硬，粗砂土，其内夹杂较多碎石，土色以褐红色为主，个别夯层略显灰色。其内出土遗物极少，有宋代瓷片。

在进入风景区的东西向公路北侧断面南约 40 米处，城墙以孔望山山脚的基岩为基础，在平面上形成一个南北长约 40 米、东西宽约 20 余米的方形台基，其东、南两侧均为人工加工过的平整坡面（图一六），台基高 2.3 米。从其地貌特点看，应为东城门遗迹，但基址上的建筑已经荡然无存。

台基南约 80 米处，有一标高 8.4 米的土墩。土墩现仍高于周围地面，其东缘亦在东城墙的连接线外，推测也应该是一处城墙重点防卫设施如马面等遗迹。向南 50 米处的土墩标高 11.6

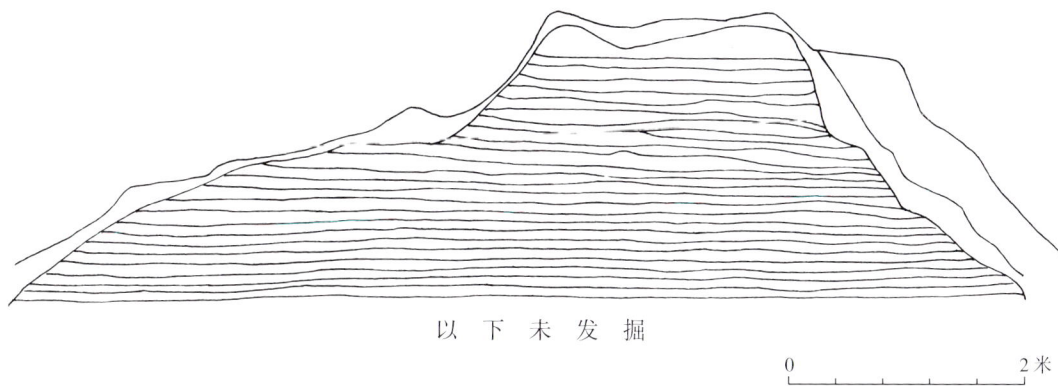

以 下 未 发 掘

0　　　　　　2米

图一五　位于孔望山东南山麓的城墙剖面图（王奇志 绘）

米，南北长25、东西宽12米，其东缘已经在东城墙的连接线外，可能原也是一处重点防卫设施的遗迹。

古城东南部城墙大多已湮没在平坦的农田之中，仅零星残存有大小高低不等的土墩（图一七），根据这些土墩的分布情

图一四　位于孔望山东南山麓的城墙剖面（南→北）（信立祥 摄）
图一六　古城东城门台基（东南→西北）（信立祥 摄）

图一七　古城东南部残存的土墩（北→南）（信立祥 摄）

况，可大致看出东城墙的走向，从公路北侧断面向南约240米，即为城墙的东南角，此段城墙大致呈正南北向，与南城墙垂直连接。

（四）凤凰山山脊和平地上的南部城墙

南城墙从城墙的东南角向西至距凤凰山东麓200米间为东西向，城墙沿凤凰山山脊直达山顶，再沿西坡而下与西城墙相接，堆筑方法与孔望山山脊上的北城墙一致。凤凰山东坡因被现代开山采石彻底破坏，东城墙南端在凤凰山东麓向东中断了50米（图三）。

二 城垣的解剖

为了明确城址的年代以及城墙的构筑方法，对位于不同地形上的城墙作了试掘解剖。在平地上，于古城东南转角西侧开正方向探沟1条，编号TY1，面积为20米×2米。在岗地上，于西城门北侧开探沟1条，编号TY2，面积为2米×32米，方向100°。在探沟上部对地面以上部分城墙因现代取土形成的断面加以铲刮，对地面以下部分城墙进行解剖发掘，从而获得了由表土至基岩城墙的完整剖面，为了对在墙体下发现的3座墓葬进行清理发掘，于探沟南北两侧扩方约35平方米。为搞清西城门的结构，开探方2个，探方由南向北分别编号为CT1、CT2，面积皆为10米×10米，方向为10°（图三）。

（一）地层堆积

1. 平地上城墙的地层堆积情况

以TY1东壁地层堆积为例说明（图一八）。

第一层：耕土层，遍布全方。灰褐色土，土质疏松，厚5～50厘米。其下开口现代坑1个。

第二层：分布于探沟南部。黄褐色土，土质松软，夹杂有

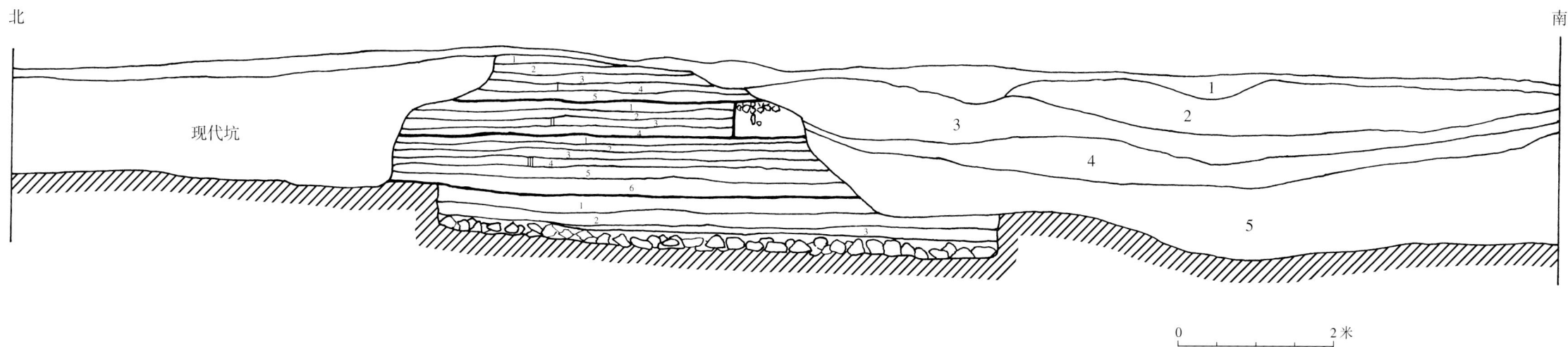

图一八 TY1东壁剖面图（王奇志 绘）

少量石块，厚 0～75 厘米。出土明清及现代瓷片。

第三层：分布于探沟南部。黄色黏土，土质细腻，厚 0～80 厘米。出土少量宋、明、清时期瓷片及现代砖瓦。

第四层：分布于探沟南部。黄色砂土，由粗细不等的黄砂、卵石构成，厚 0～50 厘米。未见遗物。

第五层：分布于探沟南部。黄色黏土，土质较软、纯净，厚 0～140 厘米。未见遗物。其下叠压夯土城墙。

第五层下为生土。

城墙由墙体和基槽两部分组成，北部为现代坑打破。城墙叠压、打破生土。

墙体，土色黄灰，坚硬，夹杂较多石块、石灰粒和粗砂。出土少量陶瓷片等。现存高 1.4～1.5、宽 2.2～5.6 米。可分为依次叠压的 I、II、III 层。I 层可分为 5 小层，现存总厚 20～60 厘米。逐层夯打，层面较为平整，夯层厚 10～15 厘米。II 层厚 50 厘米，分内、外两部分，两部分之间界面垂直，当系板筑所致。内侧部分的夯筑方法与上层相同，分 4 小层，夯层厚 10～15 厘米；外侧部分宽 110 厘米，上部用青砖和石块垒砌，青砖长 24、宽 8.8、高 7 厘米，下部为厚约 35 厘米的一层夯土，外侧部分是为挡土而砌筑的护墙。III 层分为 6 小层，厚 53～75 厘米，逐层夯打，夯层厚 10～25 厘米。从夯层层面和夯窝看，夯土工具为 8 至 10 根粗约 4 厘米的木棍集束而成，夯窝约深 1 厘米（图一九）。

基槽，直壁，平底，宽 725、深 50～60 厘米。其内填褐灰色土，土质坚硬。上部为夯土，夯筑方法与墙体上层一致，分 3 小层，夯层厚 0～30 厘米。下部铺垫一层天然石块，石块层厚 15～20 厘米。

2. 岗地上城墙的地层堆积情况

以 TY2 北壁地层堆积为例说明（图二〇）。

第一层：表土层。土色黑灰，土质疏松，零星夹杂石块，厚 10～70 厘米。探沟中部较薄，两侧较厚。其下叠压一现代墓。

第二层：a 层，分布于探沟东部。土色深灰，土质较硬，其内夹杂有较多的碎石和现代碎砖瓦块，厚 0～160 厘米。b 层，分布于探沟西部。土色黑灰，土质硬，其内夹杂有大量石块和炭灰，厚 0～140 厘米。未见遗物。

第三层：分布于探沟西部，叠压于第 2b 层下。土色黄灰，土质细腻纯净，厚 0～110 厘米。未见遗物。其下叠压城墙墙体，墙体之下为墓葬 M2 和 M3。

第三层下为生土。

城墙墙体由依次叠压的 I、II、III、IV、V 层组成。

I 层：为墙体的顶部，总厚约 140 厘米。分 11 小层，逐层夯打，夯层基本水平，厚薄不匀，厚 5～30 厘米。土色红、灰、黄相杂，土质坚硬，砂质，夹杂有细碎石块。夯层明显，但不

图一九　古城东南部城墙的夯土

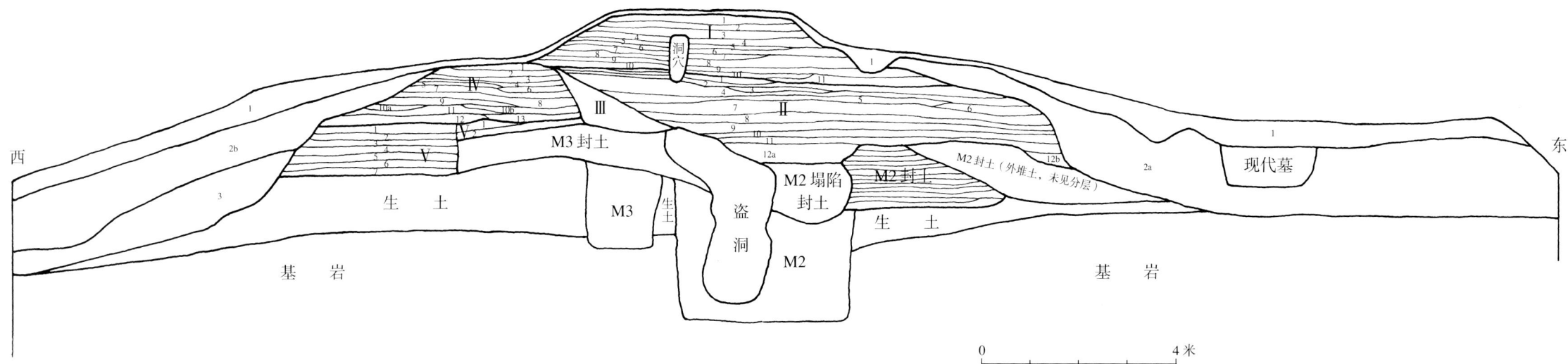

图二〇　TY2北壁剖面图（王奇志　绘）

见夯窝。

Ⅱ层：属于城墙中部的墙体，总厚0～130厘米。分12小层，夯层明显，基本水平，厚薄不匀，厚0～40厘米。土色红、灰、黄相杂，土质坚硬。夯层大都为砂质，夹杂有细碎石块，也夹有纯净的黄黏土层，不见夯窝。

Ⅲ层：即墙体中部，厚0～75厘米。土色黄灰，土质较硬，其内夹杂未经夯打的碎石颗粒。

Ⅳ层：属于城墙外侧的墙体，总厚度约120厘米。分13小层，夯层基本水平，厚薄不匀，厚0～25厘米。灰、红、黑灰色夯层相间，土质坚硬，砂质，夹杂有细碎石块，夯层明显，但不见夯窝。

Ⅴ层：属于城墙外侧的墙体，包括界面垂直的东、西两部分，两部分的垂直分界当系板筑所致。

西侧部分总厚度约100厘米，黑灰、红色夯层相间，土质坚硬，砂质，夹杂有细碎石块，分7小层，夯层明显，基本水平，厚度较匀，厚10～16厘米，但不见夯窝；东侧部分总厚度为10～35厘米，分2小层，夯层斜，厚薄不匀，第1小层厚0～

20厘米，第2小层厚10～15厘米。土色灰，土质坚硬，砂质，夹杂有细碎石块，夯层明显，但不见夯窝。其下叠压墓葬封土。

从墙体叠压、打破墓葬封土的情况看，墙体对墓葬封土进行了加工和利用，从而使墓葬封土成为墙体的一部分。

3. CT1 和 CT2

位于TY2的南侧（图三），两探方西部的上层堆积均被现代建筑破坏。CT1和CT2的地层堆积基本相似，现以CT1北壁为例介绍堆积情况（图二一）。

第一层：表土层。土色灰黑，土质松软，厚10～30厘米。为现代层。其下叠压踏步，并开口一座近代墓。

第二层：土色黑、灰、褐相杂，厚0～75厘米。内出大量石块以及隋唐时期的砖瓦、瓷片。其下叠压墙体。

城墙墙体的土质土色与TY2墙体堆积基本一致。

为了保护城墙，我们保留了墙体部分和踏步，仅清理了叠压于墙体之上的堆积，在探方东部清理到了基岩。

需要特别说明的是，第二层的分布位置在西城门内北侧，

西

东

1

2

城墙墙体

近代墓

以下未发掘

基 岩

0　　　　　　　　2 米

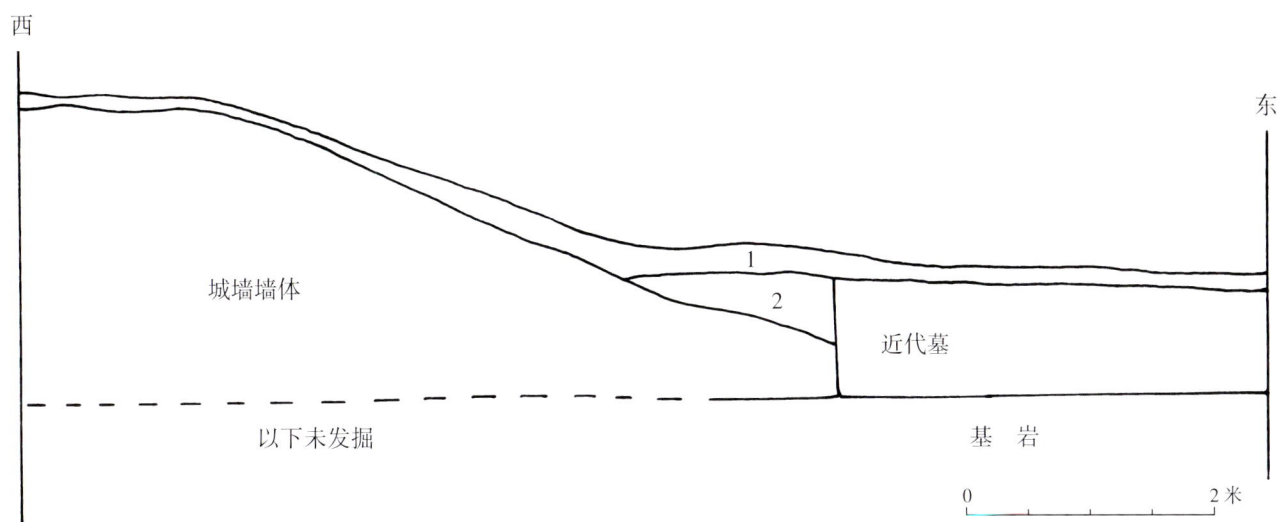

图二一　CT1 北壁剖面图（王奇志 绘）

其土质、土色与其他城墙附近堆积迥然有别。出土遗物量大，瓷器有各式碗、罐，多可复原；出土瓦当种类繁多，瓦当当面纹饰清晰，遗物的年代早于其下叠压的城墙，属于隋唐时期。这显然是在短时间内形成的次生堆积，其来源当是某处建筑的废弃物。

经调查和发掘，距此处百米的东北方向即为下文将要介绍的隋唐时期建筑基址，而附近再无别的隋唐遗址。且此层堆积中的瓷器、瓦当等遗物，从种类、器型、纹饰到釉色等大多与建筑基址的出土物一致，故将此层堆积出土遗物作为采集品与建筑基址遗物一起介绍。

（二）遗迹及遗物

1. 遗迹

踏步

踏步位于西城门北侧 CT2 西部，被现代建筑和现代坑所破坏。踏步北部为 CT2 第一层堆积所叠压，南部裸露于地表。

踏步由甬道和台阶两部分组成。甬道的西部和东北部被现代建筑和现代坑破坏。甬道由 3 排残砖平铺一层而成，北缘有以砖的一角向上竖直排列而成的路牙子，残长 175、宽 64 厘米（包括路牙子），方向 100°（图二二、二三）。

台阶位于甬道的东南端，与甬道相连，方向与甬道方向垂直。台阶西部亦被现代建筑破坏，南部裸露于地表，东侧为壁立的城墙墙体。墙体上部沿台阶方向水平排列 6 块未经加工的条形石块，石块与台阶的最高层基本在一个水平面上。台阶长 176、残宽 130、高 88 厘米，共有 8 阶，每级台阶高 6～16、宽 14～26 厘米。第一阶铺 1 层砖，第

图二二　古城西城门登临城门的踏步（西→东）（信立祥 摄）

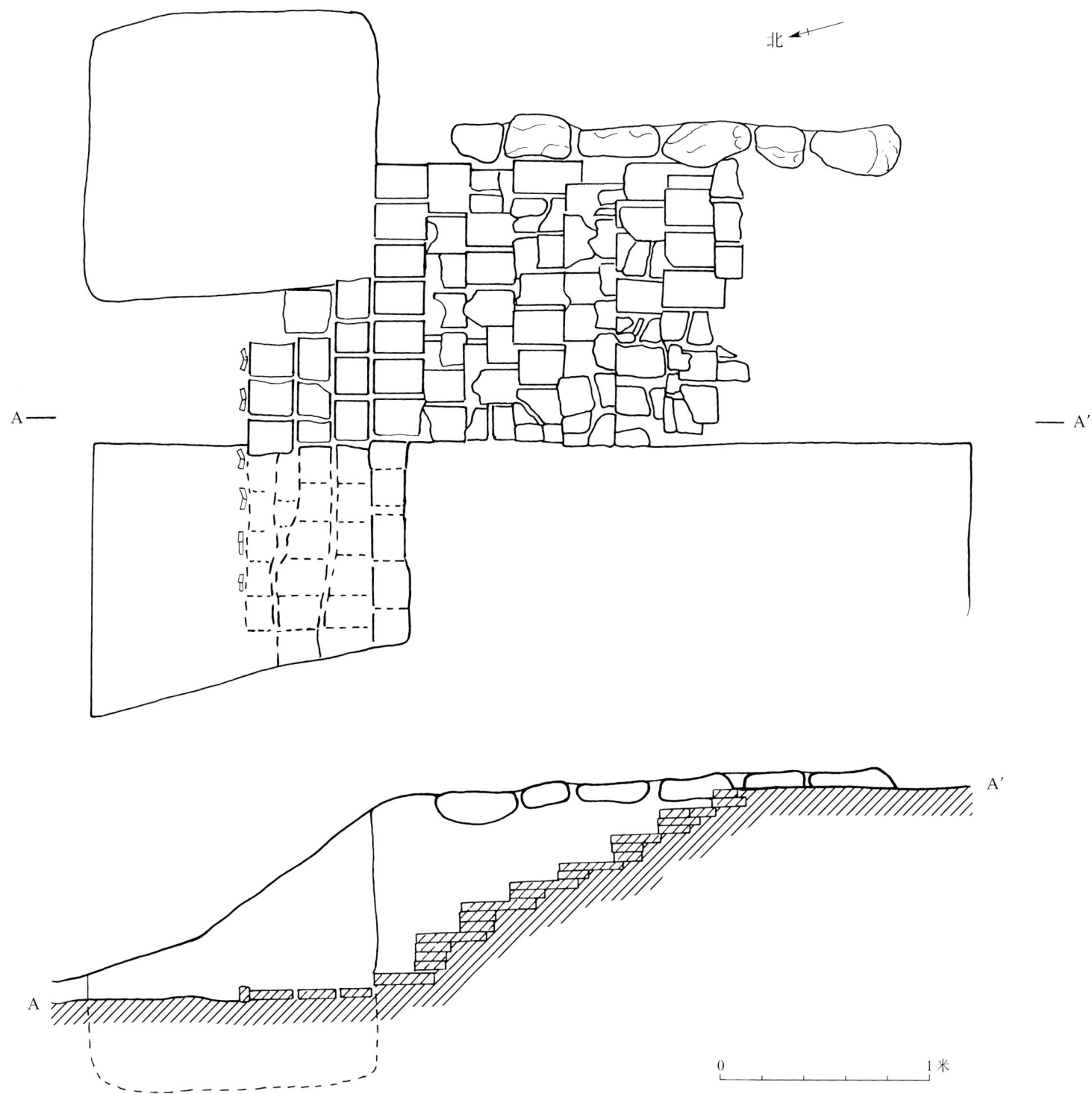

图二三　古城西城门踏步平、剖面图（王奇志 绘）

二至第七阶由3或4层砖垒砌而成，第八层，即现存最高层，残存2层砖。各阶铺砖最上层的砖块较为完整，下面的砖残破。

2.遗物

城墙墙体出土遗物极少，仅见少量宋代瓷片和宋砖，探方和探沟中叠压在墙体上的地层除CT1、CT2第二层情况较为特殊之外，皆属近现代堆积。

甬道和台阶的铺砖皆为青灰色，泥质。有两种形制，大者长30、宽16、厚6厘米；小者长30、宽18、厚2厘米（图二四）。

（三）城墙下的墓葬

1.墓葬形制及出土器物

本次发掘的三座墓葬是在解剖古城西城墙的过程中发现的。墓葬位于孔望山西南一条南北延伸、顶部较为平缓的岗地顶部。墓葬被城墙叠压，编号M2～M4（图二五）。三座墓分布集中，其中M4位置偏南。M2、M3封土的南部皆遭现代取土破坏无存，M4封土由于破坏未见。

图二四 古城西城门的踏步所用砖块

现将三座墓葬的情况介绍如下：

（1）M2

M2 在三座墓葬的最东侧，是一座同茔异穴墓，包括方向、形制相近的两个墓坑，因头向不明墓坑方向为116°或296°，分别编号为 M2-1、M2-2，北侧的 M2-1 打破南侧的 M2-2。

由于发掘面积所限，对墓葬封土的范围和规模的了解仅限于解剖探沟所得的资料。M2-1、M2-2 各有封土。M2-2 封土仅存东南部，残高约1.3米。封土经夯打，夯层厚5～20厘米，各夯层土色略有差别，总体以灰、褐色为主，土质亦为粗细夹杂的沙土，质地坚硬。未发现遗物。

在 M2-1 封土西部发现一个盗洞。盗洞打破封土，从西南部进入两座墓坑。盗洞上部平面略呈圆形，直径1.5～2.6米，底部扩大，造成 M2-1 南部和 M2-2 北部墓坑底部被盗扰。其内填土分二层，上层土色黄，土质细腻、坚硬，有明显的水积痕迹，内夹有较多的成块木炭；下层土色黄褐，土质松软纯净。

M2-1

墓坑在封土下开口，竖穴，上半部为土坑，下半部为凿石坑。口部平面呈长方形，长2.95、宽2.65米。坑壁上部直，下

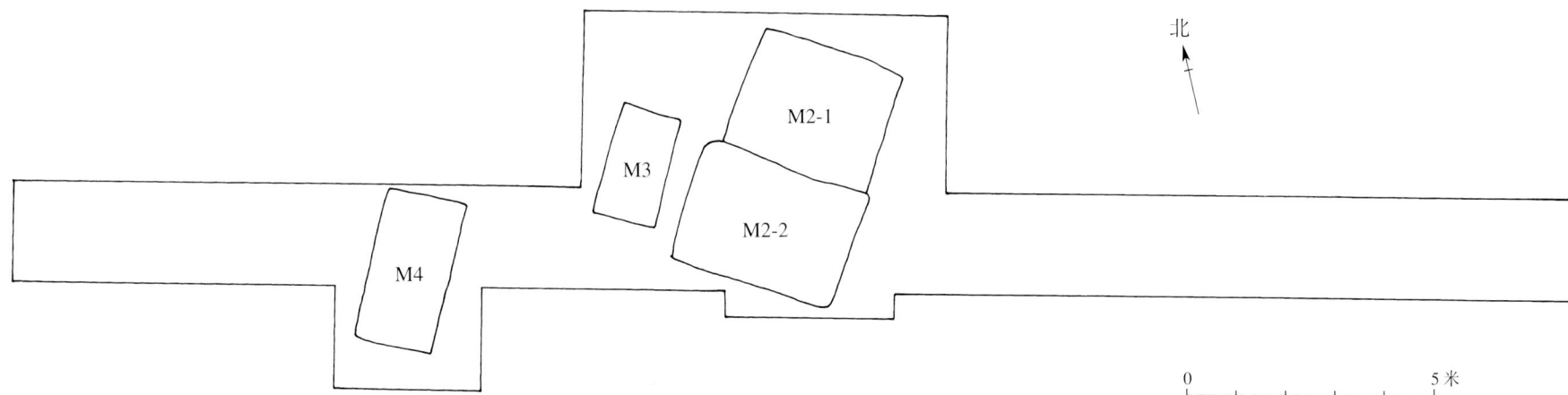

图二五 古城西城墙下 M2～M4 平面分布图（王奇志 绘）

图二六　M2-1（西→东）（王奇志 摄）

部（石壁部分）稍斜，坑底部较平，中部稍下凹，墓坑深2.1～2.2米。底面亦呈长方形，长2.35、宽2.2米。坑内填黄褐色沙土，土质松软纯净。未见任何遗物。

坑底南部有木棺痕迹，平面呈长方形，长2.3、宽0.9米。棺内被盗扰，人骨架无存，也未发现遗物。

在棺木的北侧发现随葬品5件，集中放置于坑底北侧中部，摆放整齐，未经扰动（图二六、二七）。随葬品有陶器和漆器2种，介绍如下：

陶器

共4件。陶质疏松，保存较差，器型为小壶和罐。

小壶

2件。夹砂红褐陶。侈口，卷沿，圆唇，腹部弧鼓，平底，素面。手制。M2-1∶1，口径5.3、底径3.7、高6.9厘米（图二八，1；二九，1）。M2-1∶2，口径4.7、底径3.8、高5.9厘米（图二八，2；二九，2）。

罐

2件。泥质灰褐陶。直口，卷沿，方圆唇，弧肩，上腹部弧鼓，下腹饰绳纹。泥条盘筑法成形。M2-1∶3，下腹斜收，底部残缺。口径16.8、残高18厘米（图二八，3；二九，3）。M2-1∶4，下腹弧收，平底内凹。口径13.5、底径9.3、高21.9厘米（图二八，4；二九，4）。

漆器

1件。

耳杯，M2-1∶5保存很差，未能取回。现场观察此器外黑内红，口部为椭圆形，两侧附耳。口长约18、宽约12厘米（图三○）。

M2-2

墓坑大部被M2-1封土所叠压，仅东南隅在其自身封土之下。竖穴，上半部为土坑，下半部为凿石坑。口部西高东低。平面呈长方形，长3.5、宽2.45米。坑壁上部直，下部（石壁部分）稍斜，西部深2.6、东部深2.3米。坑底略平，平面亦呈长方形，长3.08、宽2.11～2.28米。墓坑内填红褐色沙土，土质松软，其内夹杂较多碎石块。未见遗物。

坑底中部有两条平行的凿石凹槽，两凹槽方向与墓坑垂直，形制相同。平面呈长条形，斜壁，平底，两凹槽北端凿入墓壁，西侧槽长1.45、宽0.3、深0.12米，东侧槽长1.4、宽0.2、深0.13米。这两个凹槽可能是放置垫木所用，但未见木块。

坑底北部发现有木棺侧板痕迹及残存的棺木底板。木棺平面呈长方形，长2.49、宽1米，其内已被盗扰，人骨架无存，仅在东南角发现残玉器1件。棺木的南侧为边箱，仅见板灰痕迹，平面亦呈长方形，长1.78、宽0.58米。其内放置摆放整齐的随葬品22件，未见扰动（图二七、三一）。

随葬品有陶器、玉器和漆器3种共23件，介绍如下：

陶器

共16件。陶质疏松，保存较差，M2-2∶13无法辨认器形。

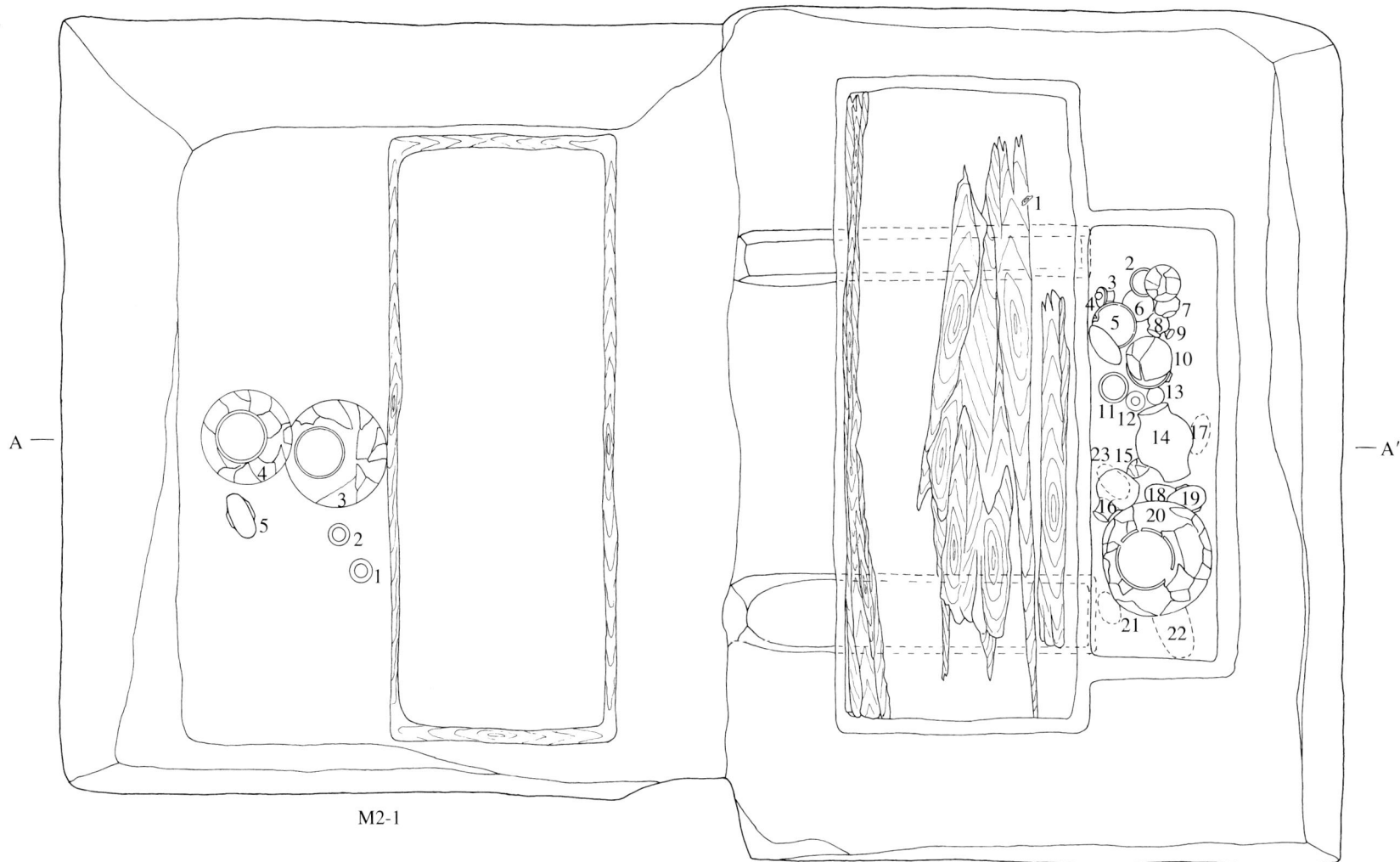

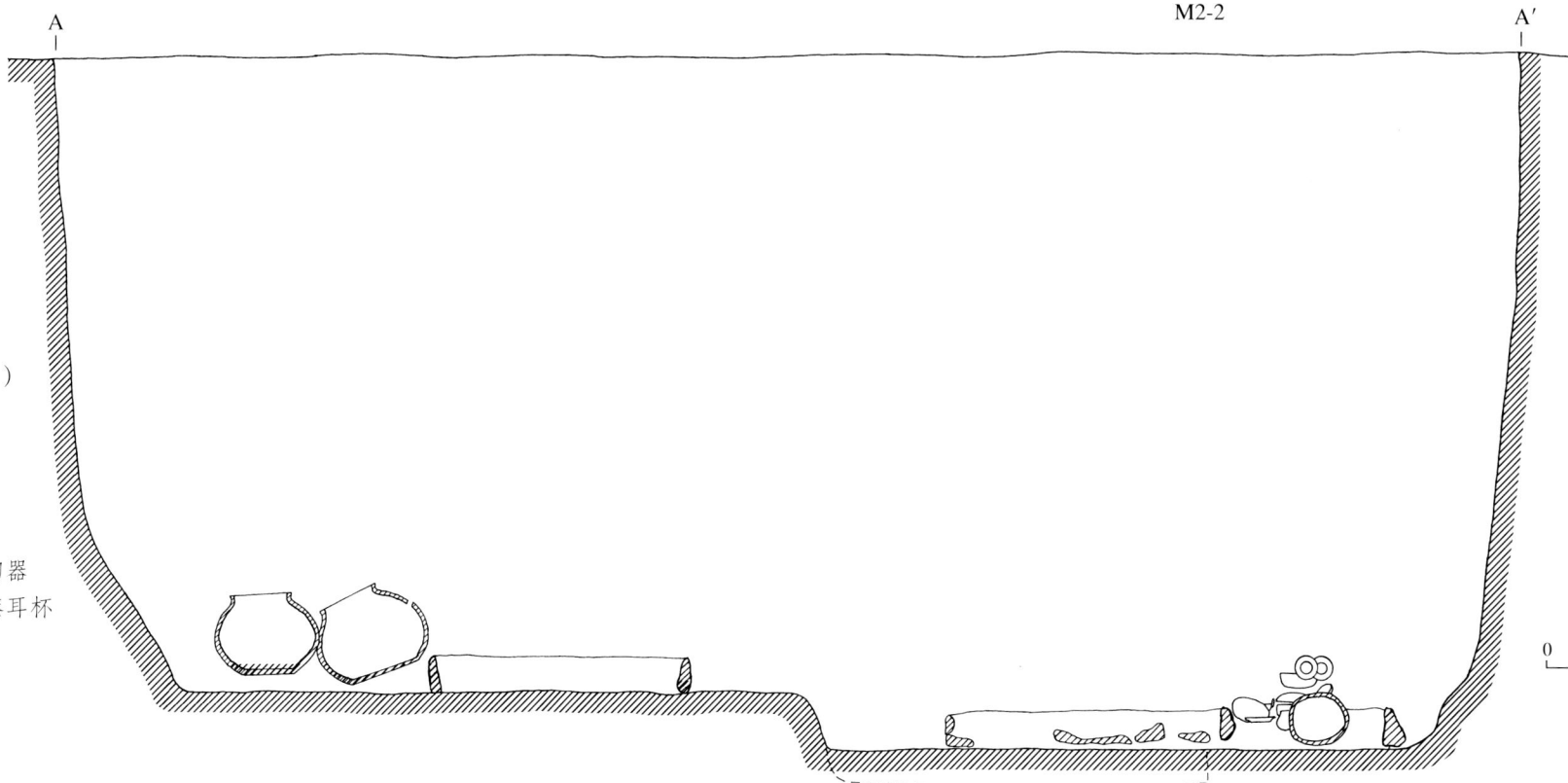

图二七　M2-1、M2-2平、剖面图（王奇志 绘）

M2-1：1、2.陶小壶　　3.陶罐　　4.陶罐
　　　　5.漆耳杯

M2-2：1.玉璜　　2.陶盒　　3、9.陶豆
　　　　4.陶匙　　5、10.陶鼎　　6.陶钵
　　　　7、8、12.陶小壶　　11.陶盘　　13.陶器
　　　　14、16.陶壶　　15.陶杯　　17～19.漆耳杯
　　　　20.陶罐　　21.漆器　　22、23.漆盒

1

2

3

4

图二八 M2-1出土陶小壶、罐

1、2.小壶 M2-1：1、M2-1：2　　3、4.罐 M2-1：3、M2-1：4

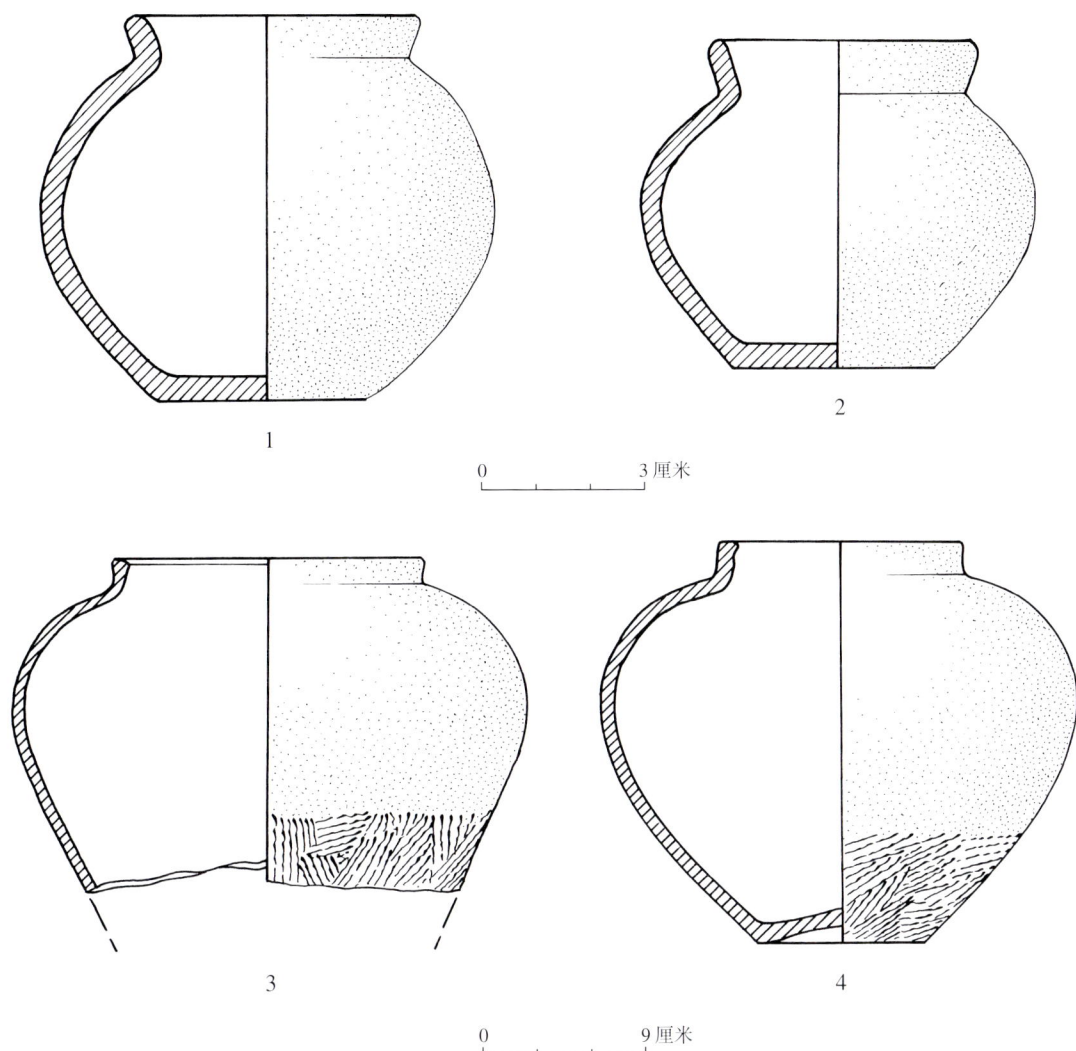

图二九　M2-1 出土陶小壶、罐

1、2. 小壶 M2-1：1、M2-1：2　　3、4. 罐 M2-1：3、M2-1：4

器类有壶、鼎、盒、钵、盘、小壶、罐、豆、杯、匙等。

壶

2 件。泥质灰陶，素面。泥条盘筑。皆有不同程度的残缺。
M2-2：14，颈部以上残缺，上腹部圆鼓，下腹折，略向外撇，平
底。底径 14.8、残高 19.2 厘米（图三二，1；三三，1）。M2-2：
16，直口略敞，长颈，球腹，圜底，圈足残缺。口径 10.4、残

高 22.5 厘米（图三二，2；三三，2）。

鼎

2 件。泥质灰陶，素面。手制。鼎身敛口，方唇，口外侧有
附耳 1 对，弧腹，下有 3 个兽蹄形足。鼎盖为弧顶，浅腹，敞口，
圆唇。M2-2：10，平底内凹。口径 16.6、高（连盖）13.9 厘米
（图三二，3；三三，3）。M2-2：5，平底。口径 15、高（连盖）
13.2 厘米（图三二，4；三三，4）。

盒

1 件。M2-2：2，泥质灰褐陶，素面。手制。子母口稍敛，
尖圆唇，上腹弧鼓，下腹向内弧收，平底，口部承盖，盖为弧
顶，浅腹，敞口，圆唇。口径 17.4、底径 12.5、高（连盖）9.7
厘米（图三二，5；三三，5）。

钵

1 件。M2-2：6，泥质灰陶，素面。手制。直口稍敛，尖圆

图三〇　M2-1 出土漆耳杯 M2-1：5（王奇志　摄）

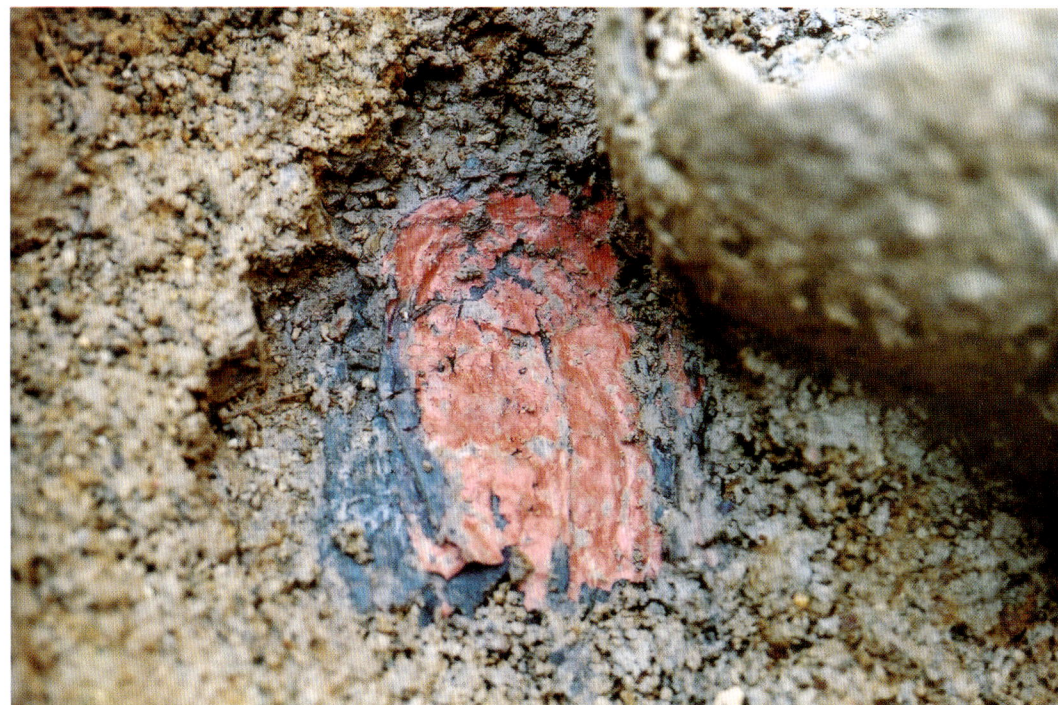

图三一 M2-2（西→东）（王奇志 摄）

唇，上腹斜，下腹折，弧收，平底，内壁较粗糙。口径13、底径6.3、高4.5厘米（图三二，6；三三，6）。

盘

1件。M2-2：11，泥质灰陶，素面。手制。敞口，折沿，尖唇，上腹较直，下腹向内弧收，平底。口径12.2、底径5、高2.8厘米（图三二，7；三三，7）。

小壶

3件。夹砂灰陶，素面。手制。卷沿，圆唇，腹部弧鼓，下腹向内弧收。M2-2：7，直口，平底，器表剥落严重。口径7.2、底径6.6、高7.1厘米（图三二，8；三三，8）。M2-2：12，侈口，平底内凹。口径6.8、底径6.2、高7.6厘米（图三二，9；三三，9）。另一件M2-2：8，残破未能修复。

此外还有罐1件（M2-2：20）、豆2件（M2-2：3、M2-2：9）、杯1件（M2-2：15）、匙1件（M2-2：4）未能修复。现场观察罐的形制与M2-1所出罐一致。

玉器

1件。

璏，M2-2：1，一端残缺，顶面呈长方形，上饰2条凹弦纹，侧面有一圆角长条形穿孔。残长4.4、宽1.3、高1.2厘米（图三四、三五）。

漆器

共6件，保存极差，可辨器形有耳杯3件（M2-2：17、M2-2：18、M2-2：19）、盒2件（M2-2：22、M2-2：23），另有一件（M2-2：21）未能分辨器形（图三六）。

（2）M3

M3位于M2西，相距0.5米。南侧封土遭现代取土破坏，现存的北侧封土顶部平，残存厚度0.55~0.95米。红褐色砂土，内夹杂较细的灰色砂土，质地紧密、较硬、纯净。未发现遗物（图二五）。

M3的封土叠压打破M2的封土。

墓坑在封土下开口，方向25°（依据簪的位置）。竖穴，上半部为土坑，下半部为凿石坑。口部平面略呈长方形，南部稍宽，长2.13~2.16、宽1.28~1.36米。坑壁上部直，下部（石壁部分）稍斜，坑底部较平，中部稍下凹，墓坑深1.04米。底面亦略呈长方形，长1.9~2.03、宽1.24~1.34米。坑内填黄灰色沙土，土质松软、纯净。未见任何遗物。墓坑坑底发现有木棺侧板、底板板灰痕迹，平面呈长方形，长1.8、宽0.55米。人骨架未能保存。板灰范围内发现随葬器物7件，除一件置于棺的中部外，其他集中放置于棺的北侧，棺外东侧另有随葬品3件（图三七）。

随葬品有石器、陶器、铜器、铁器、骨器、漆器等6种10件。介绍如下：

石器

2件。

黛板

图三二　M2-2出土陶壶、鼎、盒、钵、盘、小壶

1、2.壶 M2-2：14、M2-2：16　　3、4.鼎 M2-2：10、M2-2：5　　5.盒 M2-2：2　　6.钵 M2-2：6　　7.盘 M2-2：11　　8、9.小壶 M2-2：7、M2-2：12

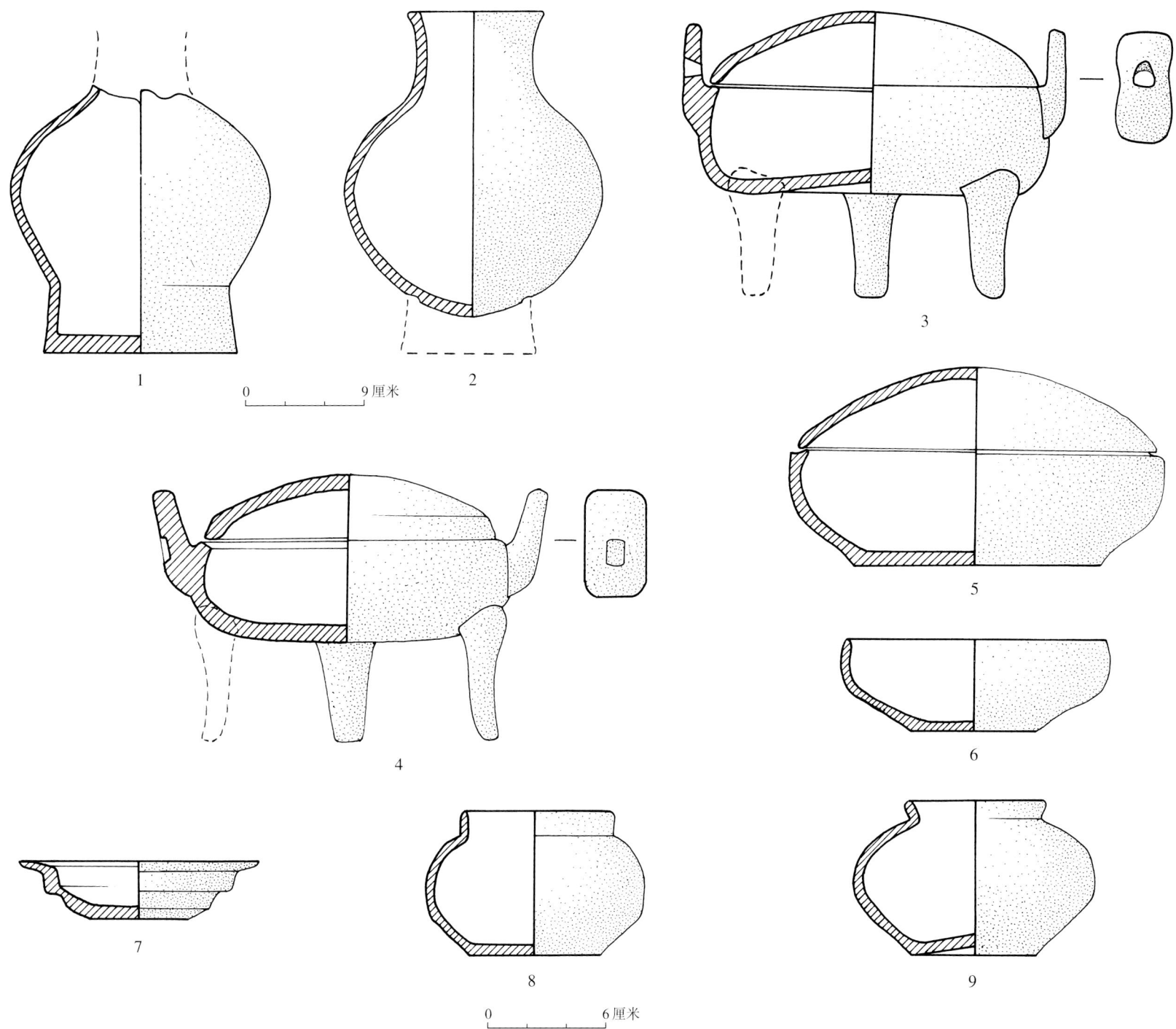

图三三　M2-2出土陶壶、鼎、盒、钵、盘、小壶

1、2.壶 M2-2：14、M2-2：16　　3、4.鼎 M2-2：10、M2-2：5　　5.盒 M2-2：2　　6.钵 M2-2：6　　7.盘 M2-2：11　　8、9.小壶 M2-2：7、M2-2：12

图三四 M2-2出土玉璏（M2-2：1）

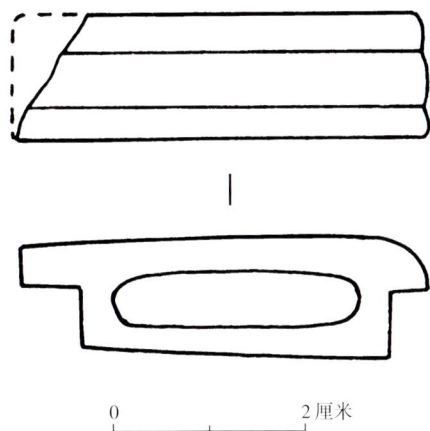

图三五 M2-2出土玉璏（M2-2：1）

1件。M3：2，褐色，砂岩。正反两个磨面中，一面局部呈红色，当为研磨朱砂的痕迹；另一面局部呈黑色，当为研墨所致。黛板平面为长方形，长14.5、宽5.4、高0.7厘米（图三八，1；三九，1）。

拭

1件。M3：3，深褐色，砂岩。顶面、底面皆平。顶面为圆形，直径3.4厘米；底面呈正方形，边长与上部圆的直径一致。

高1.6厘米（图三八，1；三九，1）。

陶器

3件。皆为罐，泥质灰褐陶，陶质疏松，保存较差，一件可复原。

M3：8，侈口，卷沿，方唇，腹部弧鼓，平底内凹，下腹饰绳纹。泥条盘筑法成形。口径19.2、底径15.3、高26.1厘米（图三八，2；三九，2）。

铜器

2件。

镜

1件。M3：1，破碎锈蚀非常严重，直径约10厘米，未能修复（图四〇）。

钱

M3：7，数量若干，锈蚀成块状。圆形，方孔。

铁器

图三六 M2-2出土漆器（王奇志 摄）

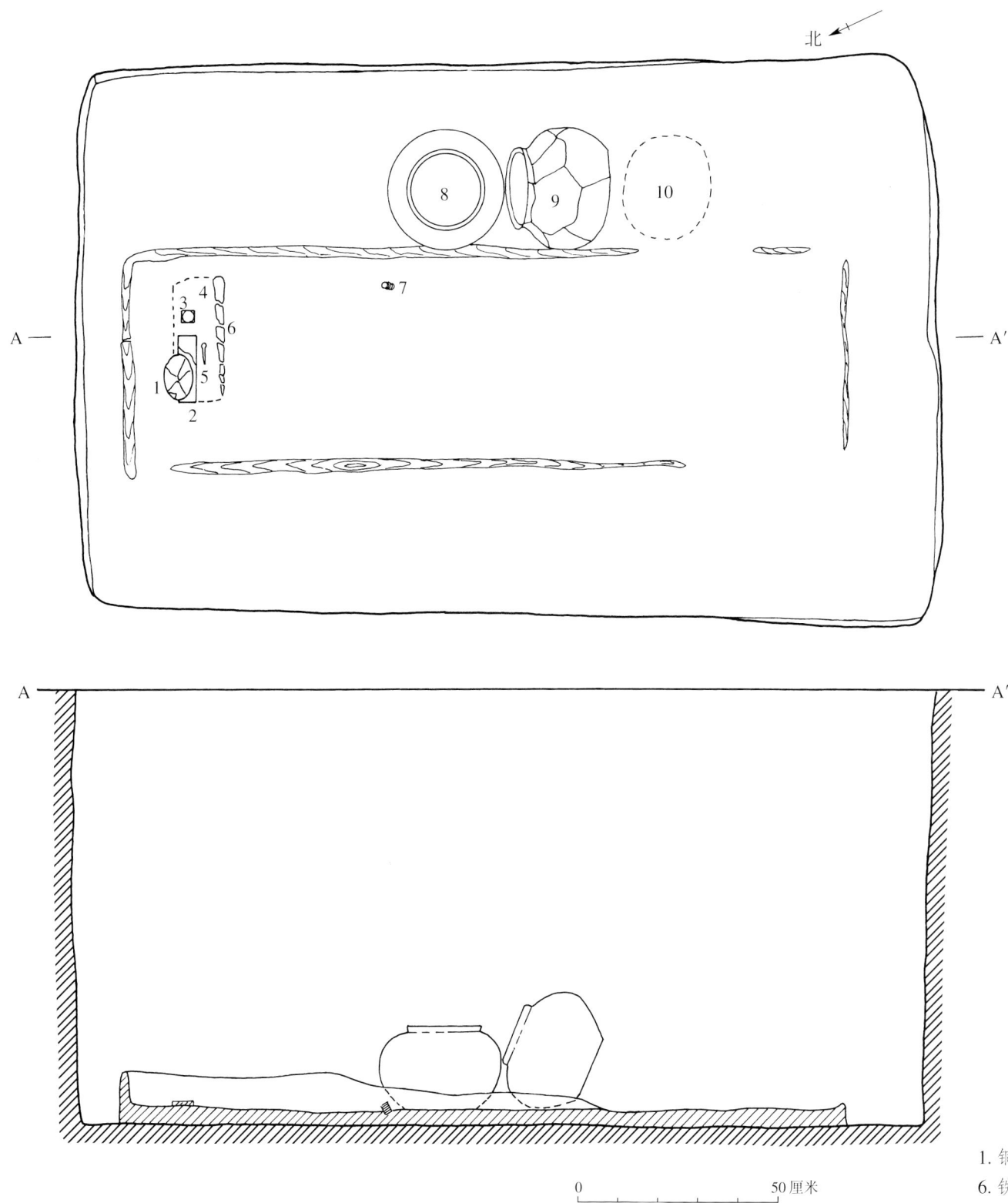

图三七 M3平、剖面图（王奇志 绘）

1. 铜镜　2. 石黛板　3. 石拭　4. 漆奁盒　5. 骨簪
6. 铁削　7. 铜钱　8~10. 陶罐

1件。

削，M3∶6，锈蚀非常严重，从外表观察当为环首。残长14厘米（图三八，3；三九，3）。

骨器

1件。

簪，M3∶5，腐蚀成粉状，未能复原。

漆器

1件。

M3∶4，残破腐烂，仅见部分黑、红色漆皮，器型或为奁盒（图四一）。

（3）M4

M4位于M3的西南侧，封土遭现代取土破坏。墓坑口部呈长方形，长3.04、宽1.51~1.55米。直壁稍斜，墓坑深1.13米，上部为土坑，下部0.45米为凿石坑。坑底部平坦，底面亦略呈长方形，长3.01、宽1.51~1.52米。方向28°。

坑内填土可分3层。第1层，厚0.3~0.65米，褐灰色粗砂土，土质硬且纯净，未见遗物；第2层，厚0.2~0.55米，墓坑西部堆积较厚，土色灰黄，土质坚硬，未见遗物，似经过夯打；第3层，厚0.15~0.7米，黄色砂土，土质较软。

墓坑内的木质葬具已腐烂，底部保留有不规则形板灰。板灰范围内发现粘连一体的铜钱2枚，其北侧有陶罐2件（图四二、四三）。

铜钱

图三八 M3出土石黛板、拭，陶罐，铁削

1. 石黛板、拭 M3：2、M3：3　2. 陶罐 M3：8　3. 铁削 M3：6

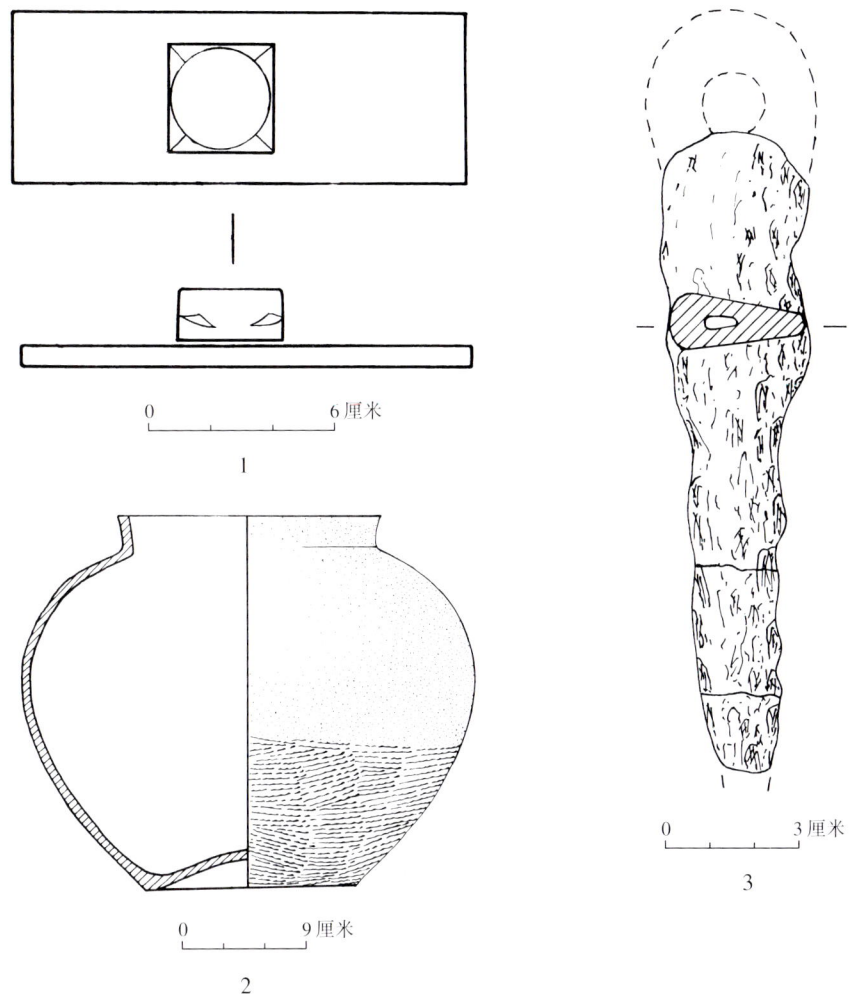

图三九 M3出土石黛板、拭，陶罐，铁削

1. 石黛板、拭 M3：2、M3：3　2. 陶罐 M3：8　3. 铁削 M3：6

　　M4：3，二枚粘连一体。圆形方孔，破碎锈蚀严重，从残片上的字痕判断，应是"五铢"钱。

　　陶罐

　　2件。M4：1、M4：2，泥质灰褐陶，陶质疏松，破碎较甚，未能修复。形制与M3所出罐类似。

　　2. 墓葬的年代

　　此次发掘的三座墓葬皆无明确的纪年，根据层位关系和出土遗物对这三座墓葬的年代进行初步判断。

　　M2是一座同茔异穴墓，这种墓葬形制常见于战国到西汉时期。M2-2虽然棺室被盗扰，但边箱保存较好，其出土随葬品组合为鼎、豆、壶、盒，这种陶礼器组合多见于战国晚期楚墓，在连云港朝阳战国墓中也有发现[1]。其中鼎的形制与河南光山县黄大山战国墓出土的平底鼎相似，壶的形制也与黄大山M2出土

图四〇　M3出土铜镜（王奇志 摄）
图四一　M3出土漆器（王奇志 摄）

图四二　M4（南→北）（王奇志 摄）

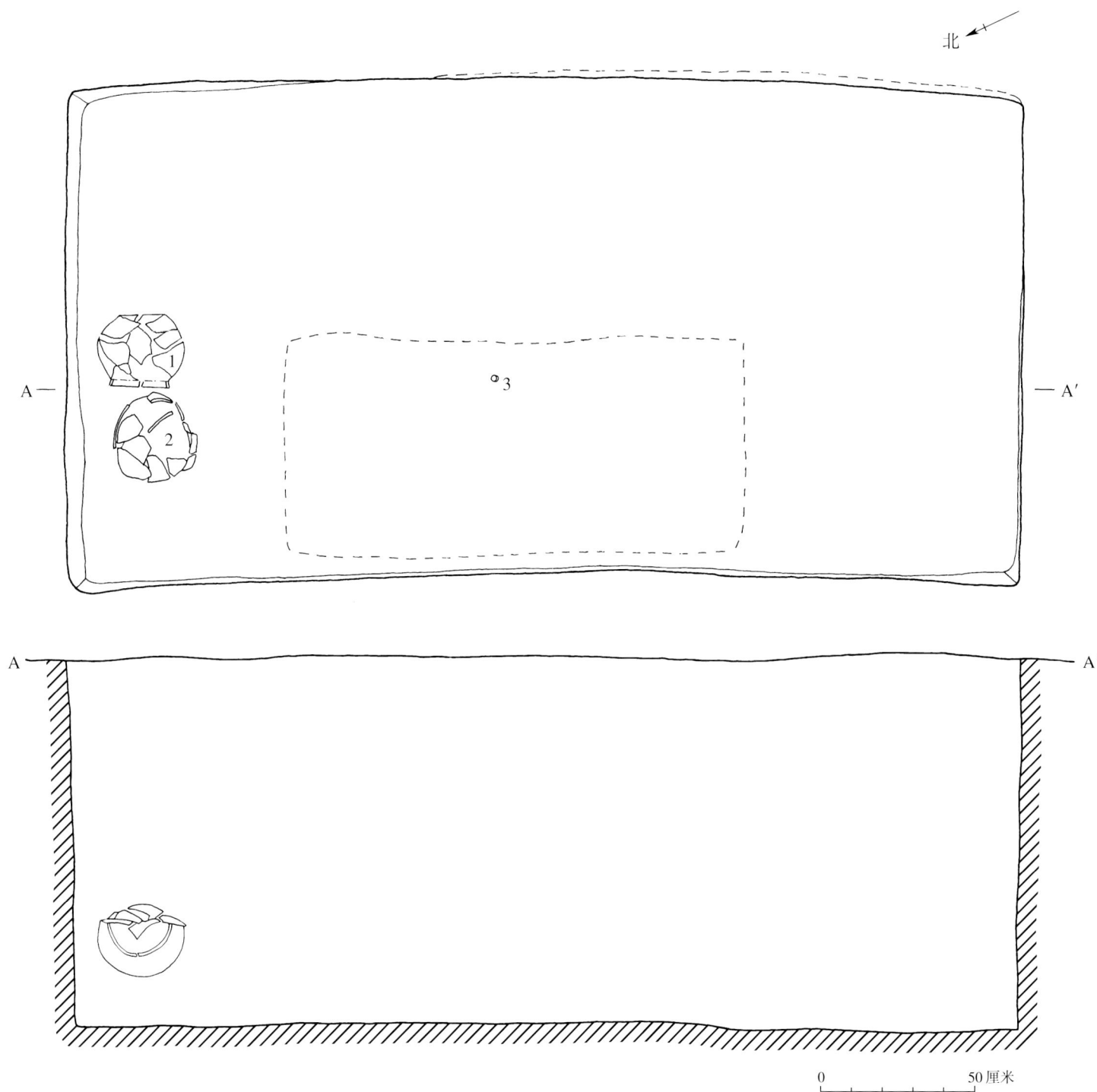

图四三 M4平、剖面图（王奇志 绘）

1、2. 陶罐　3. 铜钱

陶壶相似[2]，这种平底鼎还见于洛阳中州路第五、六期[3]，由此判断M2-2的时代当为战国晚期，是一座带有明显楚文化特征的墓。M2-1打破M2-2，两者皆出土形制相同的小壶，M2-1所出陶罐也与朝阳战国墓出土陶罐一致，故M2-1的年代也应属战国晚期。M2-2有边箱，棺下有垫木沟槽，棺外随葬品的数量和种类也明显多于M2-1，墓中出土有玉剑璏，墓主可能为男性。

M3封土叠压打破M2封土，所出石黛板、石拭、铁削为汉代墓葬常见的随葬品，出土陶罐与M2出土陶罐相比，口部由直口变为侈口，平底内凹更甚，这种罐多见于已发掘的连云港地区的其他墓葬中，推测M3的年代比M2稍晚，可能属西汉。M4所出陶罐与M3相似，年代亦当为西汉。

[1] 南京博物院、连云港市博物馆：《江苏连云港朝阳遗址发掘简报》，《东南文化》2004年第2期，47页。

[2] 信阳地区文管会、光山县文管会：《河南光山县黄大山战国墓发掘简报》，《考古》1991年第11期，998、999页，平底鼎见图七：1、2、4~6，壶见图四：1。

[3] 中国科学院考古研究所编著：《洛阳中州路（西工段）》，科学出版社，1959年，71页。

三 古城的构筑特点、时代和性质

（一）构筑特点

古城的构筑经过整体规划，为节省筑城工本，针对各种地形的不同特点，因地制宜采用了多种构筑方式。

在孔望山西南部和凤凰山西北部中间基岩隆起的岗地顶部，采用平地堆筑夯打的方式构筑城墙，至今局部城墙仍可看出板筑的痕迹。在西城墙北侧对原已存在的墓葬封土进行加工，使其成为城墙的一部分。在孔望山和凤凰山山脊之上的城墙则是以石块垒砌成内外石壁，中间填土，构成墙体，山脊上陡峭壁立的巨石也被利用作为墙体的一部分。在城垣东南部采用挖建基槽然后逐层夯筑的方法，这当是针对此处地势卑下、地基不够稳固的地质特点而采用的方法。

建筑城墙的材料为就地取材，山脊上垒砌墙壁的石块来源于孔望山和凤凰山，所用泥土即为山体上的风化土和山麓处的沉积土。墙体的堆筑还利用城内早期建筑的废弃堆积，或是拆取城内一些建筑的构件用以建筑城墙。这一点从西城门附近CT1的第二层堆积以及山脊上修筑马面所使用的唐、宋时期砖块即可看出。

（二）时代和性质

关于孔望山古城，明清时期的地理著作《地理新书》、《舆地要览》、《读史方舆纪要》、《隆庆海州志》和《嘉庆海州直隶州志》中都有记述，有的认为是古海州城址，有的认为是南宋时期的军事性城堡遗址。此次对古城城垣的考古勘察和解剖明确了古城的时代与性质。

在勘察和试掘中，城墙墙体内出土了宋代瓷片和砖，这说明古城城墙的建筑年代不早于宋。西城门踏步所用的铺地砖亦属宋代，其间未见更晚遗物，证明孔望山古城的始建年代当属宋代。

今海州城从秦设朐县开始，历经两汉、三国、西晋、南北朝，一直是朐县或朐山县县治所在。隋唐时期成为海州州治后，海州城一直是州、府、路、郡的治所，是周边地区的政治、经济和文化中心。孔望山古城与其西的海州城相距不到3公里，古城作为城市建置显然没有必要。从周围地形看，古城东南部地势较为平坦，山体附近地貌复杂，部分地区岩石裸露突起，山水下流形成多道冲沟，不具备一般城市所必需的开阔地。另外，城内可以作为水源的只有顺山体而下的季节性流水，没有永久性水源，缺乏作为人居城市的空间和生活条件。

孔望山古城位于孔望山和凤凰山之间，孔望山北侧山势险峻，西部为隆起的岗地，东南方当时为大海，易守难攻。虽然城垣建筑经整体规划，但从取材用料以及对原始地貌的利用来看，城墙的堆建较为仓促。城墙构筑以及马面分布的情况也表明了其具有明显的防御特征，尤其西部是防卫的重点。因此，这座古城只是一座临时性的军事城堡。

海州在中国历史上的分裂对峙时期一直是南北中分之所，是兵家必争之处[4]，尤其是南宋、金、元时期（从南宋建炎到元至元的约150年间），更是连年攻占，入宋、入金、入元变更不断。在这样的背景下，孔望山古城的设置对于海州城的攻防以及作为滩头堡垒是非常必要的。

从以上分析看，方志所记孔望山古城为古海州之说当有误，宋军戍守其上的说法当有所据。据《宋史》、《金史》、《元史》记载，宋、金、元时期发生在海州地区的战争主要有：

金天会六年（1128年）即建炎二年，金伐宋主，败海州兵八万人，海州降[5]。宋绍兴十年（1140年），韩世忠遣统制王胜、王权攻克海州，金人救海州，王权等迎战，取胜。宋绍兴三十一年（1161年），金人南侵楚州，魏胜率众抵抗，攻取海州，金人围困海州，李宝率水师解围，后驻军东海，视缓急为表里援。次年春，金人攻海州急，张子盖次石湫堰，大败金兵[6]。金泰和六年（1206年），宋将商荣攻东海，县令完颜卜僧败之。金兴定元年（1217年）七月，宋人袭破东海县，攻海州，被击破。八月，金军与宋人战石湫南，战涟水县，战中土桥，宋兵败绩。十二月，又败宋人于盐仓。次年，宋兵三万驻胸山，二月，大败于金军[7]。宋嘉定十一年（1218年），李全率军在首次攻克海州、因粮援不继而退屯东海后，再攻海州，金人固守，李全与援军战于高桥，不胜，退守石湫。宋嘉定十三年（1220年）即金兴定四年三月，"红祆"于忙儿袭据海州，金兵击败忙儿，复取之。八月，南宋在割让海州56年之后，回师收复。宋宝庆末李全据之。宋绍定四年（1231年），全死，又复。次年，蒙古国安用率兵万人攻海州[8]。元宪宗三年（1253年）三月，元大兵攻海州，败戍将王国昌于城下[9]。宋宝祐元年（1253年），蒙古攻海州[10]。宋景定元年（1260年），李庭芝破璮兵，明年，复败璮于乔村，破东海、石圃等城，景定三年（1262年），李璮叛元降宋[11]。元至元十二年（1275年），元兵轻骑袭海州、东海、石湫，下三城[12]。

在孔望山古城南约2公里的刘志洲山发现多处石刻船画以及有关"招信军"、"安淮军"、"金人"和"金国"等题刻，这些石刻也反映了以上文献所载公元12、13世纪海州地区宋、金、元之间的频繁战争[13]。

由此推断，孔望山古城的始建、使用和废弃年代当在南宋绍兴到元至元（1131~1294年）年间，性质为宋与金、元对抗

时期的军事城堡，而与摩崖造像群、周边石刻遗迹和造像群前的建筑等早期遗存没有关系。

[4] 顾祖禹《读史方舆纪要》谓："（海州）州阻海连山，为南北襟要，六朝时置重镇于此，以掣肘索头南寇之锋。隋平江南，分道朐山，捷出三吴，而东南遂无坚垒。宋魏胜取海州，而山东响应。及群盗李全据之，南窥浙右，北扰青、齐、江、淮之间，几于困弊。盖水陆交通，可左可右，用兵之际，未始非形胜所关也。王应麟曰：'海、泗者东南之藩蔽，得泗可以取淮北，得海可以收山东。'"中华书局，2005年，1091页。

[5] （元）脱脱：《金史·斜卯阿里传》卷八十，中华书局，1975年，1800页。

[6] 绍兴十年事见（元）脱脱《宋史·高宗本纪六》卷二十九："韩世忠遣统制王胜、王权攻海州，克之，执其守王山。"《宋史·秦桧传》卷四百七十三亦有载录，中华书局，1977年，545、13757页。（元）脱脱：《金史·斜卯阿里传》卷八〇述及："天会六年（1126年），伐宋主，取阳谷、莘县，败海州兵八万人，海州降"，中华书局，1975年，1800页。绍兴三十一年事见《宋史·高宗本纪九》卷三十二、《宋史·魏胜传》卷三六八、《宋史·李宝传》卷三七〇、《宋史·张俊传》卷三六九，中华书局，1977年，603、11455、11500、11479页。

[7] 金泰和六年至兴定二年事见（元）脱脱：《金史·章宗本纪四》卷十二、《金史·宣宗本纪中》卷十五、《金史·完颜仲元、完颜霆传》卷一百三，中华书局，1975年，277、331、2267、2272页。

[8] 嘉定十一年至绍定五年事见（元）脱脱：《宋史·李全传》卷四七六、《宋史·宁宗本纪四》卷四十、《宋史·地理志》卷八十八，中华书局，1977年，13818~13819、775、2179页；《金史·宣宗本纪下》卷十六，中华书局，1975年，352页。

[9] （明）宋濂：《元史·宪宗本纪》卷三，中华书局，1976年，46页。

[10] （清）毕沅：《续资治通鉴·宋纪》卷一七四，中华书局，1986年，4736页。

[11] 景定元年至三年事见（元）脱脱：《宋史·理宗本纪五》卷四十五、《宋史·李庭芝传》卷四二一，中华书局，1977年，880、12600页。

[12] （明）宋濂：《元史·博罗欢传》卷一百二十一，中华书局，1976年，2989页。

[13] 骆琳、高伟：《刘志洲山石刻调查简报》，《东南文化》2008年第3期，37~39页。

第三章　摩崖造像群

孔望山南麓西端是面向西南的山前陡坡，总体略呈向南凸起的弧形。陡坡下部凹凸的岩块经劈削、凿平形成大小不等的平整立面，其上雕刻有造像。造像分布疏密不匀，分布范围东西长约18米、高约6米（图四四、四五）。

摩崖造像群大致分为两部分，一是在经过加工的平整岩面上雕造的人像，称为崖面造像；二是在崖面造像间寻隙开凿的6个石龛，有的龛内尚有线刻像，下称龛内线刻像。另外，在崖面造像和石龛周围还分布有属于某像（或龛）的圆形浅槽和柱洞等人工遗迹。以下分类介绍。

一　崖面造像

在雕刻前，先对陡坡下部某些凹凸的岩块进行劈削、凿平使之形成大小不等的平整立面。由于山体的自然走势呈面向西南的弧形，造像所在岩面的朝向有所不同，并造成了造像上下、左右、前后错落的现象。为表示造像所在岩面方向的差异，下文谈及的岩面方向是指以正北为正方向，顺时针旋转，岩面与正方向的夹角。

经过调查共发现造像92尊，本报告每像一号，大致按从西向东、由上而下的顺序，编为X1～X92。

X1

位于摩崖造像群的最西端，系于一块垂直平整的岩面上加工雕刻而成，岩面方向为120°（图四四～四六）。

汉装半身正面像。高149、身体最宽处88厘米，头高60、宽41厘米。头带武弁大冠，冠下为带有颜题的帻，面部丰满，眉目上挑，鼻子垂直挺拔，鼻端略有残缺。身着交领长袍，双手合袖托盾置于胸前，双腿跪坐，掩于袍内。由于造像东侧下部有一突出岩体，故左腿只刻出内侧的轮廓线。

造像系采用浅浮雕和阴线刻相结合的技法雕刻。雕造该像前先对岩面进行了加工，在岩面东侧下部下凿30厘米、中部下凿7.5厘米、上部下凿9厘米，从而形成一个垂直平整的岩面。

在岩面上先绘出人像的轮廓，然后在轮廓线外减地成平面，其上尚有细密的减地凿痕，头部外侧减地 1.5 ~ 3 厘米、身体两侧减地 5 ~ 8.5 厘米、像底部减地 3 ~ 6.5 厘米，使像的轮廓明显凸现。为使造像具有较强的立体感，在头部还采用浅浮雕技法，使挺拔的鼻子高出颊面 3 ~ 4 厘米、下巴比颈部高出 1.5 厘米，眼球弧状突起。口部、冠部及肩以下细部用阴线刻表现（图四七 ~ 四九）。

X2

西距 X1 约 100 厘米，所在岩面比 X1 所处岩面向前突出 102 厘米，岩面方向 110°（图四四 ~ 四六）。

立像。通高 124 厘米，头长 26、宽 24 厘米。头顶有高肉髻，圆脸，大耳，深目，鼻部残。右手置于胸前，掌心向外施无畏印；左手于胸前持水袋。身着圆领长衫，窄袖，双足着靴露于长衫外，足尖外撇，左侧足尖略残。

造像主要以浅浮雕技法雕刻而成。先利用片麻岩的层理结构人工剥离岩面东侧 5 ~ 8 厘米厚的石片，打制出一块宽 59 ~ 140、高 192 厘米外缘不规整的垂直石面，在石面上绘出人像轮廓，再在轮廓线外减地，其痕迹为不规则的沟槽状，减地沟槽深 5、宽 8 ~ 25 厘米。由于减地较深，造成造像似在龛内的视觉效果。人像的主要部位运用了浮雕技法来表现质感，如圆大的眼珠呈球状突出，手部高出袍面，袍下摆中间高而两侧平缓减低，双足低于袍面，使造像富有立体感（图五〇 ~ 五二）。

X3

与 X2 同处于一块较为平整的岩面上，在 X2 的东侧上方，两像水平相距 85 厘米，X3 底部与 X2 顶部垂直距离为 18 厘米（图四四 ~ 四六）。

盘腿坐像。通高 92、身体最宽处 72、头高 39 厘米。面向西，露左耳，头戴单翅尖顶帽，高鼻，深目。身着圆领长袍，双手袖于胸前，左腿压于右腿之上。

造像系采用浅浮雕和阴线刻相结合的技法雕成。先将岩面打制出一块高 80、宽 57 厘米的平面，绘出人像的轮廓，然后在轮廓外减地，像西侧减地 1 ~ 3 厘米、像东侧减地 1.5 ~ 2 厘米，减地面上留有细密的凿痕。在表现盘腿坐姿时，石工巧妙地利用了东、西两侧岩面的自然凹凸，立体表现了左腿压于右腿之上的造型。人像细部用阴线刻表现（图五三 ~ 五五）。

X3 向东有一块立面较为平整的岩石，岩面方向 148°。岩面上部前倾，下部内收，与水平形成 65° 夹角，三条裂隙将岩石分成西、中、东三部分。西侧石面西距 X3 50 厘米，比 X3 所在石面向前突出 110 厘米。西侧石面略呈三角形，底部长 80、高 80 厘米；中部平面略呈四边形，上宽 43、下宽 34、高 86 厘米；东侧石面略呈长方形，上边长 95、底边长 85、高 75 厘米。三块岩面上满刻头像（图四四、四五、五六）。

西侧岩面上共刻有 3 排计 7 尊像，编号 X4 ~ X10，皆为半身像或头像（图五六 ~ 五九）。

第一排 2 尊，X4、X5（图五六 ~ 五九）。

X4，位于岩面的西侧上方。通高 33、头高 17、头宽 14.5 厘米。光头，着圆领衣衫。

X5，通高 29、头高 16.5、头宽 15 厘米。头似饰有三髻，着圆领衣衫。

第二排 2 尊，X6、X7（图五六 ~ 五九）。

X6，位于 X5 东侧下方。通高 25、头高 18、头宽 12 厘米。露髻，着圆领衣衫。

X7，位于岩面东侧转角处，位置略低于 X6。通高 23、头高 17、头宽 11 厘米。因岩面风化图像模糊，头部似有髻，着圆领衣衫。

第三排 3 尊，X8 ~ X10（图五六 ~ 五九）。

X8，位于 X6 西侧下方。通高 22、头高 20、头宽 16 厘米。光头，有单重圆形头光，着圆领衣衫。

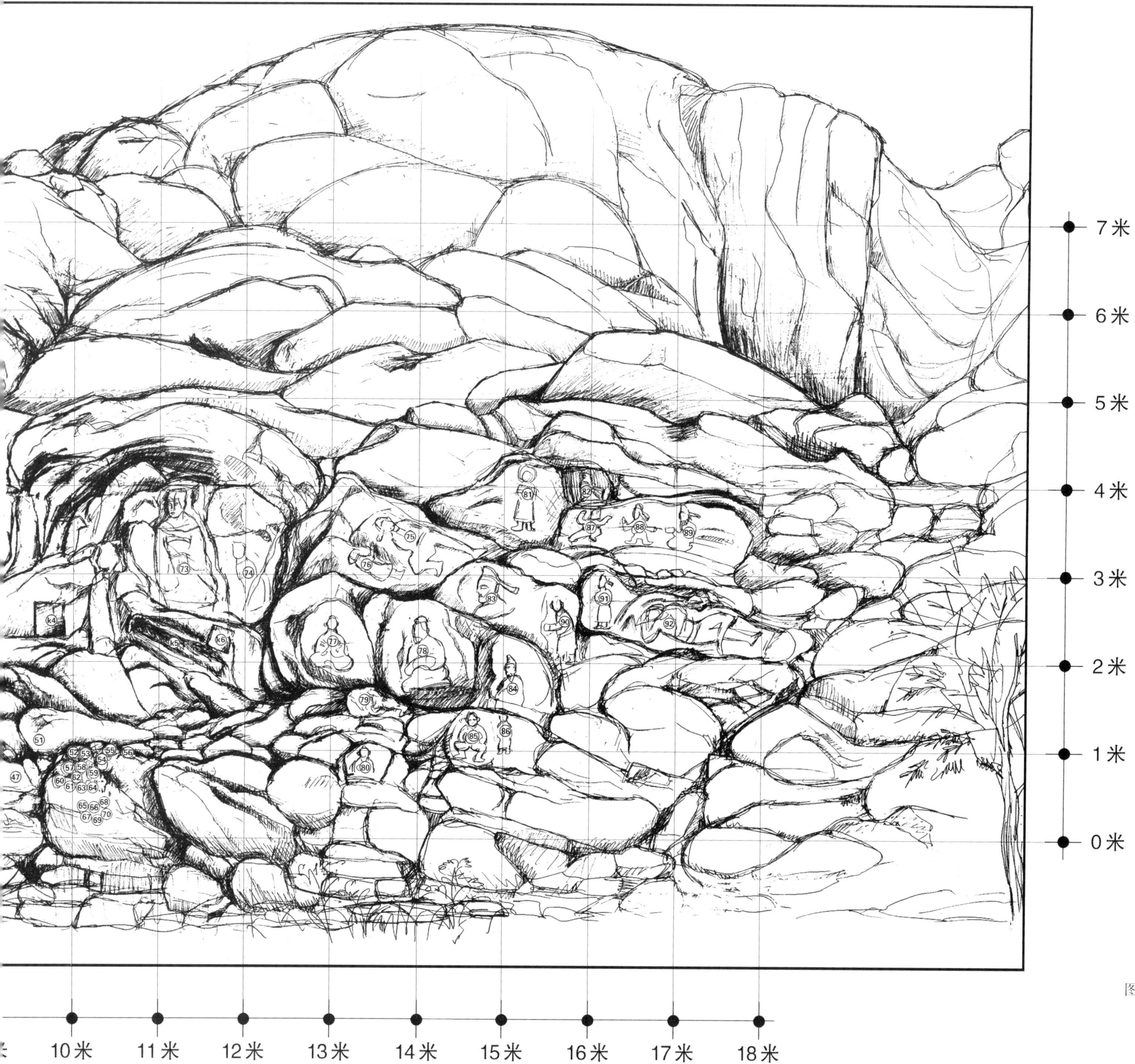

图四五　孔望山摩崖造像群实测图
（丁晓愉、蔡筱明　绘）

0米　　1米　　2米　　3米　　4米　　5米　　6米　　7米　　8米　　9米

图四六　X1～X3、K1、K2

图四七 X1

图四八 X1拓片

0   20厘米

图四九 X1示意图

X9，头像。头高25、宽17厘米。头顶有高髻。

X10，通高29、头高21、头宽14厘米。头簪花饰，着圆领衣衫。

另外，X10东侧刻有一朵六瓣花。

X4～X10系采用浅浮雕和阴线刻相结合的方法雕成。X6、X9西侧和X10东侧均减地处理。像的轮廓、五官和衣纹皆用阴

图五○ X2

图五一 X2拓片

0 — 20厘米

图五二 X2示意图（闫子瑛 绘）

线刻出，颈部均刻成凹面。

中部岩面上刻有3排计7尊像，编号X11～X17，皆为半身像（图五六～五九）。

第一排3尊，X11～X13（图五六～五九）。

X11，通高30、头高19.5、头宽17厘米。光头，有双重圆形头光，内着圆领衣，外披交领衫。

图五三　X3

0　　　　　20厘米

图五四　X3拓片

图五五　X3示意图（闫子瑛 绘）

X12，通高29、头高20、头宽14厘米。光头，有双重圆形头光，内着圆领衣，外披交领衫。

X13，通高32、头高21、头宽17厘米。光头，有双重圆形头光，着圆领衣衫。胸部刻有两道圆弧。

第二排2尊，X14、X15（图五六～五九）。

X14，通高35、头高20、头宽17.5厘米。光头，有双重圆

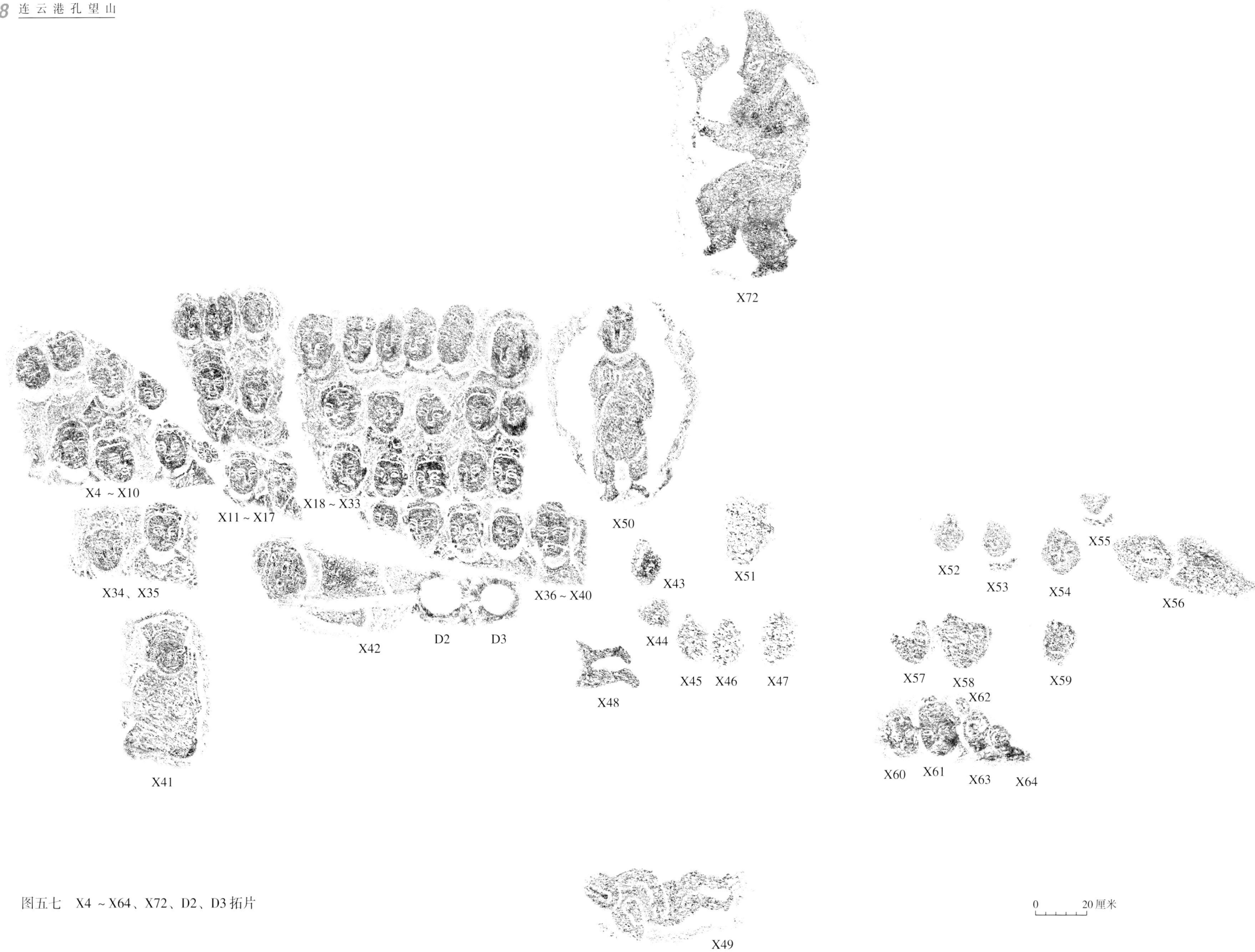

X72

X4 ~ X10

X11 ~ X17

X18 ~ X33

X50

X34、X35

X42

D2   D3

X36 ~ X40

X43

X51

X52

X53   X54

X55

X56

X44

X45   X46   X47

X48

X57   X58

X59

X62

X60   X61   X63   X64

X41

图五七　X4 ~ X64、X72、D2、D3 拓片

0 ⸻ 20 厘米

X49

图五八 X4～X61、X64、X72示意图

图五九　X4～X17

造像轮廓及细部系用阴线刻表现，颈部均凿成凹面。

东侧岩面上共刻有3排计16尊像，编号X18～X33，皆为半身像（图五六～五八、六〇）。

第一排6尊，X18～X23（图五六～五八、六〇）。

X18，正面像。通高29、头高21、头宽18厘米。头戴巾帕类饰物，着圆领衣衫。

X19，正面像。通高28、头高19、头宽16厘米。头戴巾帕类饰物，着圆领衣衫。

X20，正面像。通高28、头高19、头宽12厘米。头顶着巾，上有髻，着圆领衣衫。

X21，通高29、头高19、头宽13厘米。面偏向西，头戴巾帕类饰物，着圆领衣衫。

X22，通高30、头高23、头宽15厘米。面偏向西，头戴巾帕类饰物，露左耳，着圆领衣衫。

X23，通高27、头高21、头宽15厘米。面偏向西，光头，露左耳，有单重圆形头光，着圆领衣衫。

第二排5尊，X24～X28（图五六～五八、六〇）。

X24，通高24、头高20、头宽16厘米。面偏向西，光头，露左耳，有双重圆形头光，着圆领衣衫。

X25，正面像。通高22、头高17、头宽17厘米。头顶部残，着圆领衣衫。

形头光，内着圆领衣，外穿右衽交领衫。

X15，通高27、头高15、头宽16厘米。光头，有单重圆形头光，着圆领衣衫。

第三排2尊，X16、X17（图五六～五九）。

X16，通高22、头高17、头宽16厘米。光头，有双重圆形头光，着圆领衣衫。

X17，通高26、头高19、头宽15厘米。光头，有单重圆形头光，着交领衫。

X26，通高 27、头高 19、头宽 16 厘米。面偏向西，露左耳，头顶有髻，着圆领衣衫。

X27，通高 23、头高 17、头宽 14 厘米。面偏向西，露左耳，头戴巾帕类饰物，着圆领衣衫。

X28，通高 26、头高 21、头宽 14 厘米。面偏向西，露左耳，头饰三髻，着圆领衣衫。

第三排 5 尊，X29～X33（图五六～五八、六○）。

X29，通高 22、头高 20、头宽 16 厘米。面偏向西，露左耳，头戴巾帕类饰物，着圆领衣衫。

X30，通高 29、头高 27、头宽 16 厘米。面偏向西，露左耳，头戴巾帕类饰物，着圆领衣衫。

X31，通高 19、头高 17.5、头宽 16 厘米。面偏向西，露左耳，头戴巾帕类饰物，着圆领衣衫。

X32，通高 23、头高 19.5、宽 13 厘米。面偏向西，露左耳，头戴巾帕类饰物，着圆领衣衫。

X33，通高 20、头高 16、宽 13 厘米。面偏向西，露左耳，头顶簪花，着圆领衣衫。

X18～X33 系采用浅浮雕和阴线刻相结合的方法雕成。先在凿平的岩面上勾画像的轮廓，然后将轮廓线外减地成平面，像的细部如五官、衣纹等多用阴线刻来表现，个别造像如 X18、X21、X23 面部则通过浅浮雕技法来表现鼻子，使鼻子高出颊面。

X34、X35

X34、X35 并排面列的岩面，比 X4～X10 所在岩面的底部向前突出 25 厘米，岩面呈弧形（图五六～五八、六一）。

X34，正面头像。通高 25、头高 19、头宽 16 厘米。头簪花，着圆领衣衫。

X35，半身正面像。通高 27、头高 15、头宽 14 厘米。头簪花，着圆领衣衫，领下可见波浪形衣纹。

两尊像均采用浅浮雕和阴线刻相结合的方法雕造而成。

图六○　X18～X33

图六一　X34、X35

X36～X40

位于X18～X33下方一块形状不规则的狭长岩面上，岩面方向与X4～X33所在岩面一致（图五六～五八、六二）。

X36，正面头像。头高12、宽12厘米。头戴巾帕类饰物，因岩面风化过甚，鼻子以下部位已辨认不清。

X37，半身像。通高24、头高18、头宽17厘米。面偏向西，露左耳，头顶簪花，着圆领衣衫。

X38，半身像。通高27、头高21.5、头宽16厘米。面偏向西，露左耳，头顶簪花，着圆领衣衫。

X39，半身正面像。通高27、头高17、头宽15厘米。头戴巾帕类饰物，着圆领衣衫。

X40，半身正面像。通高35、头高22、头宽16厘米。头戴巾帕类饰物，着圆领衣衫。

X36～X38系采用阴线刻雕成；X39、X40系采用阴线刻和浅浮雕相结合的方法雕成，在面部减地以突出鼻子。

X41

位于X34、X35下略呈方形的岩面上，方向90°。岩面东侧高62、西侧高43、宽40～45厘米。造像上距X35的垂直距离为7厘米（五六～五八、六三）。

坐像。通高52、身体最宽处28、头高21、头宽14厘米。身体及面部略偏向东，露右耳，头戴高冠，着圆领窄袖衫，右臂弯曲，右手托左肘，左手上举至脸部，手心向外。

造像系采用阴线刻雕造。先在打平的岩面上勾画出人像轮廓，然后于轮廓外减地，现尚存沟槽状痕迹，沟槽深0.5～1、宽3厘米。造像的细部用阴线刻出。

X42

位于整个造像群的中下方偏西，西距X35 13厘米，东端与X36西侧边缘相垂直（图五六～五八、六四）。

半身侧卧像，头向317°，身体随岩石的自然走势由西向东逐步降低。全长61、头长28.5厘米。头顶有高肉髻，头枕右手而卧，着圆领衣衫。

造像系利用山石的自然形态，采用圆雕技法刻出像的整体形状，五官等细部则用阴线刻出。

X43

距 X40 垂直向下约 20 厘米、水平向东 15 厘米（图五六~五八）。

正面头像。因山石风化头的上半部残缺，下半部也仅存轮廓，残高 11、宽 10 厘米。

石像的雕刻技法为浅浮雕。

X44~X47

位于 X43 所在岩体东侧下方的一块底部前突的狭长岩石坡面上。因岩石风化，每尊像只能看出大致轮廓（图五六~五八、六五）。

均为正面头像。

X44，距 X43 水平向东 5 厘米，垂直向下 5 厘米。高 16、宽 15 厘米。

X45，高 20、宽 15 厘米。

X46，高 22、宽 16 厘米。

X47，高 20、宽 15 厘米。

X44~X47 的雕刻技法为浅浮雕。

X48

位于距 X44 垂直向下 8 厘米、向前突出 11 厘米的岩面上（图五六~五八）。

为一卧像的残体，现仅存双腿。上腿残长 21、下腿残长 25 厘米。束裤，着靴，脚尖向下。

雕刻技法为浅浮雕。像轮廓线外减地 0.5~1 厘米。

X49

位于 X48 所在岩面东侧下方向

前突出 15 厘米的岩面上，头部与 X48 足部的垂直距离为 40 厘米（图五六~五八、六六）。

侧卧全身像。通长 52、身体最宽处 25 厘米，头长 14、头宽 15 厘米。双臂曲肘置于胸前，上半身服饰不清，下身着裤，足蹬靴。

雕刻技法为浅浮雕。在轮廓外减地，头部减地 3~6 厘米，上身减地 5 厘米，腿部减地 0.5~1 厘米，五官用阴线刻出。

X50

位于 X18~X33 所在岩石的东侧面上，岩面方向 78°（图五六~五八、六七）。

正面立像。通高 70、身体最宽处 26 厘米，头高 16、头宽 15

图六二 X36~X40

图六四　X42（俯视）

厘米。头顶有高肉髻，圆脸。身着圆领长衫，衫的前摆呈弧状下垂，两腿着裤，裤脚束带，右手置于胸前，掌心向外，施无畏印；左手于胸前持水袋。

造像采用浅浮雕技法雕造。先在打平的石面上绘出人像轮廓，然后在轮廓外减地2～3厘米，减地范围高82、宽50厘米，像南侧的垂直减地痕迹呈沟槽状，尚留有清晰的凿痕。口、双目和衣纹用阴线刻出。胸前的手部高出胸部0.5厘米，衫下摆高出腿部1厘米，双足低于腿部1厘米，以突出其立体感。

X51

位于X40水平向东100厘米处（图五六～五八）。

正面头像。高18、宽14厘米。因山石风化，仅可看出大致

图六三　X41

轮廓，五官分辨不清。

雕刻技法为阴线刻。

X52、X53

位于 X51 东侧的一块略呈长方形的岩面上部（图五六～五八、六八）。

X52，西距 X51 水平距离 45 厘米。为半身正面像。通高 19、头高 15、头宽 13.5 厘米。头顶有髻。

X53，在 X52 的东侧。为半身正面像。通高 19、头高 15、头宽 13.5 厘米。头顶有髻，着圆领衣衫。

两像均采用减地浅浮雕与阴线刻相结合的方法雕造，X52 东侧减地 5 厘米，颈部比面部低 1 厘米；X53 西侧减地 5 厘米，颈部比面部低 5 厘米。

X54、X55

位于 X53 东侧的一块突出石体的立面上，岩面方向 103°。X54 与 X53 的水平距离为 11 厘米（图五六～五八、六八）。

X54，正面像。头高 20、宽 15 厘米。头戴尖顶帽，只能约略看出眼部。

X55，半身正面像。残高 14、头残高 10、头宽 13 厘米。头上部残缺，只能看出脸的下部轮廓和所着圆领衣衫。

X54、X55 所采用的雕刻技法为剔地浅浮雕。X54 东侧减地 1 厘米，头顶减地 5 厘米；X55 东侧减地 2 厘米。

X56

图六五 X44～X47

位于 X55 东侧一块突起的岩石顶部平面上（图五六～五八、六九）。

为一尊仰面朝天的半身像。通长 47、头长 21、头宽 15 厘米。头戴尖顶帽，深目，高鼻，着交领衫，从领口以下随石块变窄逐渐消失。

雕刻技法采用剔地浅浮雕，画像突出于所在岩面 2 厘米。

X57、X58

位于 X52、X53 所在岩面下方的一块略呈长方形的岩石立面

图六六　X49

上，岩面上端前倾突出17厘米，方向约150°（图五六～五八、六八）。

X57，正面像。残高16、宽12厘米。上部残缺，着圆领衣衫。

X58，半身正面像。残高23、头残高18、头宽16厘米。上部残缺，着圆领衣衫。

两像皆采用剔地浅浮雕技法雕造，在轮廓线外减地1厘米。

X59

位于X57、X58所在岩面东侧向后凹进7厘米的岩面上，西

距X58水平距离11厘米（图五六～五八、六八）。

正面头像。高10、宽7厘米。仅见轮廓，细部分辨不清。

造像系采用剔地浅浮雕的技法雕成，在头顶减地2厘米，其余减地1厘米。

X60～X70

与X57、X58位于同一岩体的上下两个岩面上，X60～X70所在岩面下部内收，与水平面夹角为67°，方向150°。共刻像11尊，分上下两部分，上部为X60～X64（图五七、五八、七○），下部为X65～X70（图四四、四五、七一、七二）。

X60，正面头像。头高22、头宽15厘米。头顶有髻。

X61，半身像。通高28、头高26、头宽18厘米。面偏向西，露左耳，头戴武弁大冠，着圆领衣。

两像采用剔地浅浮雕的技法雕成，在轮廓线外减地0.5～1厘米，五官用阴线刻表现。

X62，正面头像。头高8、宽7厘米（图七一、七二）。

X63，半身像。通高15、头高5、头宽5厘米。双臂上举（图七一、七二）。

X64，正面半身像。通高16、身体最宽处20厘米，头高11、头宽11厘米。

X62～X64仅见轮廓，细部分辨不清。皆采用剔地浅浮雕技法雕造，轮廓外减地0.5～1厘米。

X65，全身像。通高25、头高5.5、头宽5.5厘米。双臂上举，左臂弯曲至头部，双腿分开（图七一、七二）。

图六七　X50

图六八　X52～X55、X57～X59
图六九　X56（俯视）

图七〇　X60~X64

X66，半身像。通高9、头高5、头宽4厘米。面目不清（图七一、七二）。

X67，全身像。通高23、头高5、头宽4厘米。双臂残缺，双腿分开（图七一、七二）。

X68，位于X67的东侧上方，全身像。通高21、头高4、宽4厘米。双臂平举，双腿分开，并与X67身体相连（图七一、七二）。

X69，似为侧身立像。通高22、头高5、头宽3厘米（图七一、七二）。

X70，全身像。通高31、头高6.5、头宽7.5厘米。头顶似有髻，右臂与X69相连，左臂弯曲叉腰，双腿分开站立（图七一、七二）。

X65~X70皆采用剔地浅浮雕技法雕造。轮廓线外减地0.5~1厘米。仅见身体轮廓，细部无法分辨。

X71[1]

位于造像群的最上方。在X3水平向东320厘米、垂直向上300厘米处，所在岩面内凹350厘米（图四四、四五）。

正面坐像。通高114、头高45、头宽（双耳处）34、身体最宽处94厘米。头戴尖顶帽，身着交领长衫，双腿盘膝而坐，右手覆左手手心相对而叠置于胸前，袍袖宽大，腰束宽带（图七三~七五）。

该像采用浅浮雕和阴线刻相结合的方法。先将一块圆形巨石打凿出略呈三角形底部突出的坡面，底长110、高126厘米，方向118°。然后在岩面上勾出人像轮廓，并将轮廓线外减地，西侧减地2~3、东侧减地2~4、底部减地2~3厘米，向外逐步变浅，直至原来的石面，减地范围内留有凿痕。像的细部如五官、服饰等均用阴线刻来表现。

X72

位于X50所在岩面向后145厘米、岩面底部前突的坡面上，岩面方向116°（图四四、四五）。

---

[1] 此像在《连云港市孔望山摩崖造像调查报告》（《文物》1981年第7期3页）中编号为6组X68，其描述文字"著汉式衣冠，袖手盘坐。像前平台上，凿有灯碗一个"有误，所附"图四"错为X76（即本报告中的X77）的图。

图七一 X61～X70

X62

X63

X66

X68

X65

X67

X69

X70

0　　　　　　　　20厘米

图七二 X62、X63、X65～X70

图七三 X71

图七四 X71拓片

图七五 X71示意图（闫子瑛 绘）

　　侧面立像。通高98、身体最宽处47厘米，头高33、头宽30厘米。面向西，露左耳，头戴尖顶单翅软帽，高鼻深目，身着圆领长衫，双手合袖于胸前，腰束带，衫下露出双足。右手持花，左手曲于胸前，双腿稍曲，足蹬靴（图五七、五八、七六、七七）。

　　该像的雕造运用了浅浮雕和阴线刻相结合的技法。先将一

图七六　X72

图七七　X72 拓片

0　　　　　　　20厘米

块巨石打凿出一个长 110、高 70 厘米的坡面，其上勾画像的轮廓，然后将轮廓线外减地 1~2 厘米，像的细部如眼、衣纹、腰带等均用阴线刻来表现。

X73

位于整个造像群的中部偏上位置。西距 X72 125 厘米，所在岩面向前突出 50 厘米，岩面上下不平，胸部以下的岩面向前

图七八 X73、X74

图七九 X73、X74拓片

图八〇　X73、X74示意图

突出 16 厘米，岩面方向 110°（图四四、四五）。

坐像。通高 150、像最宽处 90 厘米，头高 42.5、头宽 31 厘米，是造像群中最大的一尊造像。头戴屋帻，额头有长方形颜题，面侧向西，露左耳，耳高及头顶。身着交领长衫，双手合袖置于胸前，双腿隐于长衫之下。东侧减地槽中，有一似几腿状物（图七八～八〇）。

该像的雕造采用浅浮雕和阴线刻相结合的方法。在经过修整的岩面上勾画出像的轮廓，然后将轮廓线外减地，范围略呈梯形，顶部宽 50、中部宽 84、底宽 112、高 171 厘米。冠顶外侧减地深 7、脸部外侧减地 2～3 厘米，身体东侧减地 2～4、西侧上部减地 2～4、下部减地 0.5～1 厘米，减地范围内留有凿痕。像的细部如眼、眉、口以及冠、衣纹等均用阴线刻来表现，鼻子和耳则通过浅浮雕技法来表现，使它们高出颊面得以突显。

像身下部修整出一垂直于像身的窄平台。平台西高东低，长 150 厘米。东侧前部剥落严重，残宽 18 厘米；西侧宽 28 厘米。平台边缘剔刻出凹面花瓣，现仅存西侧二瓣。花纹呈尖圆形，彼此相连，长 20～24 厘米。

X74

与 X73 处于同一岩面，底部与 X73 底部平齐（图四四、四五）。

正面侧身立像，侧身朝向 X73。通高 80、身体最宽处 42 厘米，头高 20、头宽 13 厘米。面部略侧向西，露左耳。头戴平巾帻，身着交领长衫，长衫掩盖了腿部和脚部，双手拱于胸前（图七八～八〇）。

该像采用阴线刻技法雕成。

X75

位于 X73 水平向东 170 厘米处，岩面方向 101°（图四四、四五）。

正面侧卧像。通长 150、头高 28、头宽 19 厘米。头西足东，头戴单翅尖顶帽，翅在头下，帽翅长 13、帽翅最宽处 6.5 厘米。身着圆领衣衫，下摆只遮盖到腿的上部，左腿平伸，足着靴；右腿斜垂，足尖向下。右手于胸前施无畏印，左手持水袋于胸前（图八一～八三）。

造像的雕刻技法为剔地浅浮雕与阴线刻相结合。先刻出像的轮廓，再在轮廓外减地，深度 1～4 厘米不等。

X76

与 X75 处于同一岩面，在 X75 的正下方（图四四、四五）。

卧像。通长 71、头长 16、头宽 12 厘米。岩面剥落较甚，只见臂上举（图八一～八三）。

造像系采用浅浮雕与阴线刻相结合的技法雕成。先勾画出物象轮廓，然后在轮廓外减地，减地范围东西 88、上下 48 厘米，像的细部用阴线刻出。

X77

位于距 X74 底部垂直向下 30 厘米、水平向东 85 厘米、向前突出 75 厘米的岩面上，岩面方向 120°（图四四、四五）。

正面坐像。通高 55、身体最宽处 50 厘米，头高 19、头宽 14 厘米。头顶有高肉髻，头部有两重圆形头光，身着圆领衣衫。右手置于胸前，掌心向外，施无畏印；左手于胸前持水袋（图八四～八七）。

坐像系采用浅浮雕与阴线刻相结合的技法雕造。先将岩面打平，再在东西 70～75、上下 90 厘米的范围内勾画出像的轮廓，并于轮廓外减地 1.5～2 厘米。像的细部如眼、眉、口、衣纹等

图八一　X75、X76

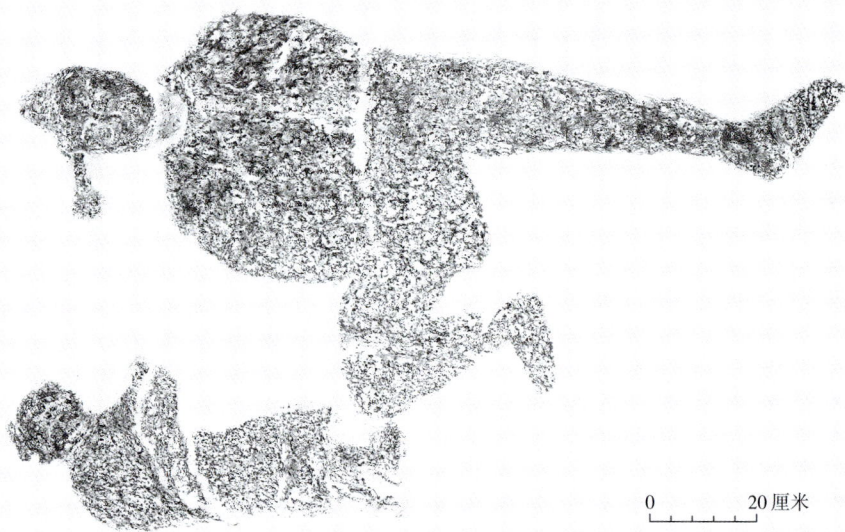

0　　20厘米

图八二　X75、X76拓片

均用阴线刻来表现，个别部位通过浅浮雕技法来表现，如鼻子高出脸面，右手高出胸部。

X78

与X77处于同一岩面，西距X77 47厘米，向内凹进14厘米（图四四、四五）。

正身侧面坐像。通高80、身体最宽处50厘米，头高35、头宽19厘米。头戴平顶帽，面向西，露左耳，身着左衽交领衫，两臂曲于胸前，左手托于右臂之下，右手置于左臂之前（图八四、八七~八九）。

坐像系采用浅浮雕与阴线刻相结合的技法雕造。先将岩面打平，在东侧下凿14厘米，然后勾画出像的轮廓，并于轮廓外减地，减地范围东西48~70厘米、上下100厘米，减地深度3~5厘米。像的细部用阴线刻来表现，个别部位通过浅浮雕技法来表现。

X79

位于X77底部垂直向下12厘米、水平向东9厘米、向前突出33厘米的岩面上，岩面方向115°（图四四、四五）。

卧像。残长86、身体最宽处32厘米。头部及上半身残缺，双手抚于腹部，腰束带，左腿平伸，右腿向下弯曲，双足足尖向下（图八三、九○、九一）。

卧像系采用浅浮雕与阴线刻相结合的技法雕成。其身体上缘与岩面顶部相平，下缘轮廓外减地1~2.5厘米，细部用阴线

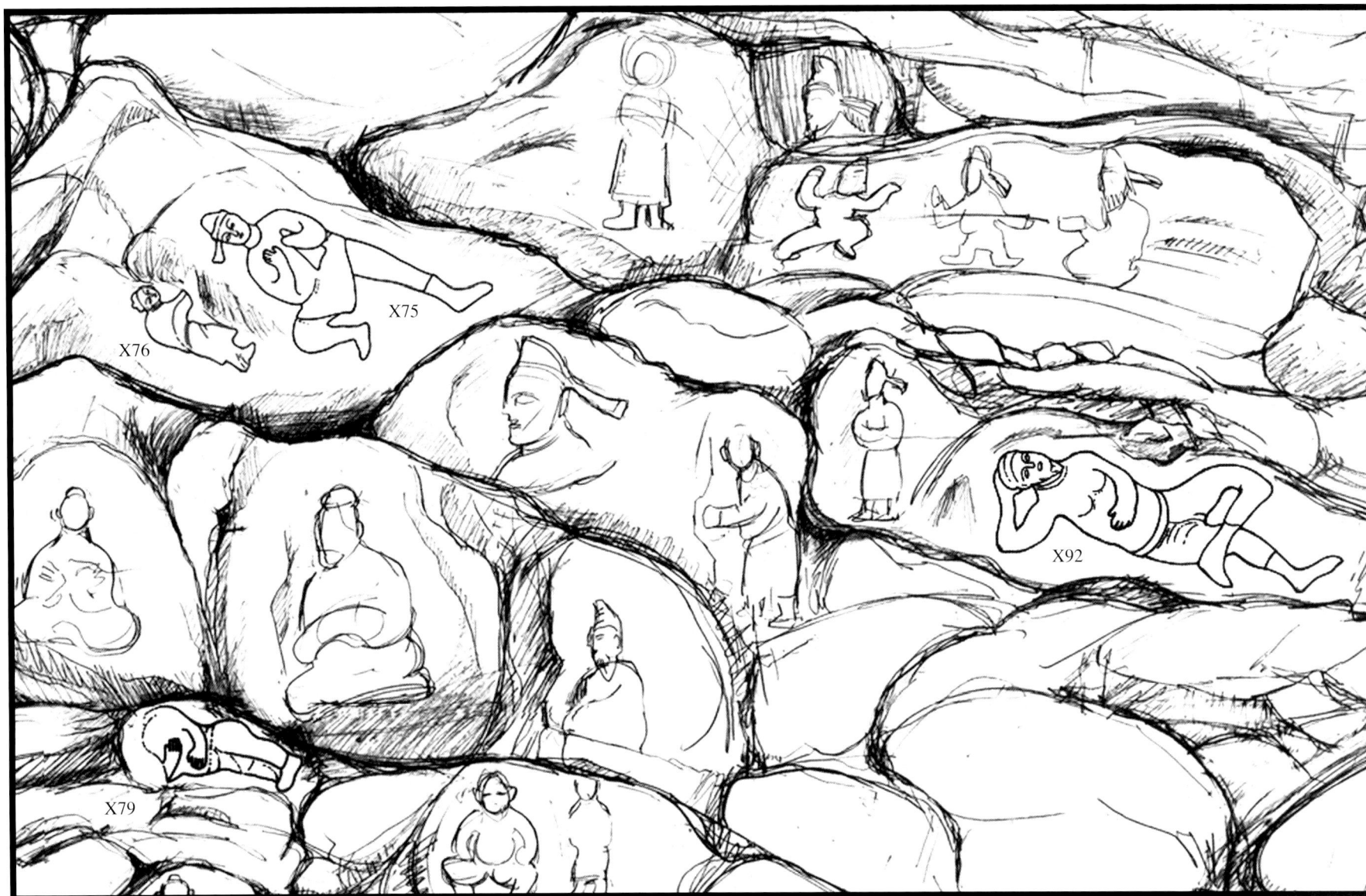

图八三　X75、X76、X79、X92示意图

刻出。

X80

位于 X79 所在岩面垂直向下 27 厘米、向前突出 48 厘米的一块弧形岩面上（图四四、四五）。

正面半身像。通高 26、头高 18、头宽 15 厘米。依稀可辨认

头顶有高肉髻，身着圆领衣衫，面部只见轮廓，细部不能辨认（图九二）。

造像采用浅浮雕技法雕成，于像的轮廓外减地 1～2 厘米。

X81

位于 X75 东端垂直向上 33 厘米、向内凹进 17 厘米的岩面

图八四　X77、X78、X84

图八五　X77

图八六　X77 拓片

图八七　X77、X78、X84 示意图

图八八　X78

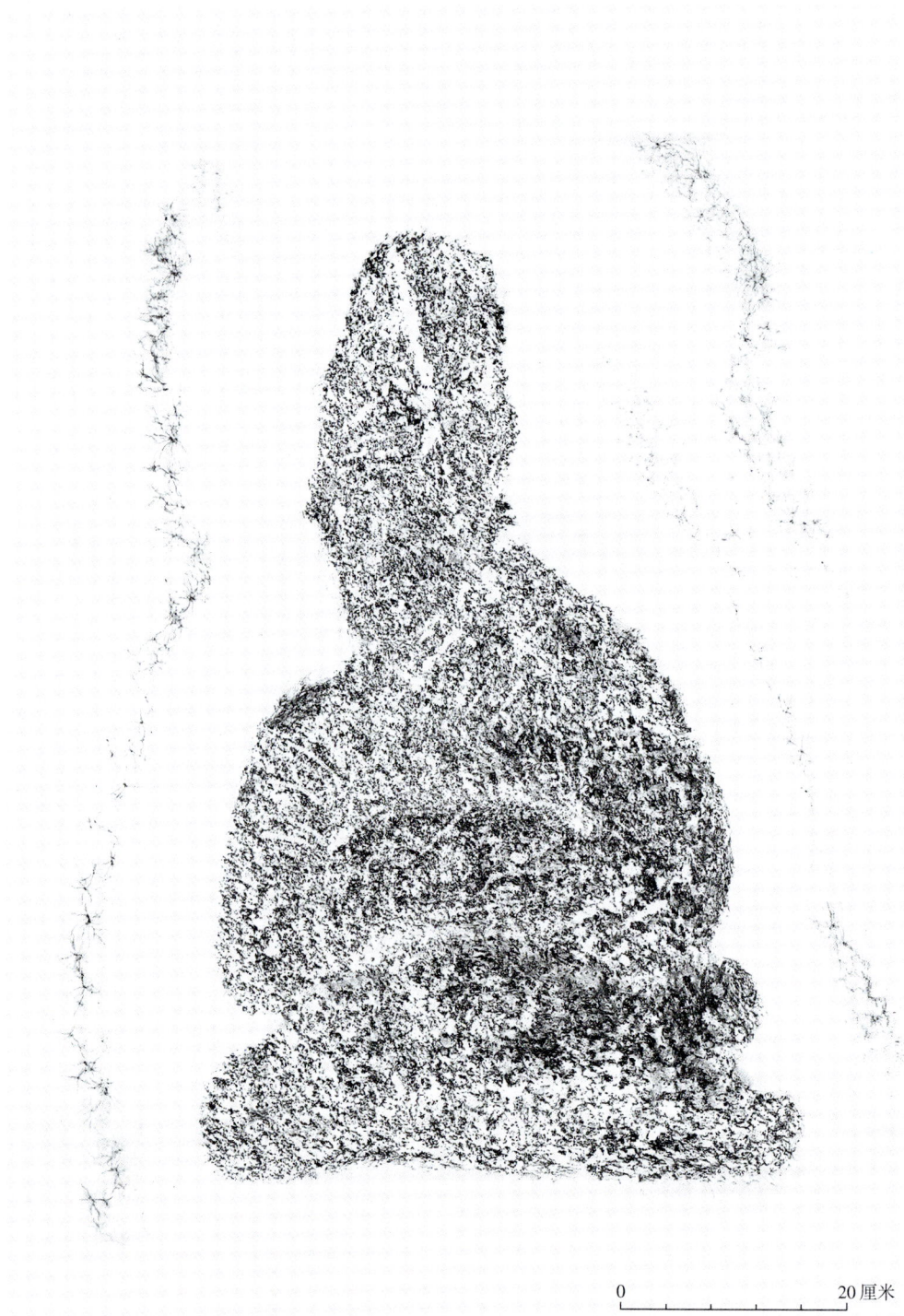

图八九　X78拓片

0　　　　　　20厘米

上，岩面方向80°（图四四、四五）。

正面立像。通高75、身体最宽处30厘米，头高14、头宽14厘米。头戴平顶帽，头部周围有圆形头光，身着圆领长衫，双手合袖置于胸前，腰束带，带的两端垂于腹下，衫下露出双足，足蹬靴（图九三～九五）。

立像系采用浅浮雕与阴线刻相结合的技法雕成。人像轮廓外减地深1～1.5厘米，向外渐浅。像的细部用阴线刻来表现，个别部位用浅浮雕技法来表现。

X82

位于X81水平向东40厘米、向内凹进20厘米的长方形岩面上，岩面基本垂直，方向117°（图四四、四五）。

侧面头像。像高32、最宽处27厘米。面向西侧，露左耳，头戴单翅尖顶帽，高鼻深目（图九六～九八）。

头像采用浅浮雕与阴线刻相结合的技法雕成。先将岩面打平，勾画出人像轮廓，再在轮廓外减地，减地范围东西30、上下36厘米，深度西侧1、东侧2.5厘米，像的细部用阴线刻出。

X83

位于X75足底向前突出34厘米的岩面上，岩面方向96°（图四四、四五）。

侧面半身像。通高60、头高48、头宽20厘米。面向西，露左耳，头戴单翅尖顶帽，高鼻深目，身着交领衫（图九九～一〇一）。

造像采用浅浮雕与阴线刻相结合的技法雕成。先将岩石西侧下凿2～10厘米，与东侧相

图九〇　X79

图九一　X79拓片

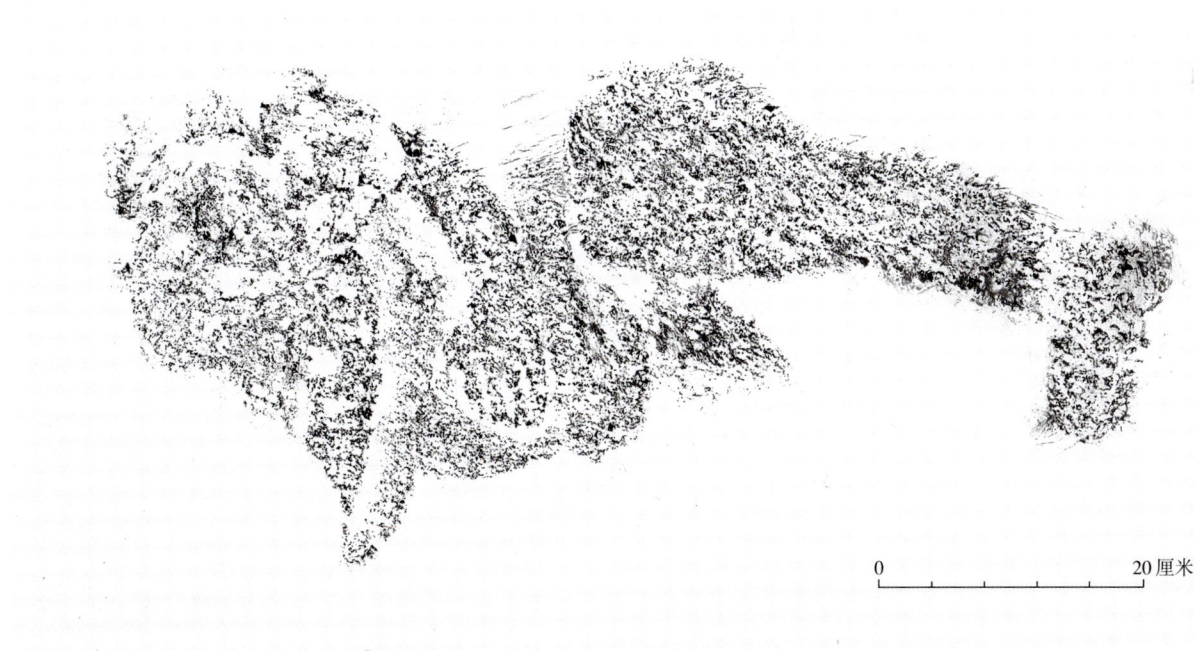

0　　　　　　　　　20厘米

图九二　X80

平，再在加工后的岩面上勾画出人像轮廓，然后在轮廓外减地，减地范围东西58、上下66厘米，减地深度0.8～1厘米，像的细部用阴线刻出。

X84

与X77、X78位于同一岩面上，在X78底部水平向东55厘米处（图四四、四五）。

正身侧面坐像。通高75、身体最宽处36厘米，头高24、头宽15厘米。面向西，露左耳，头戴尖顶帽，高鼻深目，身着交领衫（图八四、八七、一〇二、一〇三）。

坐像采用浅浮雕与阴线刻相结合的技法雕成。先将岩石东

图九三　X81

部下凿 7 厘米使其与西侧齐平，然后勾画出人像轮廓，轮廓外减地 0.5 ～ 2.5 厘米，范围东西 45 ～ 70、上下 92 厘米。像的细部用阴线刻出，身体下部利用突出的岩石来表现。

X85、X86

位于比 X84 所在岩面向前突出 25 厘米的同一岩面上，岩面长 96、东侧宽 80、西侧宽 53 厘米，岩面方向 99°（图四四、四五）。

X85，正面立像。通高 65、身体最宽处 37 厘米，头高 22、头宽 20 厘米。头戴尖顶帽，双耳向上张伸，胸腹处有饰带相交，双手握拳置于腰间，腰部束带，肚脐凸现，双腿张开，弯曲，半蹲（图一〇四 ～ 一〇六）。

X86，立像。头上部残缺，残高 44、身体最宽处 19 厘米，头残高 10、宽 13 厘米。着圆领长衫，双手合袖于胸前，腰间束带，带端下垂，衫下露双足（图一〇四 ～ 一〇六）。

两像均采用浅浮雕和阴线刻相结合的技法雕成。先在石面上勾出人像轮廓，再于轮廓外减地 0.5 ～ 5 厘米，减地深度上部较深，下部较浅。像的细部用阴线刻画。

X87 ～ X89

位于整个造像群最东侧的上部，与 X81、X82 位于同一块岩体，在 X81 东侧下方突出的坡面上。坡面东西长 256、上下宽 70 厘米，岩面方向 123°（图四四、四五）。

X87，侧身侧面立像。通高 67、头高 20、头宽 15 厘米。面向东，露右耳。头结露髻，深目高鼻，上着圆领衣衫，下着裤，脚穿软鞋。双臂张开上举，右腿弯曲平抬，左腿着地，整个身

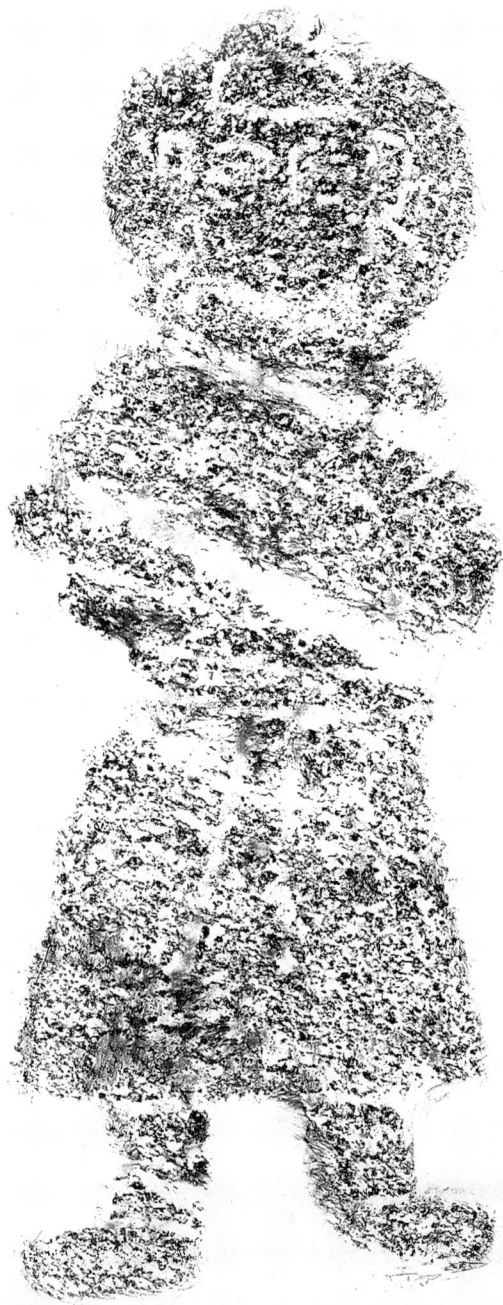

图九五　X81示意图（闫子瑛 绘）

0　　　　　　　　20厘米

图九四　X81拓片

图九六 X82

图九七 X82拓片

体弯曲似弓形，呈现动态（图一○七～一○九）。

X88，正身侧面立像。通高66、头高23、头宽17厘米。面向西，露左耳，高鼻深目，头戴单翘尖顶帽，身着圆领长衫，腰

间束带，双足穿靴露于衫外。右手上举，左手向右下方斜伸，右腿曲膝，足尖向西，左腿斜伸，足尖向东（图一○七～一○九）。

X89，侧身侧面跪坐像。通高65、头高（连胡须）34、头宽

图九八　X82示意图（闫子瑛 绘）

图九九　X83

17厘米。面向西，头戴带翅尖顶帽，高鼻深目，颔下有须，身着圆领长衫。双手置于胸前，似捧一物（图一○七～一○九）。

三像均采用剔地浅浮雕与阴线刻相结合的技法。先把岩石面凿平，西侧下凿36、东侧下凿10～24厘米，修整出一个东西长256、上下宽70厘米的平面，其上勾画出三个人像轮廓，轮廓外减地0.5～2厘米。细部用阴线刻画。

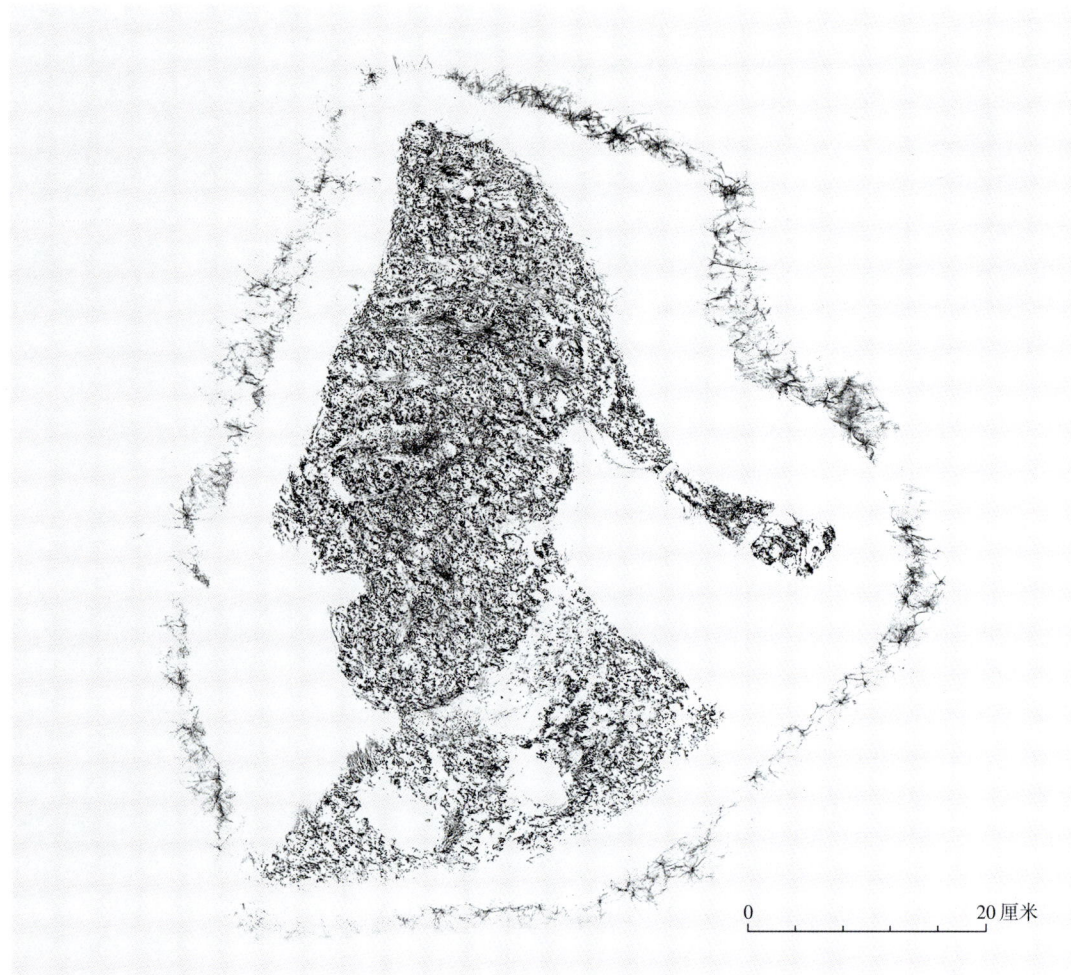

图一〇〇　X83 拓片

图一〇一　X83 示意图（闫子瑛 绘）

图一〇二　X84

图一〇四 X85、X86

0　　　　　　　　　20厘米

图一〇三 X84 拓片

图一〇六 X85、X86示意图（闫子瑛 绘）

X90

位于整个造像群东部中间位置、比 X83 所在岩面向前突出 11 厘米的岩面上，头部西距 X83 帽翅 36 厘米，岩面方向 90°（图四四、四五）。

侧身正面立像。通高 85、头高 20、头宽 16 厘米。面向西侧，露左耳，髡头，身着圆领长衫。双手前伸于胸前，衫下露出双足，足尖向西（图一一〇～一一二）。

立像采用剔地浅浮雕与阴线刻相结合的技法雕成。先在平整后的石面上刻出人像轮廓，再在轮廓外减地，减地范围上下高 99、最宽处 53 厘米，减地深 0.5～2 厘米不等。细部用阴线

图一〇五 X85、X86 拓片

图一〇八　X87～X89拓片

图一〇九　X87～X89示意图

刻画。

X91

位于整个造像群东侧，所在岩面在X87～X89所在岩面下方向前突出33厘米，其顶部上距X88右脚30厘米（图四四、四五）。

正身侧面立像。通高56、身体最宽处19厘米，头高16、头

图一一〇 X90

0   20厘米

图一一一 X90拓片

图一一二 X90示意图（闫子瑛 绘）

图一一三　X91

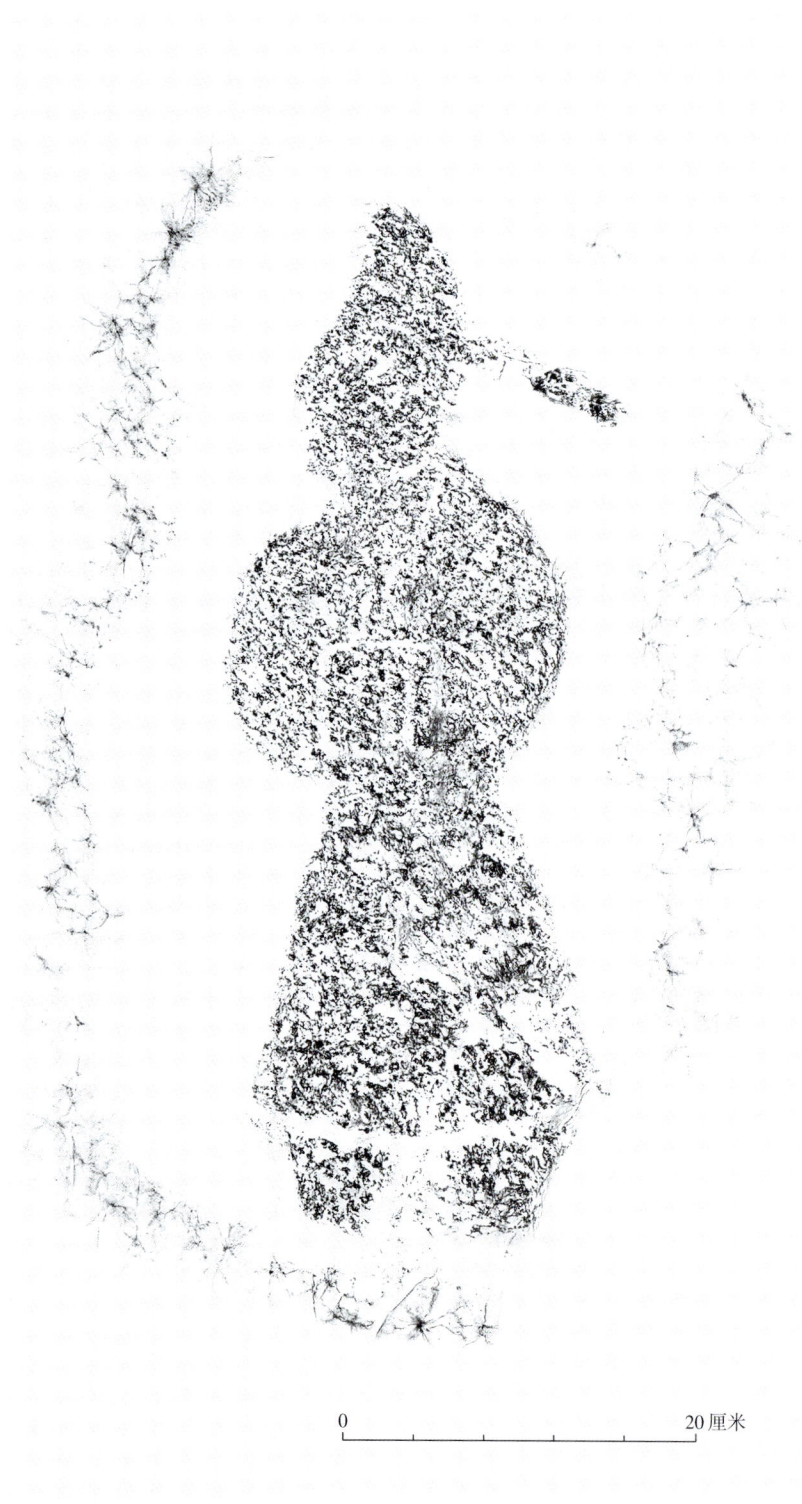

0　　　　　　　　　　　　20厘米

图一一四　X91 拓片

图一一五　X91 示意图（闫子瑛　绘）

宽10厘米。面向西侧，露左耳，头戴单翅尖顶帽，高鼻深目，身着圆领长衫，双手合袖于胸前，腰束带，衫下露出双腿（图一一三～一一五）。

立像采用剔地浅浮雕与阴线刻相结合的技法雕成。先平整出石面，然后勾勒出人像轮廓，再在轮廓外减地。减地范围高63、宽32厘米，减地深度头部2.5、身体两侧1～1.5厘米。

X92

位于整个造像群最东端，在X88垂直向下75厘米、比X87～X89所在岩面向前凸出40厘米的岩面上，岩面方向114°（图四四、四五）。

侧卧全身像。长155、身体最宽处48厘米，头长（连胡须）28、宽17厘米。头戴尖顶帽，头向西，高鼻深目，颌下有须，上身赤裸，右手支撑头部，左手曲置于腹部，下身着短裤，足穿靴，右腿伸直，左腿弯曲搭在右腿之上（图八三、一一六、一一七）。

造像采用剔地浅浮雕与阴线刻相结合的技法雕成。先打凿出平面，勾出人像轮廓后再于轮廓外减地，减地范围东西长172、高65厘米，减地深度0.5～4厘米不等。

二 石龛

在造像群西半部的浅浮雕人像造像间零散

图一一六 X92

图一一七 X92拓片

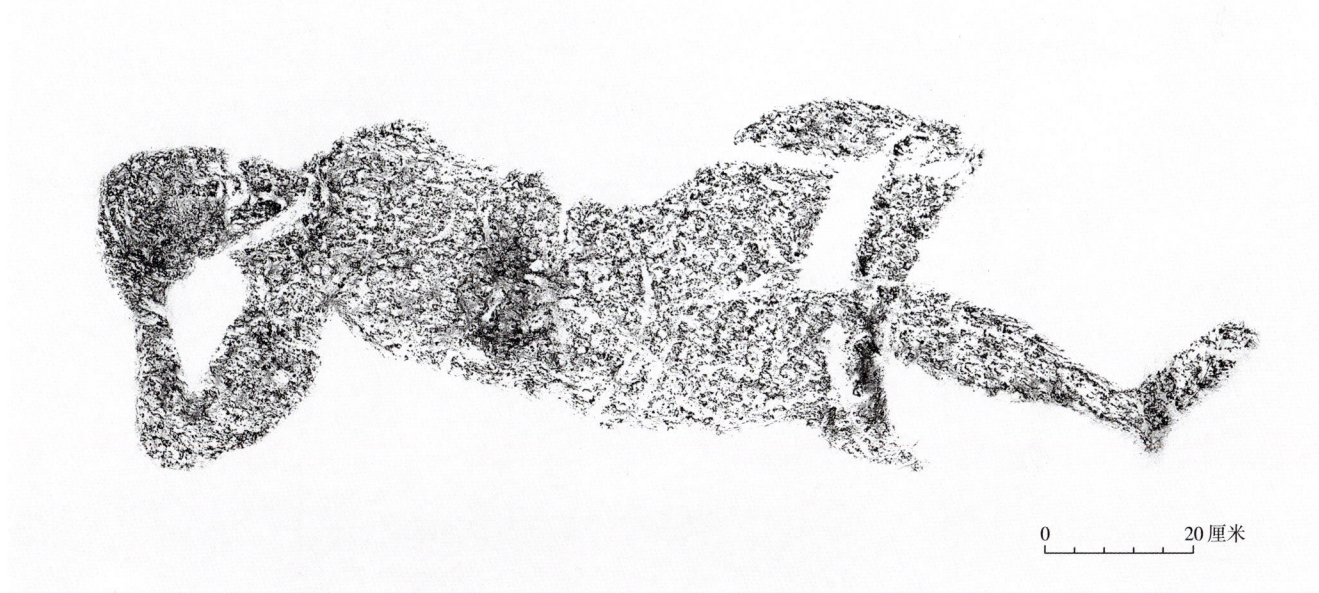

0　　　20厘米

图一一九　K1正视图、剖面图（王睿　绘）

分布有6个人工开凿的石龛，它们依岩石走势寻隙而为，由于对浅浮雕造像的有意避让，方向或正或斜，形状或长或方。石龛亦按从西到东、由上而下的顺序依次编号，K1～K6（图四四、四五）。

K1

位于造像群的最西端，东距 X1 121 厘米，比 X1 所在岩面向内凹进 98 厘米（图四四～四六）。

无龛顶，整体略呈簸箕状，龛口大于后壁，龛口东西长 120 厘米，东、西两壁向内斜收，龛底壁东部较平，从中部起高度逐步降低，进深东侧 37、西侧 47 厘米，东壁、西壁和底壁皆未经再加工。后壁平面呈不规则的倒梯形，东西长 100、东侧高 37、西侧高 25 厘米，方向 162°。龛室形状不甚规整，没有刻像（图一一八、一一九）。

K2

位于 K1 的东侧下方，东侧壁距 X1 106 厘米，比 X1 所在岩面向内凹 63 厘米（图四四～四六）。

龛四壁向内斜收，口略大于龛的后壁，西部龛顶被K1打破。龛口略呈长方形，东西长 60、西侧高 30、东侧高 36 厘米，龛顶仅余东侧长 20 厘米。进深西侧 0～8、东侧 6～11 厘米，底壁中部进深最大为 18 厘米。龛后壁东西长 56、西高 28、东高 33 厘

图一一八　K1
图一二〇　K2

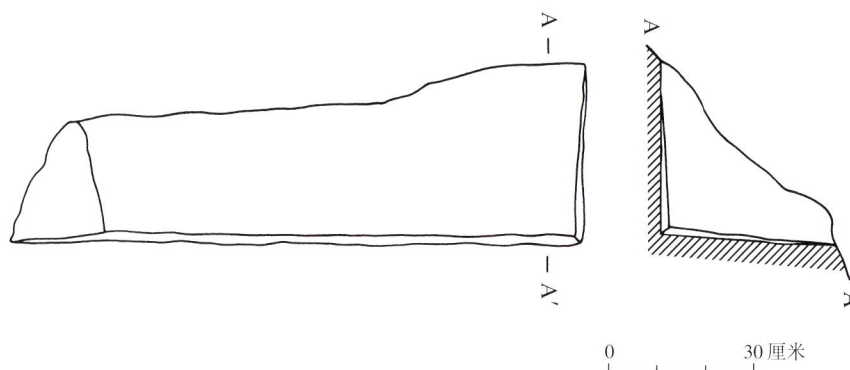

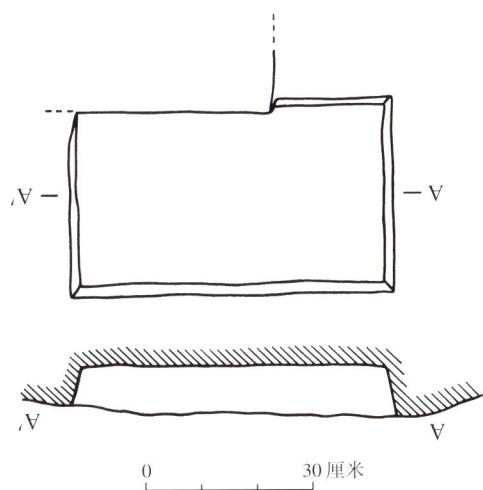

图一二一 K2正视图、剖面图（王睿 绘）

米，方向158°（图一二〇、一二一）。

龛内刻有5尊半身正面像，均用阴线刻出。由于长期的水解风化，画像的线条难以辨识，各像的下部尤其是西侧两尊风化尤为严重，已经无法辨识（图一二二）。

画面正中的人像形体较大，为半身正面像，光头外侧有两重圆形头光，大概由于刻工的疏忽，其左耳刻到了第一重圆形头光外。身着圆领衣衫，像高29、宽16厘米。身后两侧各有一尊光头有圆形头光的半身人像。西侧人像为单重头光，面略向东侧，露右耳，身着圆领衣衫，像残高16.5、宽8厘米；东侧人像头有双重头光，面略向西侧，露左耳，其下部已无法辨认，残高15、宽10厘米。最西侧的人像仅可辨识出脸的下部，略向东

图一二二 K2后壁线刻像实测图（信立祥 绘）

图一二三 人工修整的岩面（孙亮 摄）

图一二四 K3

0   20厘米

侧，内着圆领衣，外着交领衫，宽9、残高9厘米。最东边的一尊像为全身立像，头戴扁平冠，面及身体略向西侧，露左耳，身着圆领衫，双手于胸前执一短棒，下身仅可看出几条纵向的衣纹，像宽10、高29厘米。

X1水平向西约80厘米、K1下方的山石上有一打制的平整壁立石面，东西长120～130、上下高150厘米。石面中部下方有一条东高西低的石英裂隙，石面上部被K1、K2打破。推测此石面原意用于雕刻造像，后发现石英裂隙不便于雕刻造像而放弃（图四四～四六、一二三）。

K3

位于X72西侧下方一块向前突出的石面上，东西长115厘米，西侧高55、东侧高25厘米。为了开凿K3，先将石面大致凿平，然后在石面东侧凿出K3（图四四、四五）。

K3平面呈长方形，东西长52、西侧高34、东侧高33厘米。四壁稍斜，后壁略小于开口，东西长51.5、高30厘米，方向124°。进深东侧上端为8、下端为3厘米，西侧上端深9、下端深4厘米。龛外东侧有一东西长15.5、高33～34厘米的题榜栏，栏面比石面下凹0.5厘米。K3和题榜栏的石面上部向前倾斜5°（图一二四、一二五）。

K3内刻绘了一幅三人坐于帷帐下谈话的场景。画面中西侧一人略偏向东，踞坐，露右耳，头戴武冠，颌部有针状胡须，身着右衽长袍，右手置于胸前，左手执一便面。画面东侧的两人，

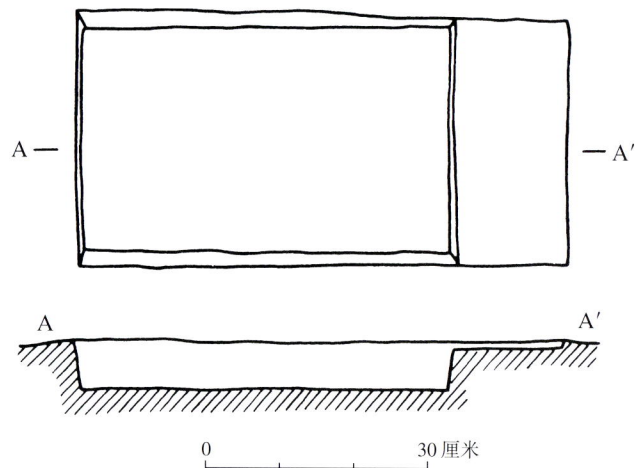

0   30厘米

图一二五 K3正视图、剖面图（王睿 绘）

图一二六 K3后壁线刻像实测图（信立祥 绘）

图一二七 K4

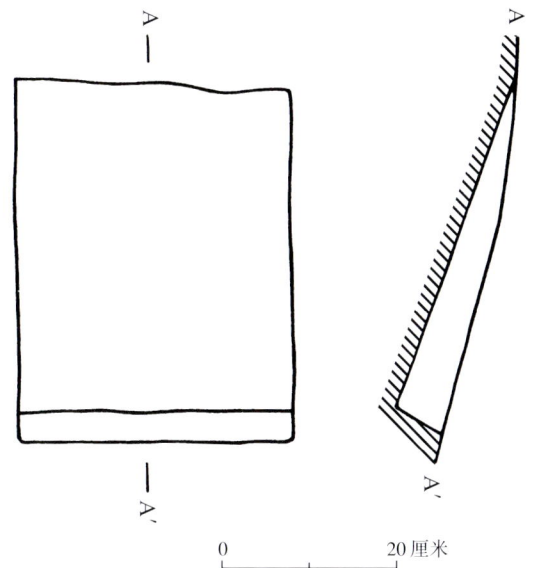

图一二八 K4 正视图、剖面图（王睿 绘）

服饰姿态基本相同，身体和面部皆略偏向西，露左耳，头戴巾，身着右衽长袍，双手合袖置于胸前（图一二六）。

K3 的题榜栏内似有文字，字体笔画似为隶书，但内容已因石面风化而无法辨识。

K4

位于 X72 东侧下方一块向前突出的岩石立面上，西距 K3 97 厘米（图四四、四五）。

所在岩面上部为坡状，下部经人工打制成平面。K4 平面略呈长方形，东西长 32、高 41 厘米，直接凿于坡面上，无顶壁。东、西两壁及底壁均较直。后壁上部前倾、下部内收，倾斜角度约为 25°，东西长 32、左侧高 41.5、右侧高 40 厘米，方向 141°。龛底进深 6 厘米，龛室后壁原刻有画像，但因石面风化严重，仅可辨识后壁的上部有线刻垂幛，垂幛下仅存个别线条，图像内

容无法辨识（图一二七、一二八）。

K5、K6

开凿于 X73 下方的同一块巨石的两个侧面，比 X73 所在石面西侧向前突出约 20 厘米。巨石西高东低，东侧向前突出约 30 厘米。开凿 K5 和 K6 前，巨石的两侧面略经打平，西侧石面上部向前倾斜，下部内收，倾斜角度为 65°，东侧石面向前倾斜 5°（图四四、四五）。

K5，开凿于西侧石面上，西高东低，西端上距 X73 20 厘米，东端上距 X73 72 厘米。龛口呈长方形，上壁的东部略有残失，西端比东端水平高出 48 厘米，坡度 31°。龛口上长 112、下长 110 厘米，西侧高 19、东侧高 18 厘米，四壁斜收。后壁上长 110、下长 108 厘米，西侧高 16、东侧高 16 厘米，方向 144°，进深约 4～5 厘米（图一二九、一三○）。

K5 后壁用阴线刻出一组人物画像，目前仅能识别出西半部的 7 个人物像，东侧的人物像因石面风化严重，无法辨识（图一三一）。

西侧可辨认出的 7 个人物像，以人物中间放置的尊盘为界分为西、东两组。

西组有 3 人。中心人物靠尊盘踞坐，形象高大，头戴三梁进贤冠，身体及面部微偏向东，颔下有针状胡须，身着右衽长袍，右臂微曲，左臂伸向前方，手露出袖外。其身后为两个小型立像，两像身体及面部均微向东偏，头戴平巾帻，身着长袍。靠前的一人右手伸于胸前，左手持便面；后者双手和袖置于胸前。

东组共有 4 人。中心人物靠尊盘跪坐，形象高大，面微向

图一二九 K5、K6

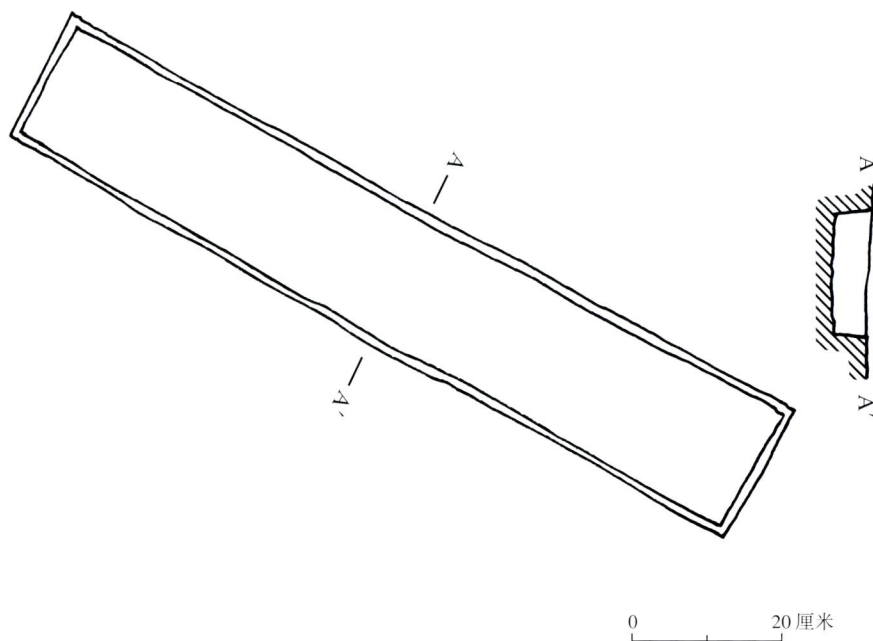

图一三〇 K5正视图、剖面图（王睿 绘）

0   20厘米

图一三一 K5后壁线刻像实测图（信立祥 绘）

0   20厘米

西侧，露左耳，头裹巾物，巾角分置于头两侧，身着交领长袍，双手合袖于胸前。身后跪坐一人，头饰已经无法辨认，身着右衽长袍，双手合袖于胸前，面微向东，露右耳。其东侧的人物像为微向西侧身的立像，头上冠饰已无法分辨。身着交领长袍，双手于胸前握一笏，下半身已无法分辨。最东侧人像的身体和头部略向东偏，头冠已看不清，身着交领长袍，右手伸向前方，下部除部分衣纹外，具体形象已无法分辨。该像东侧应当还有人物图像，可惜已经无法识别。

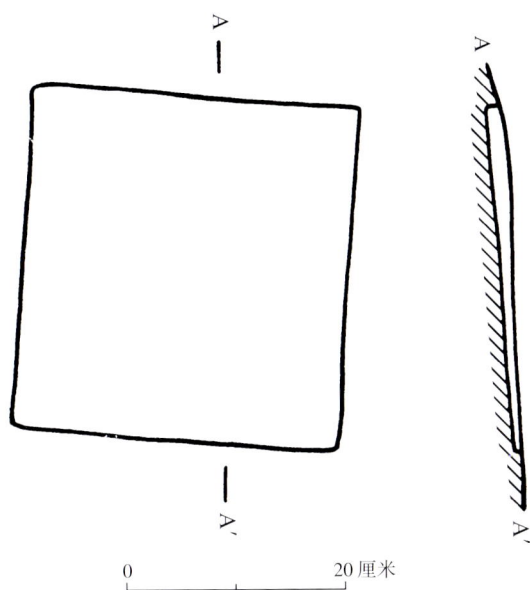

图一三二 K6正视图、剖面图（王睿 绘）

在人物像的上部及两侧刻有帏帐。尊和其下的圆盘均为三足，尊内放置一曲柄杓。

龛内图像均用阴线刻出，物象比例准确，线条流畅。西组的中心人物似在侃侃而谈，东组的中心人物则作凝神倾听状。

K6，位于K5的东侧上方，上距X74约27厘米。K6略呈正方形，东西长30、高31、进深1.3厘米。龛后壁被铲平，方向112°。龛后壁似有刻字痕，惜已漫漶不清，无法辨识。估计此龛非为刻像而制，从位置上观察应是X73或K5的题榜栏（图一二九、一三二）。

三 与崖面造像和石龛有关的其他人工遗迹

在造像和石龛间发现了在相对位置和功能上与造像或石龛有关联的人工遗迹，一种是呈圆形浅槽状遗迹5个，编号为D1～D5；一种为小型柱洞2个，编号为Z1、Z2。

D1

位于X4～X10岩面之下、X42头前的三角形水平台面的中心位置。此平面底边长72、高31厘米。圆口、斜壁、平底。口径13、底径10、深4.4厘米（图一三三、一三四）。

D2、D3

X42东侧亦有一不平整的台面，长60、宽29厘米，二个圆形浅槽并列其上，从西向东编号为D2、D3，两者圆心间相距27厘米。D2口部略呈椭圆形，弧壁，圜底，口径17～19、深3.5厘米；D3略呈椭圆形，弧壁，圜底，口径14～16、深3厘米（图一三五、一三六）。

D4

在K3下东侧有一块向前突出较为平整的不规则形台面，东西长20、南北最宽12厘米。在平台的北沿刻有一个圆形浅槽，浅槽东缘距小龛东壁7厘米，北缘距小龛底2.5厘米。口部平面略呈圆角方形，弧壁，圜底，东西长13、南北宽10、深2.8厘米（图一三七、一三八）。

D5

图一三三 D1（俯视）（孙亮 摄）

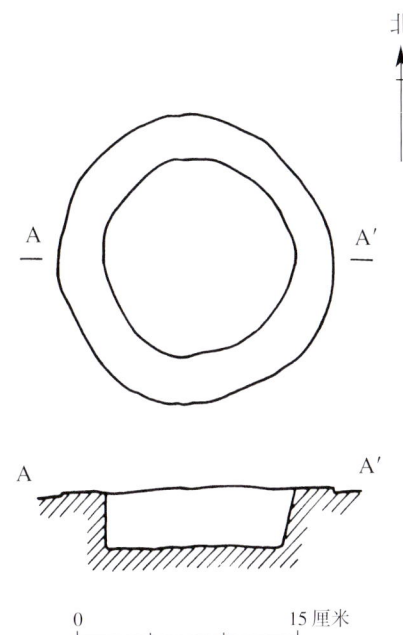

图一三四 D1平、剖面图（王睿 绘）

图一三五 D2、D3（俯视）（孙亮 摄）

图一三七 D4（俯视）（孙亮 摄）

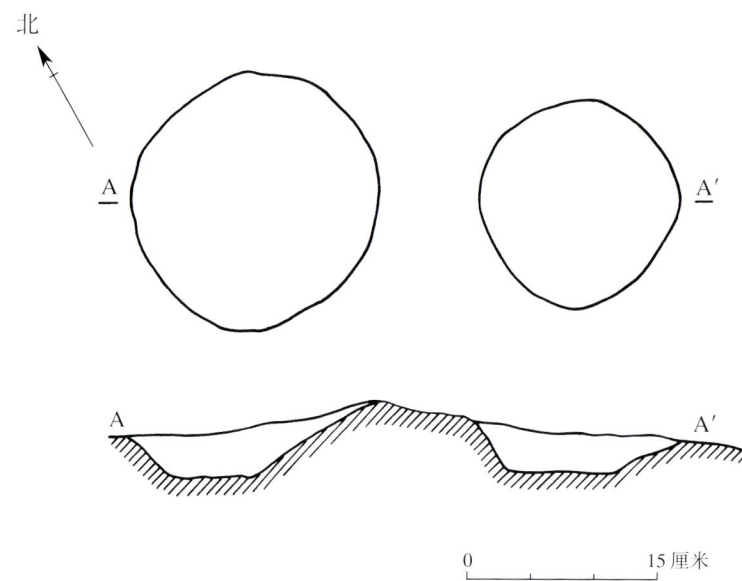

图一三六 D2、D3平、剖面图（王睿 绘）

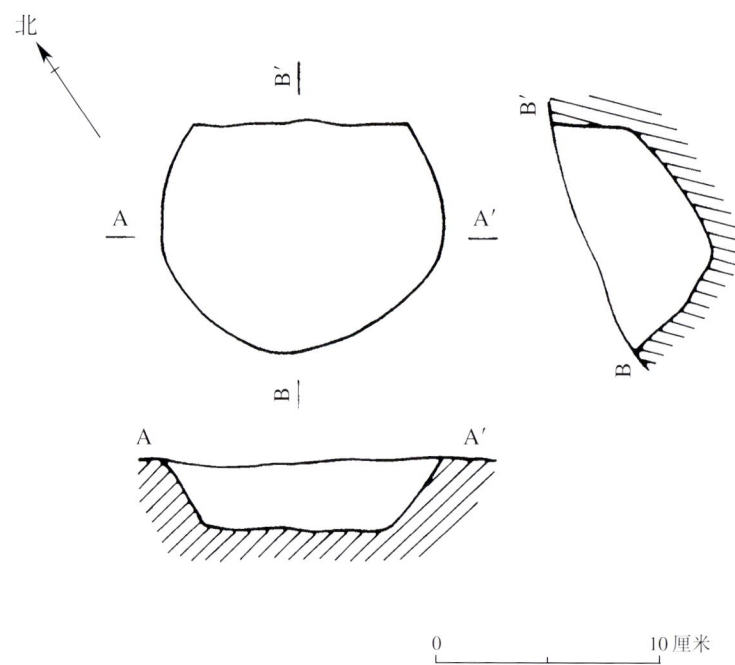

图一三八 D4平、剖面图（王睿 绘）

图一三九　D5（俯视）（孙亮 摄）

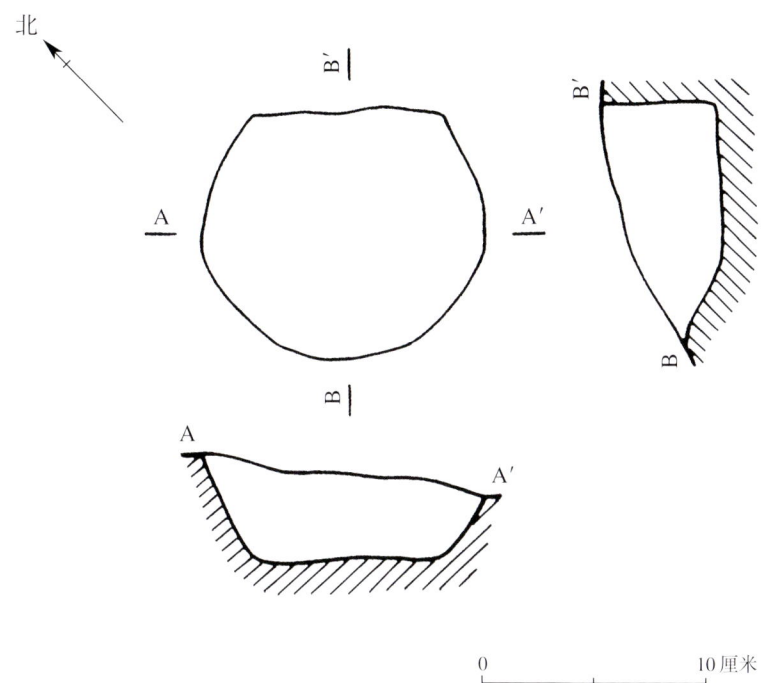

图一四〇　D5平、剖面图（王睿 绘）

位于 K4 下约 15 厘米处的一个平台上，正对 K4 的中心线位置。口部平面呈椭圆形，东西长径 12、南北短径 10 厘米。斜壁，平底，北侧壁外侈，南侧壁内收，东、西壁较直。底面亦为椭圆形，东西长径 10、南北短径 8 厘米，北部深 6、南部深 3 厘米

（图一三九、一四〇）。

Z1

位于 X18 ~ X33 所在岩石的顶部。岩石顶部平面略呈半圆形，先人工打制出一个边长 70 厘米的正三角形，后又加工出一边长 40 厘米的正方形平凹面，此平面与周围石面高差 4 厘米。Z1 即位于正方形平面的中心。直壁，平底，口径 9、深 5 厘米（图一四一、一四二）。

Z2

位于 X73 所在岩石的顶部。顶部岩面被加工成一长 66、宽 36 厘米、西北角残缺的长方形平台。平台左右两侧各有一人工打制而成的长方形平面，此平面低于中部台面 10 ~ 18 厘米。Z2 即位于中部平台的中心部位。圆形，直壁，平底，直径 12、深 7 厘米（图一四三、一四四）。

图一四一 Z1（俯视）

图一四三 Z2（俯视）

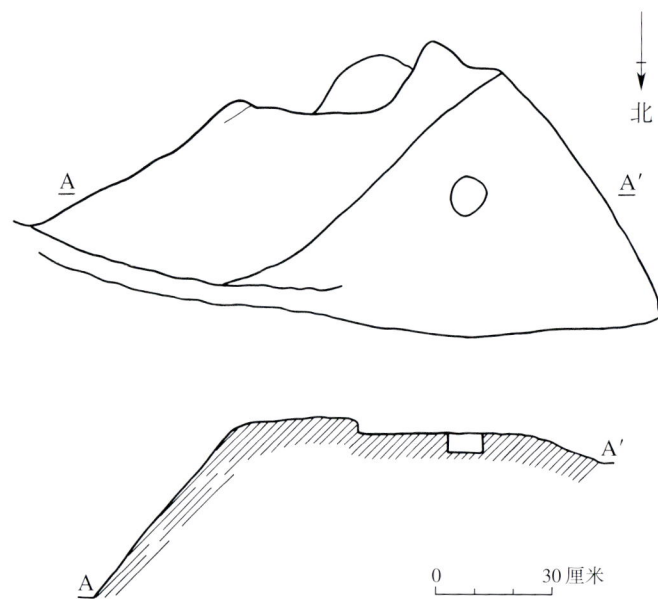

图一四二 Z1平、剖面图（王睿 绘）

北

0 30厘米

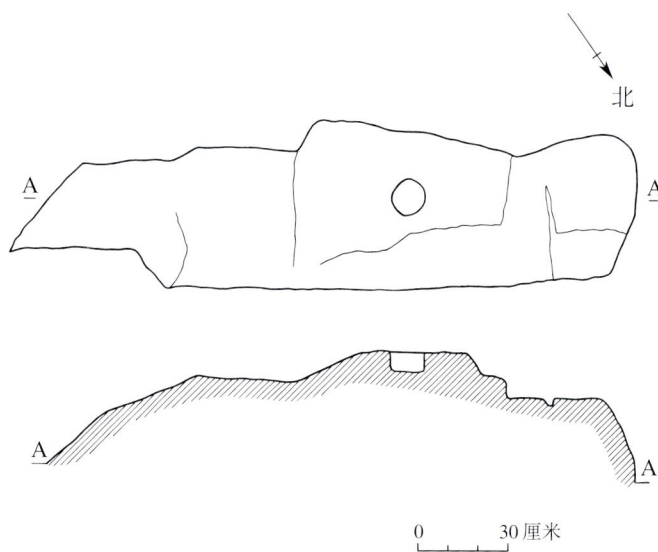

北

0 30厘米

图一四四 Z2平、剖面图（王睿 绘）

四 小结

从孔望山摩崖造像群中各像的相互位置和内容上观察分析，我们发现，孔望山摩崖造像群的两大组成部分崖面造像和石龛的制作有先后次序：崖面造像雕刻在先，石龛制成在后，圆形浅槽和圆形柱洞当为最后加工而成，但它们是同一时期、出于同一功用而雕凿成的。

孔望山摩崖造像群所采用的雕刻技法不外以下三种：减地平面线刻、高浮雕和阴线刻。

第一种雕刻技法使用得最为普遍，"在摩崖造像中，多数图像是以平面或弧面浮雕为造型手段，雕刻前先将山石打平，再减地以突出像的轮廓，然后，用阴线刻出像的细部。多数像在轮廓内保持平面，轮廓外减地 1～3 厘米；少数像或局部呈弧面鼓起，轮廓外减地 4～5 厘米不等"[2]。孔望山摩崖造像群中的绝大部分造像所用浮雕借助于阴线刻的表现方法，正属于传统的汉画像石雕刻技法——减地平面线刻。高浮雕技法仅运用于X42 的雕造。

石龛内像均采用了阴线刻技法，画面中细致流畅的线条把物像刻画得生动、准确。

从崖面造像的位置与内容分析，某些造像之间排列紧凑，内容相连，成为相对独立的图像单元。如 X4～X61 和 X64 均围绕着 X42，应为一组。其中，X4～X33、X36～X40 在 X42 上方，X34、X35 在 X42 头前，X41 托臂支颐跪坐在 X42 头前；X48、X49 卧于 X42 身体下方；X50 位于 X18～X33 所在岩石的东侧面；X43～X47、X51～X61、X64 位于 X42 身后；下编中将论证 X72

也属于此组。

X62、X63 与 X65～X70，位于崖面造像的最下方，统一用剔地浅浮雕技法雕刻，各像之间肢体连属，与其他崖面造像差别较大，当为一组。X77、X78、X84 与 X87～X89 各处于同一岩面，各像肢体间有呼应，应各为一组。

---

[2]连云港市博物馆：《连云港市孔望山摩崖造像调查报告》，《文物》1981 年第 7 期，6 页。

第四章　造像群周边的石刻遗迹

一　象石

象石位于孔望山西主峰南麓，西北距摩崖造像群约 70 米，海拔约 30 米，南面为石碑座（图三~五）。

象石分为象体和基座两部分，是利用一块独体的天然巨石随形浑雕而成。通高 2.94 米，方向为 164°。基座平面呈不规则椭圆形，顶面经人工凿平，石面略斜。前腿处基座厚 0.48、后腿处基座厚 0.55~0.58 米。侧面凹凸不平，未见加工痕迹。

象身浑圆，背部平坦，身长（从象鼻到象尾）5.5、东西最宽 3.4、高 2.4 米（图一四五~一四七）。

象牙略呈长条形，前端圆钝，左齿长 59、宽 20~22 厘米，右齿长 71、宽 17~24 厘米。象眼略呈杏仁形，上刻粗眉，左眼长 17、宽 11 厘米，右眼长 17、宽 12 厘米。象耳略呈扇形，边缘呈连弧状。象鼻长 120、宽 50~70、厚 36 厘米，向右卷曲，露出两个鼻孔。左前腿胯宽 110、羁索处宽 60 厘米、蹄宽 90、高 22 厘米；后腿胯宽 90、肘宽 56 厘米，蹄宽 90、高 22 厘米。右前腿肘宽 70 厘米，羁索处宽 60 厘米，蹄宽 62、高 22 厘米，后腿胯宽 90 厘米，肘宽 55 厘米，蹄宽 80、高 25 厘米。足部皆以阴线刻有足趾，足趾两边竖直，顶部弧圆，宽 11、高 10~13 厘米。左前足有足趾 10 个，后足有足趾 9 个；右前足可见足趾 9 个，后足有足趾 10 个。象尾上宽 60、下宽 30 厘米。尾部向右卷曲，尾下有一等边三角形凹槽，凹槽长 81、宽 8、断面略深 7 厘米（图一四八~一五五）。

象左侧颈部石面凸出，上刻一象奴。象奴高 76 厘米，椎髻，足有桎梏，左手置于胸前，右手握一象钩，向外扬起（图一四七、一五六、一五七）。

象左侧腹部用阴线刻出题榜栏，题榜栏呈长方形，高 114、上宽 60、下宽 65 厘米。栏内阴刻双钩篆体"象石"二字，"象"字高 62、宽 51 厘米，"石"字高 38、宽 52 厘米（图一四七、一五八、一五九），从字体看可能为明清人所刻。象右侧腹部有一

唐·四九·象石（西南·东北）

图一四六 象石（东→西）（董清 摄）

图一四七　象石写生

图一四八　象头部正面（东南→西北）（董清 摄）

图一四九　象左眼

图一五〇　象眼拓片

图一五一　象左耳

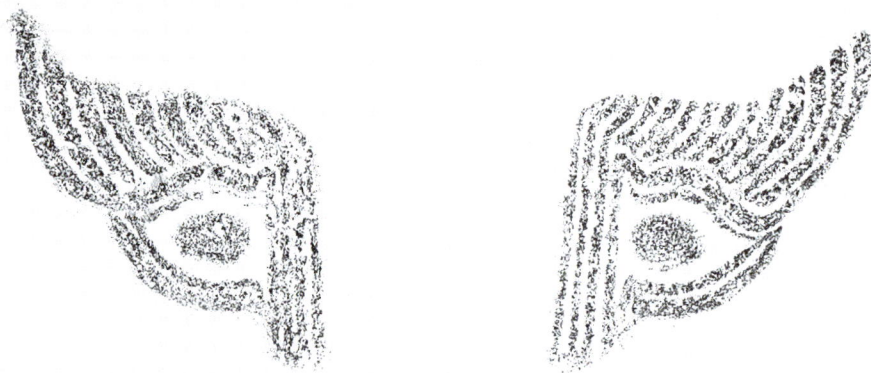

图一五二　象右耳拓片

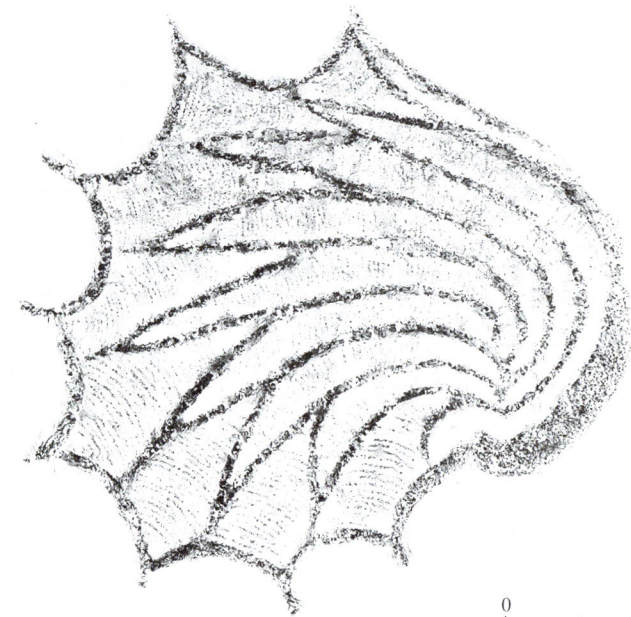

图一五三 象鼻

图一五四 象尾部（北→南）（董清 摄）

凹面长方形题榜栏，栏高98、宽50厘米，栏内打磨平滑，未发现字痕（图一四五）。

石象整体以圆雕技法成形，象身表面留下了深浅不一的平行凿纹。这些凿纹除了造型作用之外，还有极强的装饰性。例如象耳的平行凿纹不仅方向与象身凿纹不同，而且刻痕较深，起着加强质感的作用。耳部、眉部凸出周围石面约1～2厘米，上有粗壮的阴刻弧状曲线，双目凹入2～4厘米（图一四九～一五二）。为了表现象的腿部和腹部，腹部以下向内凿进19～40厘

米。象尾则高出周围石面25厘米。象足趾部完全采用阴线刻技法（图一四五～一四七、一五四、一五五）。象奴整体采用浅浮雕技法，高出周围石面0.5厘米，细部如眉、目、口、衣纹等则采用阴线刻技法（图一五六、一五七）。

圆雕石象是根据巨石的自然走向雕刻而成的。石象北高南低，身体浑圆，背部平坦，左前腿前跨，且明显比其他三腿粗壮，显得稳重安详而又富于动感。匠师巧妙地运用了圆雕、浅浮雕和阴线刻技法，使象奴与大象的体量形成强烈反差，更显

图一五五　象左前足足趾（董清 摄）

图一五六　象奴（东→西）

0   20厘米

图一五七 象奴拓片

图一五八 象左侧腹部题刻

出大象的雄浑气势。这一作品堪称中国早期最优秀的圆雕石刻作品之一。

二 蟾蜍石

蟾蜍石位于孔望山西南岗地向东延伸的坡地上，西距古城西门约100米，北距摩崖造像群165米，海拔18米（图三～五）。蟾蜍石与象石一样分为像体和基座两部分，系利用一块天然巨石随形圆雕而成。基座形状不规则，基座表面东部及南部边缘弧圆，西部隆起略呈半球形，表面打磨光滑，蟾蜍头向西蹲伏其上。基座侧面凹凸不平，未见打凿痕迹（图一六〇）。

蟾蜍现已残缺，头部前端、两前腿和后腿左脚趾部分缺失。据当地村民反映，1958年石蟾蜍遭到破坏。蟾蜍体态肥硕，从前肢前端至股部后端长210厘米、从头部至基座平面残高120厘米（一六〇～一六五）。

蟾蜍前肢趴伏在基座上，左前肢弧形弯曲，长48.5、宽20～28.5厘米，臂部残缺一块，尚有四趾可辨，趾端平面略呈三角形。右前臂肘部折，长48.5、宽20～25.7厘米，肘部至趾端残缺较甚，仅在基座表面留有残痕，尚有二趾可辨。仅存右眼，平面呈枣核形，长10、宽7厘米（图一六一～一六三）。腹部圆鼓，背部弧圆，上刻鳞片状纹饰，部分纹饰已漫漶不清。蟾蜍的后部平面弧圆，两股间凿成三角形凹槽（图一六一、一六四）。左后腿前曲置于腹部，长68.5厘米，根部肥厚，宽31厘米，肘部较窄，宽21厘米，趾部变宽，宽约30厘米，脚趾呈条形，分张，

图一五九 象左侧腹部题刻"象石"拓片

0　　　　　　　20厘米

图一六〇　蟾蜍石（南→北）（龙凤镇）

北

A —

— A'

A —

— A'

0   40厘米

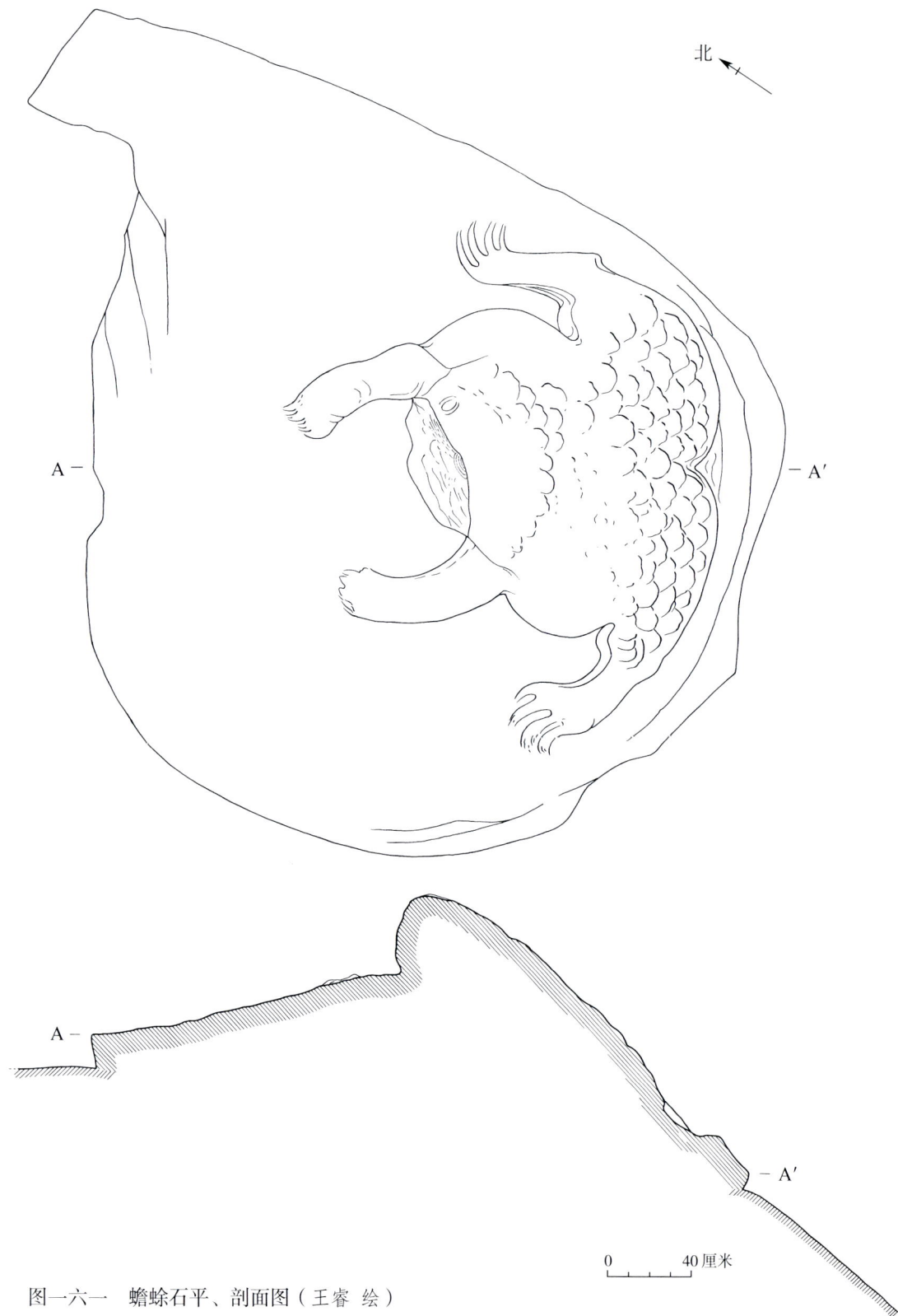

图一六一　蟾蜍石平、剖面图（王睿 绘）

图一六二　蟾蜍正面（西→东）
图一六三　蟾蜍右眼（北→南）

图一六四　蟾蜍后部（东→西）

图一六五　石蟾蜍写生图（北→南）

尚有四趾可辨；右后腿肘部折，置于腹部，大腿圆鼓，最宽处39厘米。小腿两侧稍向内弧，最窄处位于小腿中部，约14厘米，四趾略呈条形，分张，趾端尖锐（图一六〇、一六五）。

石蟾蜍依就岩石原状以圆雕技法成形，通体高浮雕，腹部及腿脚部均与基石相连，未加雕透，眼部和背部鳞纹等细部则以阴线刻成。憨态可掬，栩栩如生。

三　石碑座

石碑座位于孔望山南麓，圆雕石象之南，两者相距20米，海拔25米（图三～五）。碑座为一块斜坡地面上的独立巨石，外观呈馒头状，当地民众称之为"馒头石"（图一六六、一六七、一六九）。

碑座整体浑圆，从顶部至南侧地表高度为4.32米、距北侧现地表高度为3.5米，正东西方向最厚处4.3米、包括脱落部分正南北方向最厚处5.6米（图一六七）。

碑座东北侧有一片状石块劈裂脱落，斜靠在石体一侧。脱落石块向东北倾斜，岩体上留下断裂面。断裂面呈不规则形，高2.8、正东西方向最宽处3.55米。脱落的石块东部残缺，现仅存西部，正东西最宽处2.24、最厚处1.5米。石碑座东侧面是一个较为平整的岩石平面，北部已残，现存平面宽3.3～3.7、高4米，从底部残留的平面看，原有平面的南北宽度应在5米左右。平面龟裂风化严重，未保留人工凿痕，但从石面的平整程度以及与岩石其他石面的情况分析，此处岩面经过人为加工（图一六六、一六七）。

石碑座顶部略加打平，凿有下凹的槽形碑座，方向34°。碑座槽平面呈长方形，长72、宽28厘米，四壁垂直并呈台阶状内收，平底，形成上部的碑身槽和下部的榫槽，碑身槽深8厘米。碑座榫槽在碑座槽的中部，平面亦为长方形，长66、宽20、深

图一六六 石碑座（东→西）

图一六七 石碑座平、剖面图（信立祥 绘）

图一六八 石碑座顶部碑槽（俯视）

32 厘米（图一六七、一六八）。

四 孔望山东主峰上的石刻遗迹

（一）杯盘刻石

孔望山东主峰上有一块较为平坦的平台，平台的东部为嶙峋巨石。孔望山标高架（123.17 米）即位于此平台的东北部。平台上有杯盘刻石人工遗迹（图三～五、一七〇）。

杯盘刻石是由支撑的三块大石和上方一块扁平花岗岩巨石组成，顶面距地面高 2.04 米。巨石底部西侧架靠在一块突出周围地面的自然山石上，东部以南北并列的两块大石作为支撑，南侧大石高出地面 1.4 米，北侧大石露出地面 1.42 米。三个支撑点从平面上构成一个三角形（图一七一～一七三）。

巨石东北侧面刻有"砚石"二字，隶书，字径 14 厘米，为近年孔望山景区管理所刻制。

巨石顶面呈不规则长方形，经人工打制形成一个略微倾斜的平面。平面东高西低，东西最长处 3.27 米，南北最宽处 2.3 米，西厚而东薄，厚 0.45～1.09 米。巨石顶面东部刻案、盘、杯图像。案为方形，案南北长 103、东西宽 93 厘米。以案的长径计，方向为 354°。南部有一凹刻"宋"字，刻痕粗重，打破案的阴线，字长 29、宽 19 厘米（图一七二、一七四）。

案面上刻凿盘和杯。盘位于案的中心，盘口略呈椭圆形，弧

图一六九 石碑座写生图（北→南）

壁，圜底。由于风雨侵蚀，盘的边缘已很不规整，壁面和底面也已凹凸不平。南北长径42、东西短径38、深6厘米。杯共有8只，编号分别为B1～B8，分布于盘的北、西、南三面，北侧为B1、B2，西侧为B3～B6，南侧为B7、B8。杯口皆呈椭圆形，

弧壁，圜底。B1南北长径15、东西短径9.5、深4.4厘米；B2南北长径13、东西短径10、深4.3厘米；B3南北短径7.5、东西长径10、深4.1厘米；B4南北短径9、东西长径12、深3.5厘米；B5南北短径9.5、东西长径12、深3.6厘米；B6南北短径10、东西长径14、深3.5厘米；B7南北长径14、东西短径10.5、深3.8厘米；B8南北长径13、东西短径9、深3.5厘米。

在巨石顶面西部凿有3个凹槽，分别编号为C1～C3。其中C1紧靠案的西侧，C1的东侧边缘距案西侧约3～4厘米，与案的西侧边基本平行，其开口呈长方形，南北长51、东西宽16～17厘米，壁较直，底部呈两级台阶状，北部高，南部低，北部深6.5、南部深10～12.5厘米，台阶面略平，北部宽17、南部宽23厘米，两阶之间以坡面相连。C2、C3在C1西侧，通过流口南北相连。C2居C3之北，与C1基本平行，其东壁距C1西壁约12～13厘米，开口呈长方形，长71、宽24～25厘米，直壁，底部较平，

图一七〇 孔望山东主峰上的石刻遗迹（航拍）

图一七 　承盘刻石和承露盘（北→南）

北

B8 B7
宋
B6
案 盘 B5 C1 C2 C3
B4
B1 B2 B3

A A'
B B'

A 盘 B5 C1 C3 A'
C2

0   1米

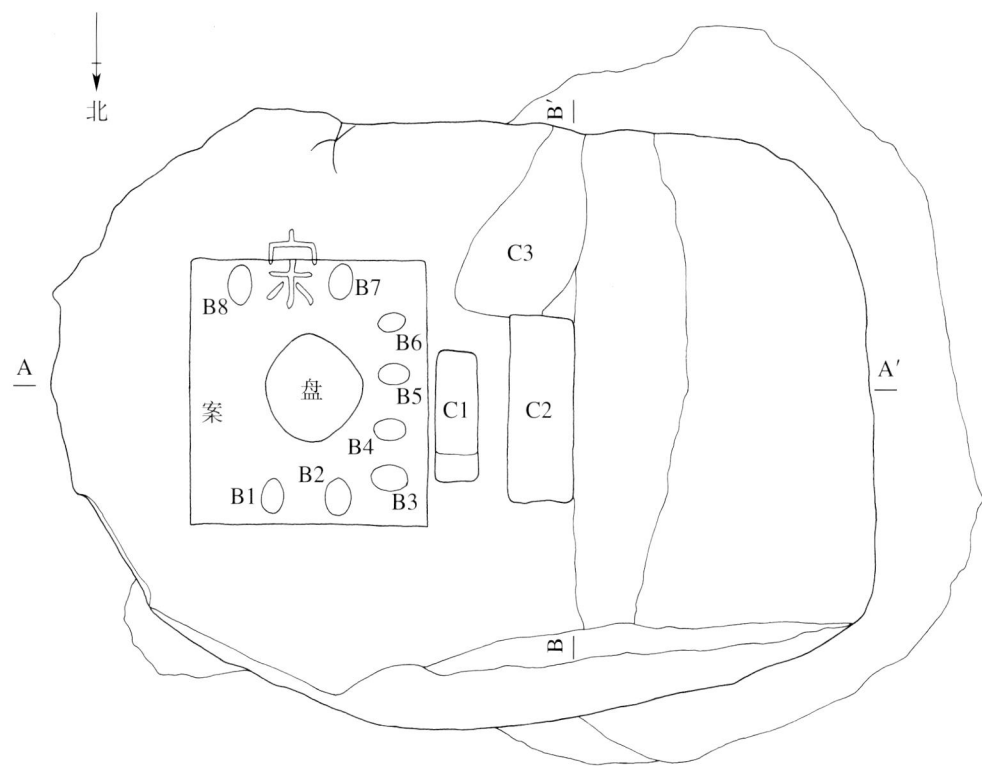

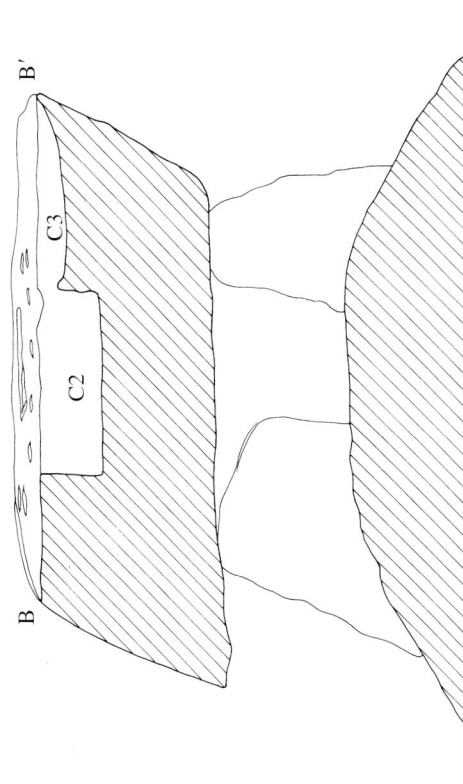

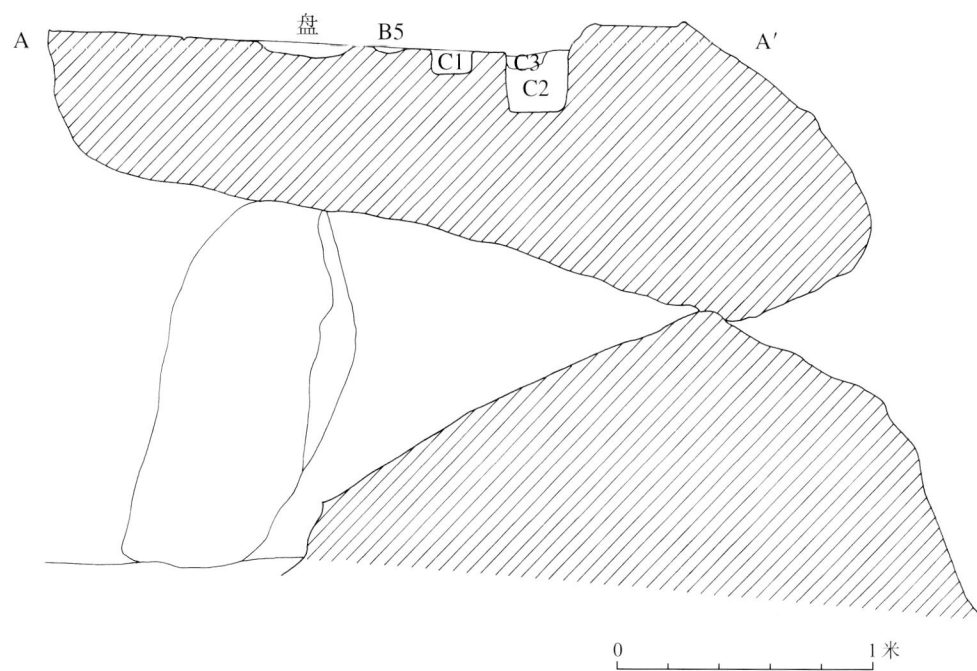

图一七二 杯盘刻石平、剖面图（信立祥 绘）

图一七三 杯盘刻石写生图（南→北）

图一七四 杯盘刻石顶面（俯视）

（二）承露盘

孔望山东主峰山顶平台西南端有一块向南突出的天然巨石，巨石的东侧、南侧和西侧以70°～80°角倾斜形成陡峭的山崖，北侧是由山顶平台延伸出的缓坡。天然巨石的顶部经加工形成一个东西长1.5、南北宽1.4米的粗糙平面，上置一扁方体凹槽，雕刻规整（图三～五）。

巨石凌空飞绝，扁方体凹槽适于承接并聚集雨露，故暂名之为承露盘。承露盘东北距杯盘刻石7.6米，二者呈南北向排列（图一七○、一七一）。

承露盘由盆体、方槽、长条形沟槽和水池四部分组成（图一七五～一七八）。方槽、沟槽和水池直接凿刻在巨石顶部的粗糙平面上。

承露盘盆体呈方柱形，人工打凿而成。由于长期侵蚀，表面严重风化，石英岩粒满布其上，粗糙不平。方柱边长88、高46厘米，以东西壁计方向为16°。顶面正中下凿的盆体，平面略呈方形，斜壁，平底，南北长65、东西长66、深10厘米；底部平面呈正方形，边长61厘米。盆的东南角侧壁凿切有一个弧圆形流口，宽17、深6厘米（图一七六、一七七）。

承露盘平置于方槽之上，方槽平面略呈长方形，弧壁，平底，南北长94、东西宽90、深2～10厘米。在方槽的中央有一条人工凿成的沟槽横贯南北，并向北侧延伸。沟槽平面呈不规则长条形，断面呈三角形，长169、宽16～40、深8.5～24厘米。沟槽一直延伸至距离盆体北壁30厘米的水池。水池平面略呈圆形，池口南北长40、东西宽38厘米，直壁，底面斜平，西侧深

北部近壁处深24.5、南部近壁处深23厘米。C3开口呈不规则形，弧壁，圜底，最长处73、最宽处45、最深处15厘米。C2和C3之间相接的流口，断面略呈圆角方形，长18、深12、宽13厘米。C3南部有一分水口，可引水至刻石外（图一七二、一七四）。

从杯盘刻石和其底部的支撑石以及周围环境看，杯盘刻石的石料来自附近。先将巨石向西移到一块突出于地面的山岩上，以此作为西部支撑点，然后抬高杯盘刻石东部，其下用两块大石支撑使杯盘刻石顶面水平。

杯盘刻石顶面所刻"宋"字，时代较杯盘晚，或与宋金对抗时宋军在此戍守有关。

图一七五　承露盘（北→南）

A

A′

方槽

B

B′

北

方槽

盆体

长条形沟槽

水池

A

A′

0 1 米

方槽

盆体

B

水池

B′

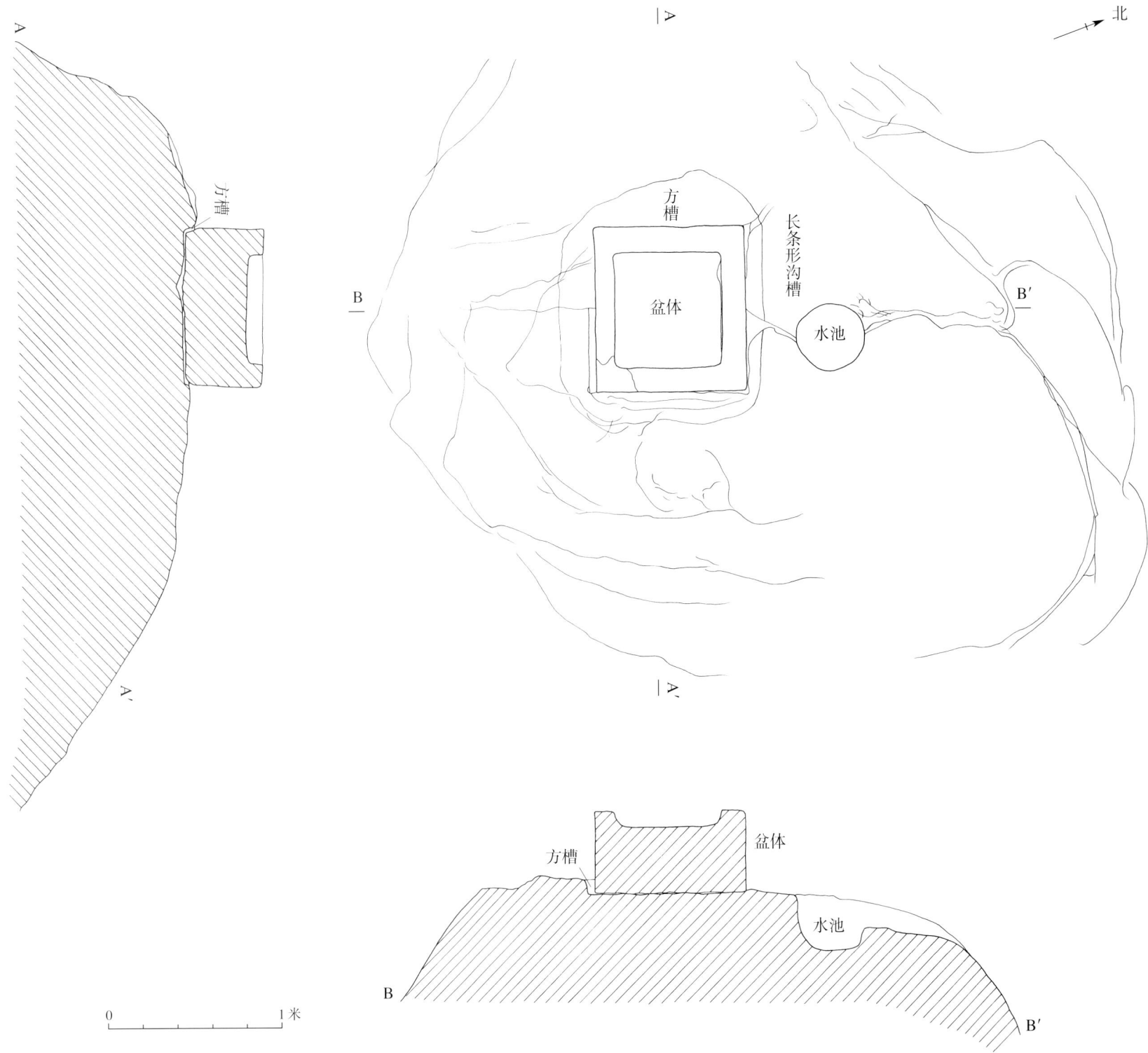

图一七六　承露盘平、剖面图（信立祥 绘）

图一七七　承露盘（俯视）

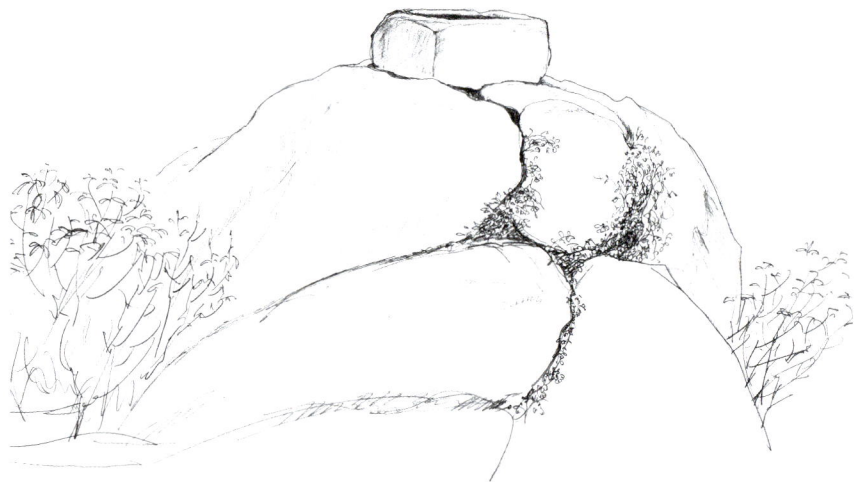

图一七八　承露盘写生图（北→南）

22、东侧深35厘米。承露盘的积水可由流口流经方槽，进入长条形沟槽，最后汇入水池（图一七五、一七六）。

五　人工石室"龙洞"及其周边题刻

孔望山东主峰南麓，现龙洞庵的西侧，有一片几近直立的平整石壁，石壁的中部偏下有一石室开口，海拔30米，周围有大量古代题刻（图三～五），因洞口上方题刻有"龙洞"二字，俗称"龙洞"。

（一）人工石室"龙洞"

石室洞口开于一块巨大的岩体立面上，面南，方向203°。东距龙洞庵西墙11米，底部距地表1.25米。石室洞口平面呈不规则圆角长方形，上窄下宽，西高东低，上宽0.57米、下宽0.73米，西高0.98、东高0.9米。洞口外下部横有一块高出地面的基岩，供人踩踏进出。洞口内为隧道式门道，门道东壁垂直，西壁自上而下向西略斜，顶壁较平，东、西壁上部及顶壁均有人工打凿条痕。门道（门扉槽外）东壁长0.9（上部）～0.95（下部）米，西壁上长0.35、下长0.7米，顶壁长0.35～0.9米。由于游人长期进出踩踏，门道的石路面形成一条中间低凹的踩踏面（图一七九～一八二）。

门道之内为石室，在门道与洞室之间的地面上有一长条形门扉槽。门扉槽东西长93、宽4厘米，东端深8、西端深6厘米。由于游客的长期踩踏，门扉槽中段已经磨蚀净尽，仅存东段长约18厘米和西段长21厘米的两部分（图一八〇、一八二）。

在与门扉槽东西两端对应的洞室顶部各开凿一斜向凿孔。东部凿孔开口为平行四边形，底边长8、上边长9、两侧边长7、深5～5.5厘米，斜壁，平底；底部亦呈平行四边形，上边长7、下边长6、两侧边长4厘米。西部凿孔开口呈不规则的曲尺形，东边长10、上边长4、底边长5.5厘米，西边分上下两段，上段长6、下段长6、深4.8～6.5厘米，斜壁，尖底（图一八〇、一八一）。在门扉槽两端没有发现门枢的臼槽，说明门扉是不能自由转动启闭的。从门扉槽推断，门扉应为板状，关闭时须由人在洞室内将门板插入门扉槽内，然后将门闩插入洞室顶部的两个凿孔内，把门板卡住。从洞门的构造可知，门扉的启闭只能由洞室内居住者控制。

洞门内即为洞室。洞室底部石面平坦，平面略呈椭圆形，南

图一七九　人工石室"龙洞"外观（南→北）

凹槽

门扉槽

4

北

C'

A'

A

洞室

门扉槽

门道

A'

柱洞

C'

B

B

2

3

C

B'

B'

0   1米

1

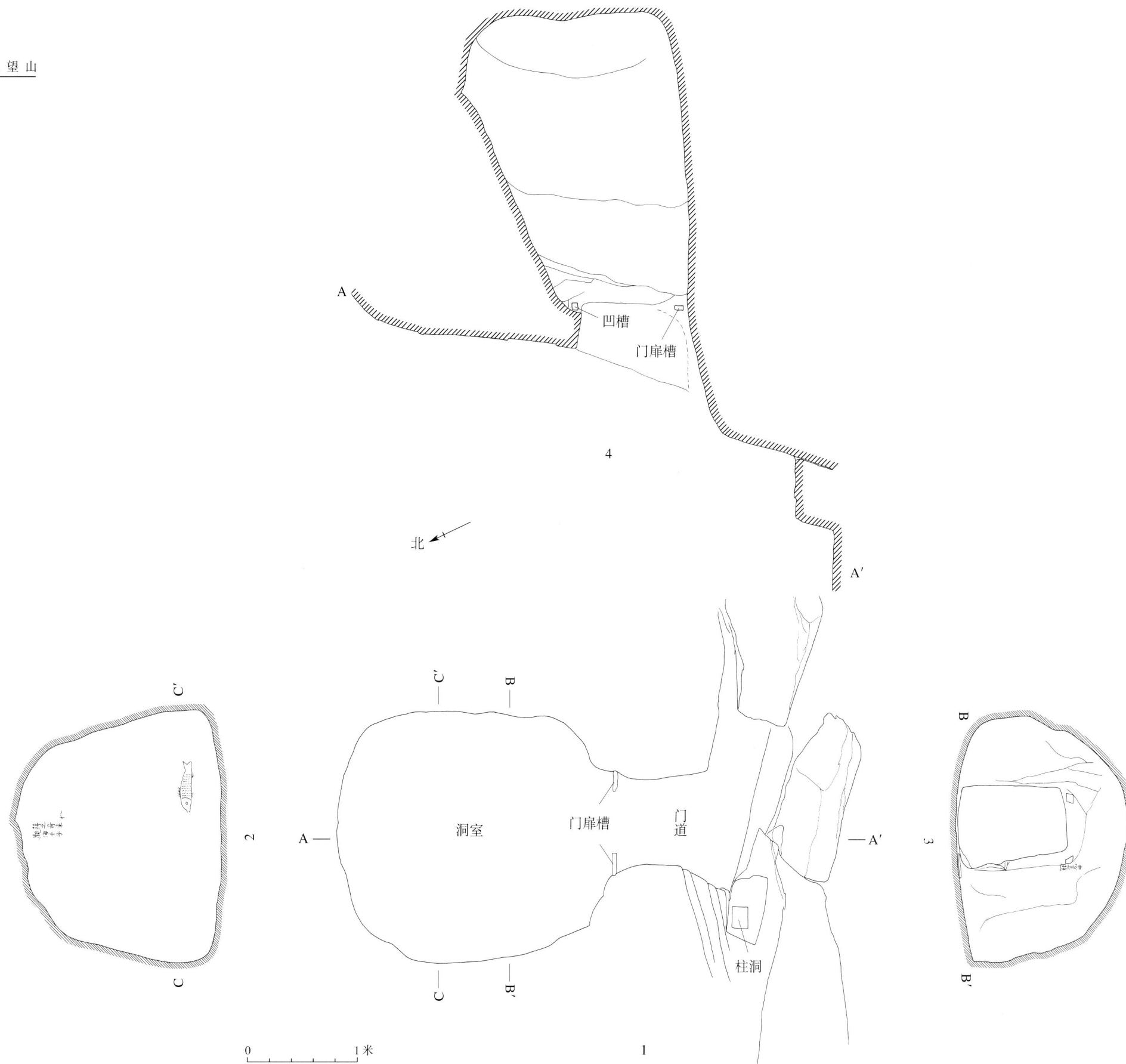

图一八〇 人工石室"龙洞"平、剖面图（信立祥 绘）

1.平面图   2、3.横剖面图   4.纵剖面图

图一八一 石室门道内顶部凿孔
图一八二 石室门扉槽

北长径2.38、东西短径2.17米。洞室内北高南低，最高处位于中部偏北，高度为2.03米。两侧壁上部向内斜收与弧顶相连。洞室顶部和两侧壁及后壁壁面并不平整，多处向室内弧鼓凸出，还有数条东西向自然裂隙分布其间。洞室南壁即门道内侧，粗糙的石面上留有人工加工过的工具凿痕（图一八一）。

（二）人工石室"龙洞"内的题刻及刻像

在洞室内发现石刻3处。一处刻在洞室南壁即洞门内西侧上部的粗糙石面上，题记纵书，文曰："忠玉遊"，楷书，字高6、宽9厘米（图一八〇、一八三、一八四）。"忠玉"或为人名，史传无载，《嘉庆海州直隶州志》疑其属宋代[1]。

另一处刻在洞室后壁西侧上部，纵书2行，每行4字，楷书，文曰："蒋之奇来观海，壬子。"字体大小不一，最大的字高、宽均为9厘米，最小的字高、宽仅为5厘米（图一八〇、一八五、一八六）。蒋之奇（1031~1104年），字颖叔，常州宜兴人，神宗初年迁殿中侍御史，后为淮东转运副使。壬子年为宋神宗熙宁五年（1072年），当时蒋之奇应在淮东转运副使任上[2]。此题记刻在一则更早的题刻上，使原有题记仅存个别笔画，内容无法辨识。

洞室后壁下部偏东位置，用阴线刻有一条游鱼。鱼头西尾东，长45、最宽处18厘米。鱼身轮廓及鳃、目、尾、鳍等部位用粗深阴线刻画，鱼身上的鱼鳞则以阴刻坑点来表示（图一八〇、一八七）。

---

[1]（清）唐仲冕修、汪梅鼎纂：《嘉庆海州直隶州志》卷二十八，谓"忠玉游"三字"结体颇似山谷，疑亦宋刻也"。清嘉庆十六年（1811年）版，19页。

[2]（元）脱脱：《宋史·蒋之奇传》卷三四三，中华书局，1977年，10915页。

图一八三　石室内 "忠玉遊" 题刻

图一八四　石室内 "忠玉遊" 题刻拓片

图一八五 石室内"蒋之奇"题刻

图一八六 石室内"蒋之奇"题刻拓片

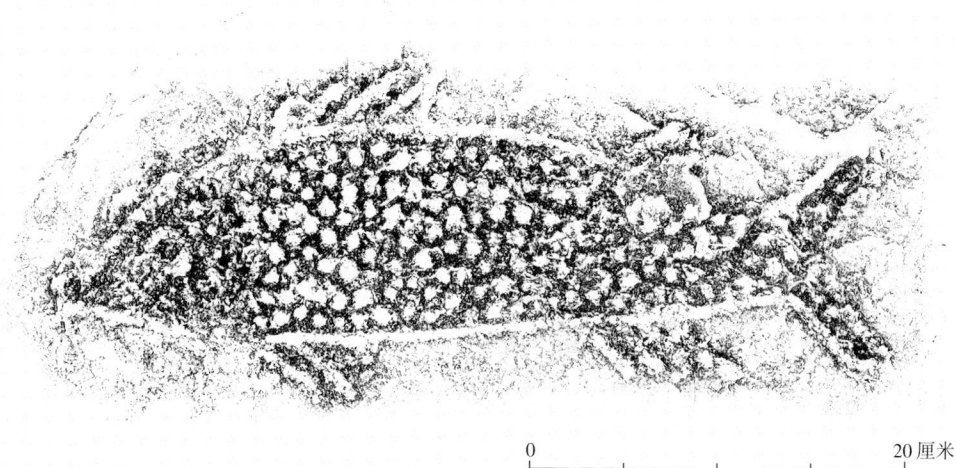

图一八七 石室内线刻鱼像拓片

（三）人工石室"龙洞"外的题刻

"龙洞"石室外山岩壁立，在洞口周围东西长约35米、上下宽约2米的范围内，有题刻19处、题榜栏17处。为了叙述方便，将题刻按由东向西、自上而下的顺序依次编为1~19号（图一七九、一八八）。

1号题记位于最东面，西侧边距"龙洞"口东侧直线距离8.1米，底端距现地表0.5米。题榜栏为长方形，宽94、高75厘米，栏内打凿粗糙，未加题刻。题榜栏上的三角形粗糙崖面上，刻有一楷书"正"字（图一八八、一八九）。

2号、3号题记共刻于一个题榜栏内，位于"龙洞"东侧，西侧边距龙洞口东侧边6.2米，距现地表约0.55米。题榜栏为长方形，宽189、高172厘米（图一八八、一八九）。

2号题记居上，占据题榜栏高84厘米的栏面。题记为楷书，竖写，12行，可辨者57字，字结体方正，宽、高皆为12厘米。刻文：看龙洞偶成／幻化起滇濛／丹崖一洞空／地灵呼即应／应是讶相逢／明弘治十二年／余以工科都给／事中言□□□／

□□□□事谪／判海州重九日／游此闽人林廷／玉谨识／（图一八八、一八九、一九〇）。第8、9两行被凿去七字，凿去部分低于石面约0.5厘米。题记明白晓畅，是明孝宗时的海州通判林廷玉于弘治十二年（1499年）重阳日游孔望山吟诵"龙洞"的一首五言绝句。诗后的款识被凿去七字，推测当是出于政治忌讳。林廷玉，字粹夫，号南涧，福建侯官（今福州市）人，明成化二十年（1484年）进士，曾任工科都给事中。他在朝刚直果断，不畏权阉，结果得罪了皇帝和朝廷权贵，被贬判海州。题记应是林廷玉刚贬到海州不久所刻，凿去的七字可能是贬官的原因即上书论列六事一事[3]。

3号题记位于2号题记之下，隶书，竖写，8行，38字，字结体方正，宽19、高16厘米。刻文：嘉庆廿一年八／月四日朝议大／夫知海州事／韩城师亮采／致祭／龙神庙过此／与寮佐同登／爰记岁月／（图一八八、一八九、一九一）。师亮采，史传无载，从题记文字可知其为陕西韩城人，清嘉庆二十一年（1816年）任海州知州，借祭龙神庙之便与属吏同登孔望山留下题记。龙神庙，元以后建于孔望山西一里的网疃村[4]。海州地区有祭祀海神和龙王的传统，史载孔望山附近东汉时有东海庙[5]、唐代有海龙王庙[6]，可能即为网疃村龙神庙的前身。

[3] 林廷玉事见（清）张廷玉：《明史·选举》卷七十、《明史·胡世宁传》卷一九九、《明史·江彬传》卷三〇七，中华书局，1974年，1704、5260、7885页。又见《天一阁藏明代方志选刊·隆庆海州志》卷六，上海古籍书店影印，1981年重印，1343页。

[4] （清）唐仲冕修、汪梅鼎纂：《嘉庆海州直隶州志》卷二十九"龙神庙"条："在州治东五里网疃村，元至正二年（1342年）建。"清嘉庆十六年（1811年）版，2页。

[5] 《太平寰宇记》卷二十二朐山县条云："植石庙在县北四里。……今门石犹存，倾倒为数段，在庙北百步许，今尚可识其文曰：汉桓帝永寿元年，东海相任恭修此庙。"见《文渊阁四库全书》，台湾商务印书馆印行，1986年，第469册，192页。（宋）洪适：《隶释》卷二《东海庙碑》下云："东海庙碑，灵帝熹平元年立在海州。"又云："予官京口，将土往来朐山者云，海庙一椽不存，……不复见此刻矣。"中华书局，1985年，30、31页。

龙洞"外观示意图

图一八八 人工石室 "

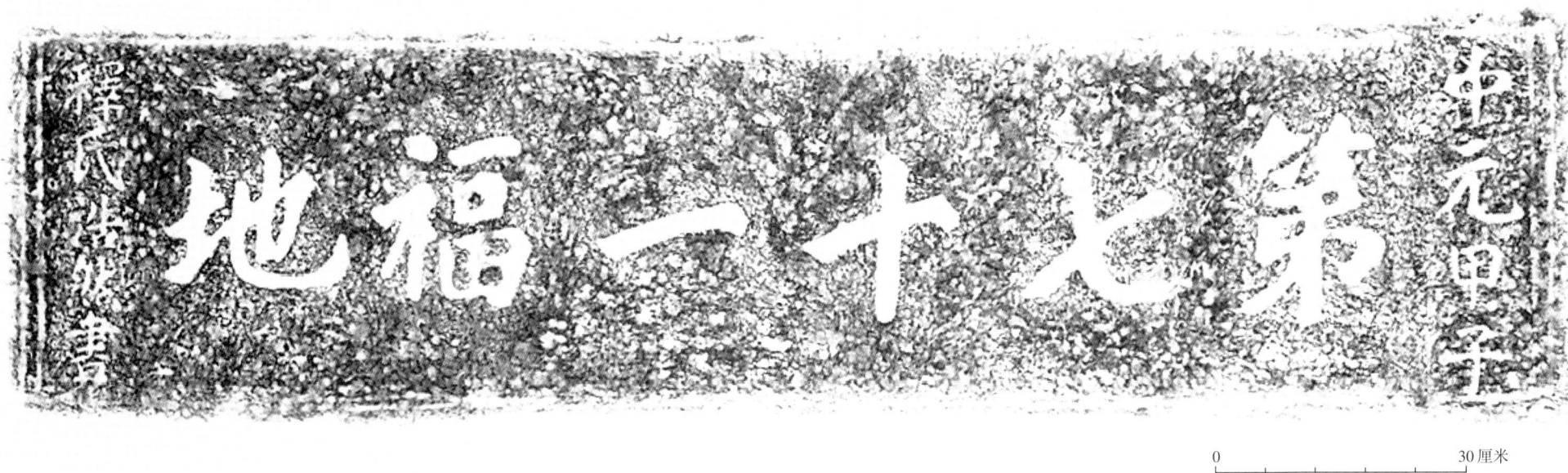

0 ———————————— 30厘米

图一九二　4号题记拓片

4号题记位于"龙洞"东侧，西侧边距"龙洞"口东侧直线距离4米，底端距现地表3.7米，题榜栏为长方形，宽187、高42厘米。题记为行楷，横写，1行6字从右向左曰："第七十一福地"，字宽19、高18厘米，上、下款竖写于左右，字体较小，上款曰："中元甲子"，下款曰："释氏浩然书"（图一八八、一八九、一九二）。题记者僧人浩然即雪峰，清僧，又名明初，字东生，华亭（今上海松江）沈氏，有《雪峰诗稿》[7]。此处"福地"是道教的概念，道教将现实世界的仙境分为十大洞天、三十六小洞天、七十二福地[8]，皆为道教神仙所居的洞府，这种观念来源于道教"十洲三岛"的说法，约形成于隋唐。"七十一福地"显然是称赞孔望山为人间仙境[9]。题记书于中元日即农历七月十五日，是佛教的"盂兰节"。

5号题记位于"龙洞"东侧、4号题记之下，题榜栏西侧距"龙洞"口东侧3.7米、底端距现地表2.4米。题榜栏为长方形，宽160、高90厘米，竖向分成3栏，左侧宽62、中部宽63、右侧宽35厘米。题记位于中部，楷书，竖写，3行19字，字高8～10、宽7～10厘米。文曰："正德丙子春二月／清明后一日即墨／劳山翁游此／"（图一八八、一八九、一九三）。正德丙子年为明正德十一年（1516年），劳山翁即蓝章，字文绣，即墨人，成化进士，正德初任都察院左都御史，以不附刘瑾知名。

6号题记位于"龙洞"东侧，西侧距"龙洞"口东侧3.2米，底端距现地表1.3米。题榜栏为长方形，宽98、高92厘米。题记楷书，竖写，6行，可辨26字，字高14、宽12厘米。文曰：

[6]　（日）圆仁著，顾承甫、何泉达点校：《入唐求法寻礼行记》卷一，上海古籍出版社，1986年，43页。

[7]　震华法师：《中国佛教人名大辞典》，上海辞书出版社，1999年，634页。

[8]　（宋）张君房著，李永晟点校：《云笈七签》卷二七《洞天福地·天地宫府图》，中华书局，2003年，608页。

[9]　孔望山为"第七十一福地"与（宋）张君房《云笈七签》卷二七《洞天福地·天地宫府图》所述不同，书中第七十二福地东海山，"在海州东二十五里，属王真人治之"，可能是指孔望山东面的云台山。中华书局，2003年，631页。

图一九四　6号题记拓片

"苏子□王□／文王仲举孙／少魏同游大／观庚寅闰八／月十二日田／升之书／"（图一八八、一八九、一九四）。庚寅年为宋徽宗大观四年（1110年）。孙少魏即孙宗鉴，以曾著《东皋杂录》知名。书者田升之，据《嘉庆海州直隶州志·职官表》所载，大观年间任海州知州。

　　7号题记所在岩面原为"龙洞"东侧的崖面，刻字后因崖面断裂脱落且向西倾斜，形成一块脱离山体的片状立石，题榜栏亦因此倾斜。题榜栏为长方形，宽100、高96厘米。题记楷书，竖写，7行，52字，字高11、宽10厘米。文曰："路分王舜文／铃辖赵／彦明通判傅显道县／宰闾丘君泽教授李／去泰判官向持正推／官吕永甫同来政和／元年八月九日郡守／田升之题／"（图一八八、一九五、一九六）。政和元年为宋徽宗年号，即1111年。此题记书者与6号题记同。

8号题记位于"龙洞"东侧，西侧距"龙洞"口东侧0.2米，底端距现地表2.1米，其东侧下部被7号题记所在的倾斜立石遮盖。题榜栏为长方形，宽62、高90厘米。题记为楷书，竖写，6行55字，字高8、宽7厘米。文曰："大明成化六年庚寅三月二十九日／淮安府知府杨杲海州／知州陶昺同知唐震判／官施纶戴璨儒学学正／母诚训导周烨赵谏公／暇同览于此／"（图一八八、一九五、一九七）。大明成化六年即1470年。据《成化淮安府志》，杨杲，仁和人，天顺间任淮安府知府，有德政。据《嘉庆海州直隶州志》，陶昺，字文熙，江西南城人，以举人历知海州，以廉能称；母诚，四川蓬州人。

9号题记位于"龙洞"口上方，底端至洞口上方1.5米。题榜栏为长方形，宽40、高60厘米。题记为楷书，竖写"龙洞"二字，字高17、宽18厘米（图一八八、一九五、一九八）。此题记无款，但从书法风格来看，与位于其下的10号题记为同一人所书，时代当为宋徽宗建中靖国元年（1101年）前后。

10号题记位于9号题记之下，底端至"龙洞"口上方0.6米。题榜栏为长方形，宽67、高85厘米。题记为楷书，竖写，4行，24字，字高13、宽13厘米。文曰："莆阳余授传师／长乐张励深道／建中靖国元年／十月八日同游／"（图一八八、一九五、一九九）。建中靖国元年即1101年。

11号题记位于10号题记之下，底端至"龙洞"口上方0.11米。题榜栏为长方形，宽72、高44厘米。题记为带有篆意的隶

图一九五　7～15号题记（南→北）（董清　摄）

路次鄒文餝□
义朙洞□□□□
閻丘君澤教□
元年八月九□□
□伐之題

图一九六　7号题记拓片

0　　　　　20厘米

书，竖写，5行，15字，字高7、宽11厘米。文曰："吕星垣／王良士／许乔林／包世臣／钱泳来／"（图一八八、一九五、二〇〇）。

吕星垣，字叔诺，大学士吕宫五世孙。乾隆五十年（1785年），辟雍礼成，进颂册，钦取一等一名，选训导，后官河间县知县，有《白云草堂集》。许乔林（1775～1852年），字贞仲，号石华，清海州板浦人，著有《海州文献录》十六卷，《弇榆山房诗略》十卷。包世臣（1775～1855年），字慎伯，号倦翁，安徽泾县人，官江西新喻知县，书法理论家，所著《艺舟双楫》影响颇大。钱泳（1759～1844年），初名鹤，字立群，号台仙，一号梅溪，江苏金匮（今无锡）人，能诗工书，尤长隶书，著作很多，所著《履园丛话》中记有游海州事[10]。此四子《清史稿》或有传或《艺文志》中录其著作。

12号题记位于"龙洞"口西侧上方，东侧距洞口西侧0.18米，底部距地表3米，与10号题记并列。题榜栏为长方形，宽70、高89厘米。栏内题刻可见楷书和篆书两种字体，篆书较早，为楷书所覆压。楷书题记竖写，7行，54字，字径6厘米。内容为："大明成化十年春三月朔日／直隶淮安府同知安钝／抚民之暇偕知州陶昺／因观古圣贤遗像来游／此洞三慨以书／海州书吏钱铸／老人刘宣／"（图一八八、一九五、二〇一）。明成化十年即1474年，"古圣贤遗像"当指孔望山摩崖造像，此处老人刘宣，或即《隆庆海州志》所载永乐年间知海州的刘瑄。

楷书题记下覆压篆书题记，竖写，5行，27字，字高10、宽7厘米，石面斑驳又加之被后期楷书覆压，字迹只可以勉强辨认，内容为："元符三年十月／丁卯曾肇栋刘／握乔甫段缄王／律满损之游龙／兴山寺"（图二〇一）。元符为宋哲宗（1098～

图一九七 8号题记拓片

[10]（清）钱泳：《履园丛话》，中华书局，1979年，357、499、595页。

0   20厘米

图一九八　9 号题记拓片

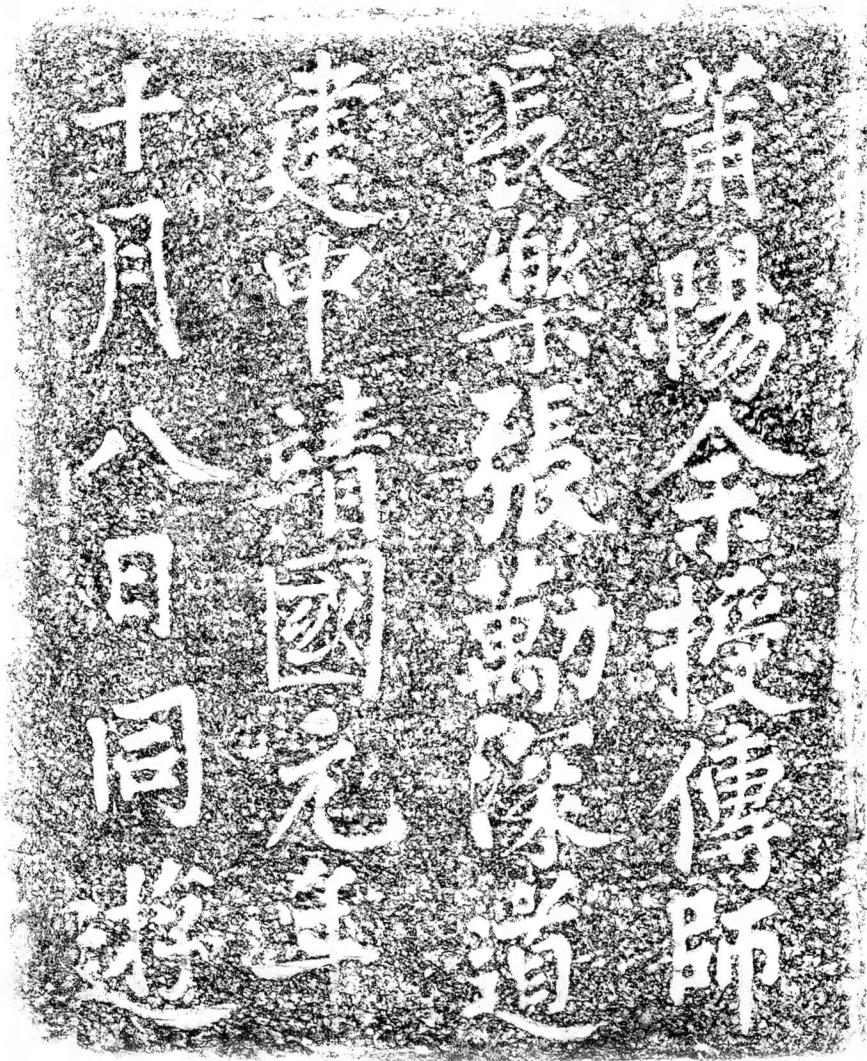

0   20厘米

图一九九　10 号题记拓片

1100 年）年号，元符三年即 1100 年。

  13 号题记位于 12 号题记正下方，在"龙洞"口西侧上方。题榜栏为长方形，宽 66、高 48 厘米。栏内题刻有上下重叠的两

层，皆为楷书。上层字迹清晰可辨，竖写，5 行，其中右侧三行字体较大，字高 12、宽 10 厘米，左侧二行字体较小。题记内容为："曾孝蕴／蒋球周／何田望／绍圣丙子／正月来游／"（图

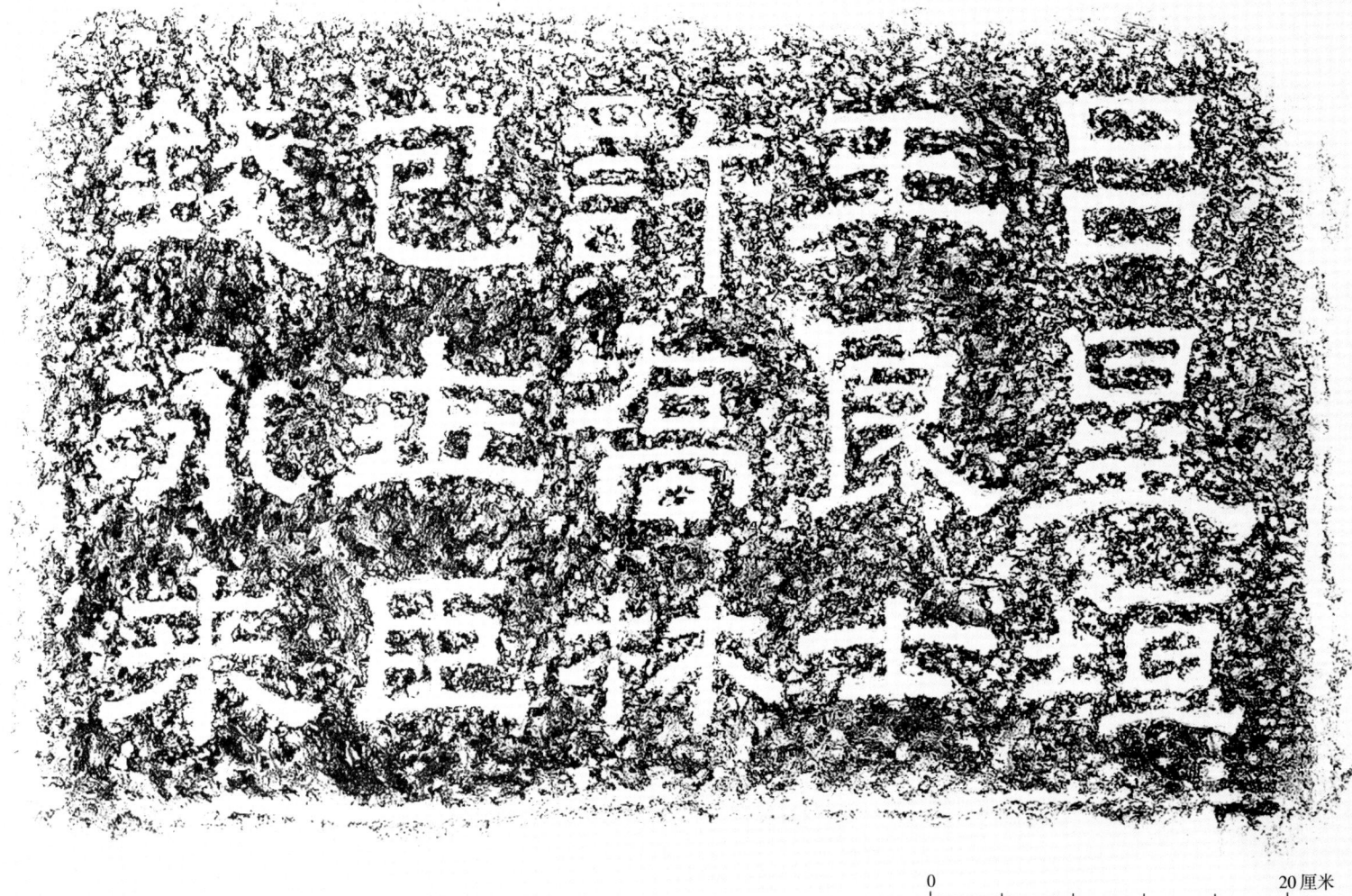

图二○○ 11号题记拓片

一八八、一九五、二○二）。绍圣丙子年为宋哲宗绍圣三年即1096年。曾孝蕴，字处善，凭功绩进显谟阁直学士，又加龙图阁学士，终年六十五岁，追赠通议大夫[11]。

第一层题记下覆压的第二层题记已漫漶不清，可知为楷书，竖写，5行，字径约7厘米，可辨字甚少，未能通读。文为："……六年九月……游……临川……"（图二○二）。

14号题记位于13号题记之下，紧靠"龙洞"口西侧。题榜栏

为长方形，宽71、高40厘米。石面斑驳，但文字依稀可辨，楷书，竖写，9行，42字，字径约4厘米。文曰："王□□□东／武由朐山来□／吕望之率王／硕父黄天倪／观东海于龙／兴山之乘槎／亭饮于仰止／亭元祐四年／十二月四日／"（图一八八、一九五、二○三）。元祐为宋哲宗年号，元祐四年即1089年。龙

[11]（元）脱脱：《宋史·曾公亮传》卷三一二，中华书局，1977年，10236页。

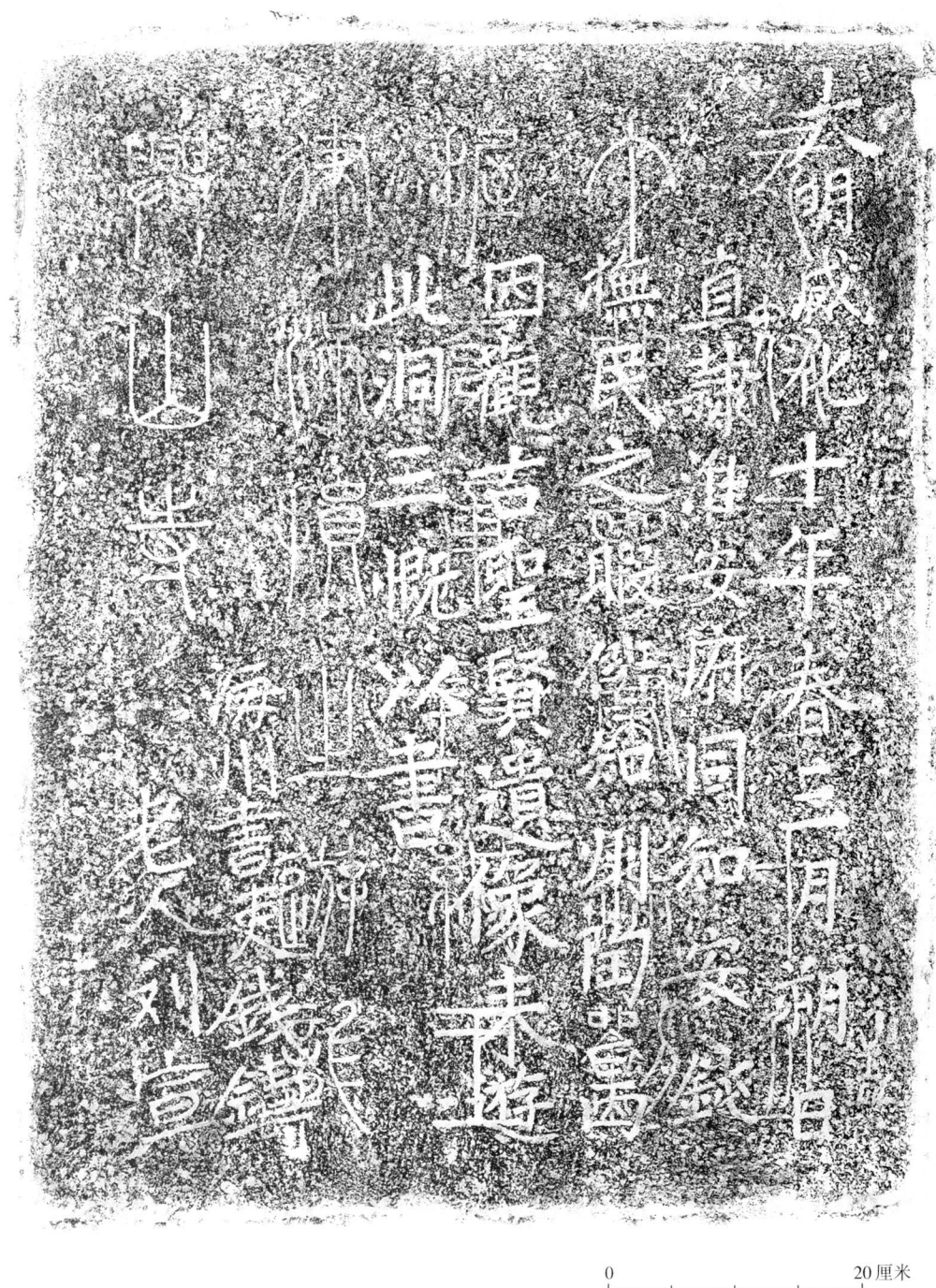

图二〇一 12号题记拓片

兴山（即孔望山）的乘槎亭，是当时的胜迹。建于孔望山东侧山顶，现已无存。据《嘉庆海州直隶州志》，熙宁七年（1074年），苏东坡曾来此观光，并写下了《次韵陈海州乘槎亭》一诗[12]。

15号题记位于12、13号题记的西侧。题榜栏为长方形，宽40、高86厘米。题记为楷书，竖写，3行，28字，字径约5厘米。文曰："大明正统九年甲子端阳日／钦差工部侍郎昆山王永和用节／游览于此／"（图一八八、一九五、二〇四）。正统为明英宗年号，正统九年即1444年。王永和，字以正，昆山人，官至工部右侍郎，后殁于土木堡之变[13]。

16号题记位于题刻群的西部，东侧距"龙洞"口西侧2.9米，底端距地表2.8米。题榜栏为长方形，宽290、高109厘米。题记为楷书，横写"归云洞"3字，字高86、宽72厘米；题款位于题榜栏的左右两侧，竖写，2行，15字，字高10、宽10厘米。文曰："万历壬午秋柒月／余姚仰皋邵瑞辰书／"（图一八八、二〇五、二〇六）。万历为明神宗年号，万历壬午为万历十年（1582年）。

17号题记位于题刻群的西部，与16号题记并排。题榜栏为长方形，宽415、高113厘米。题记为行书，横写"归云飞鸟"4字，字高90、宽78厘米；题款位于题榜栏的左右两侧，皆为竖写，篆书，各5字，字高12、宽12厘米。上款为："丙午中秋日"，下款为"中泉王同书"（图一八八、二〇五、二〇七）。据《嘉庆海州直隶州志》，王同，字一之，河南郏县人，举人，嘉靖甲辰（1544年）知

[12] 诗见（清）王文浩辑注、孔凡礼点校：《苏轼诗集》卷十二，中华书局，1982年，594、595页。

[13] （清）张廷玉：《明史·王永和传》卷一六七，中华书局，1974年，4505页。

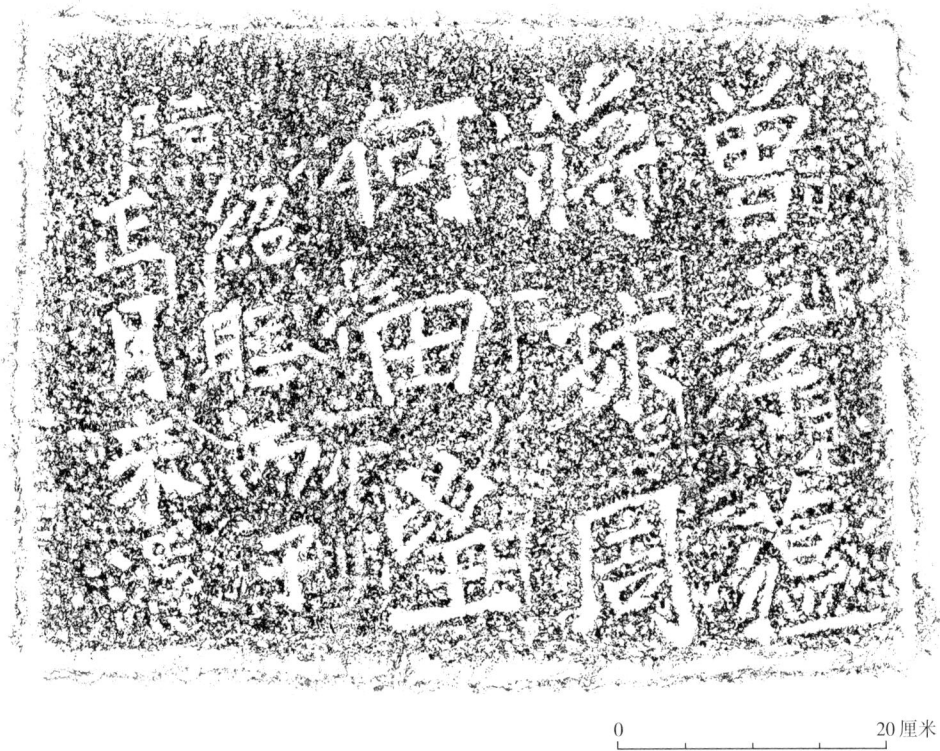

图二〇二 13号题记拓片

海州；丙午中秋日应为嘉靖二十五年（1546年）。

18号题记位于题刻群的西部，在16号题记的东侧下方。题榜栏为长方形，宽67、高70厘米。题记为隶书，竖写，4行，20字，字径13厘米。文曰："明嘉靖二年／夏四月越坡／廖世昭厓山／周必诚同游／"（图一八八、二〇五、二〇八）。明嘉靖二年即1523年。廖世昭，怀安人，正德进士，嘉靖元年为海州知州，创修《海州志》。《明史》录廖世昭《明一统赋》三卷。

19号题记位于17号题记的西侧，距"龙洞"口25米。题榜栏为长方形，宽235、高145厘米。题记为篆书，竖写，13行，共63字，字长27、宽15厘米。文曰："龙洞良宵月／照黄花满地／秋香此时此／会文彦一觞／一咏情长／矗矗山岩曲／抱潺潺胸海／东流明朝分／袂城市琴尊／回忆绸缪／嘉靖乙巳重／

阳海州知州／中泉王同题／"（图一八八、二〇五、二〇九）。嘉靖乙巳年即嘉靖二十四年（1545年）。

"龙洞"口东侧的7号题记所在巨石正面略成龟甲状，该石最宽处在中部，宽2.3、高3.3米，中部较厚，上下较薄。从位置和东侧断裂的痕迹看，该石是从山体分离脱落后向西倾斜，位于该石中上部偏西的7号题记题榜栏随之倾斜，遮盖了8号题记的下部。8号题记所记时间为大明成化六年（1470年），据此可以推测该石的断落时间应在明成化六年以后。

"龙洞"口外侧的壁立石面以及脱落石块上，分布有13个人工凿成的方形孔槽（图一八八、二一〇），分别编号为①～⑬号孔槽。孔槽大致垂直于壁面，口部呈方形、长方形或近长方形，壁内斜。

①号孔槽位于落石顶部7号题记之上，中心距落石顶部26厘米，槽口东西长12、东侧高8.5、西侧高8、深8厘米。

②至④号孔槽位于落石中部东西成一排，其中②、④号孔槽分别位于落石的东西断裂处，故只残存一半。②号孔槽残长4.5、高5.5、深3.9厘米。③号孔槽位于7号题记的东侧，距题记16厘米，孔槽东西长7.5、东侧高10、西侧高8、深11厘米。④号孔槽残存西半部，东西残长6.5、高8、残深10厘米。

⑤、⑥号孔槽位于落石东部略成斜坡状的岩壁上，⑤号孔槽位于6号题记的西侧上方46厘米处。孔槽口呈长方形，斜壁，东西长7.5、高8、深6厘米。⑥号孔槽位于6号题记东侧下方，西距6号题榜栏东侧线15厘米，孔槽口呈长方形，下部残损，东西长7、高8、深8厘米。

⑦号孔槽位于6号题刻榜栏东侧上部岩壁北收的一个西高东低的斜面上，与⑤号孔槽大致在一个水平线上，开口向上，孔槽口呈方形，边长11、深7厘米。该孔槽与⑥号孔槽的上下连线与6号题记榜栏的东侧平行。

⑧号孔槽位于落石的西侧上方，在8号题刻榜栏东上角约

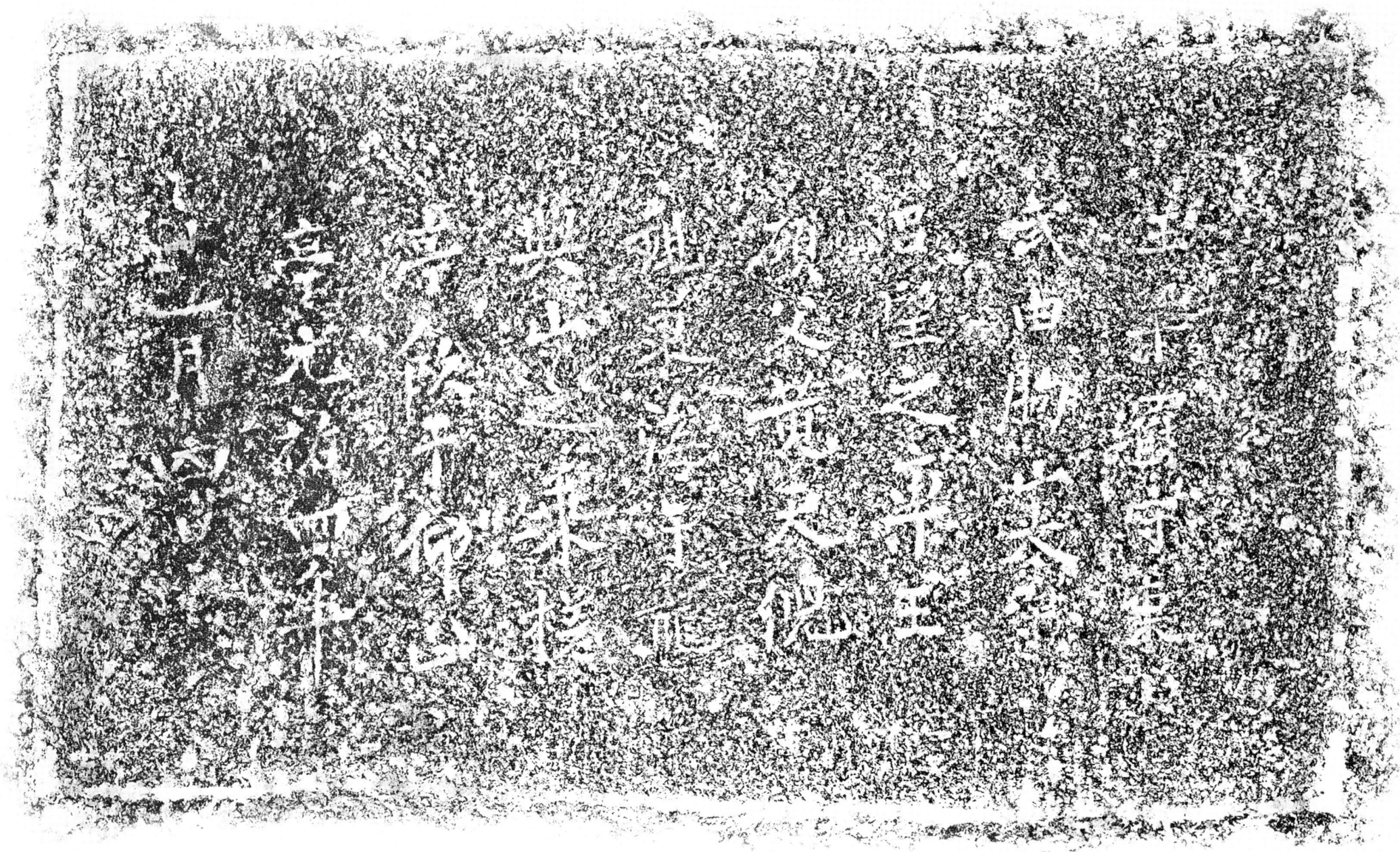

0　　　　　　　　　10厘米

图二〇三　14 号题记拓片

18厘米处。槽口呈梯形，上部东西长7.5、下部东西长6.5、高8、深11厘米。

⑨号孔槽位于⑧号孔槽西侧11厘米处，孔槽口为纵长方形，东西长5.5、高11.5、深5厘米。⑨号孔槽与⑧号孔槽相距很近，且⑨号孔槽很浅，估计是废弃的孔槽。

在10号石刻题记榜栏的四角各有一个方锥形孔槽，自西向东、自上向下分别编号为⑩至⑬号，四个孔槽的大小基本相同。孔槽口东西长4、上下高4、深5厘米，其中⑫号孔槽被下方的11号题记榜栏破坏了东侧。

如将落石复原到原位，那么①号、⑧号孔槽与②号、③号孔槽组成一方形，将7号题刻夹在中间。从孔槽的分布大致可以推测出它们与6号、7号、10号题刻的位置关系，这些孔槽有可能是构筑保护题刻的木结构建筑的插孔，形成时代与这三个题刻的年代大致相同，为宋徽宗建中靖国元年到政和元年（1101～1111年）或稍晚，废弃的年代当早于11号题记形成的清乾隆年间。

"龙洞"口外西侧有一个人工凿成的平台，平台上有方形柱洞1个，其中心点北距"龙洞"西侧下角35厘米、东距"龙洞"西侧下角50厘米（图一七九、一八〇）。柱洞口部为正方形，东西长19、南北宽14厘米，直壁，平底，深12厘米（图二一一、二一二）。此柱洞可能与上述保护题记的木结构建筑有关。

"龙洞"内外的石刻题记，最早的有明确纪年的是蒋之奇题记，为宋神宗熙宁五年（1072年），其后的哲宗元祐、徽宗建中靖国、大观、政和以及南宋高宗绍兴年间皆有题记，宋代可能还建有保护题记的木构建筑。最迟从北宋开始"龙洞"已得其名，并成为官宦文人游历抒怀的场所。另外，洞室门扉的结构是由内开闭的，表明"龙洞"为供人居留的处所，其年代当早于内外题记。

图二〇四　15号题记拓片

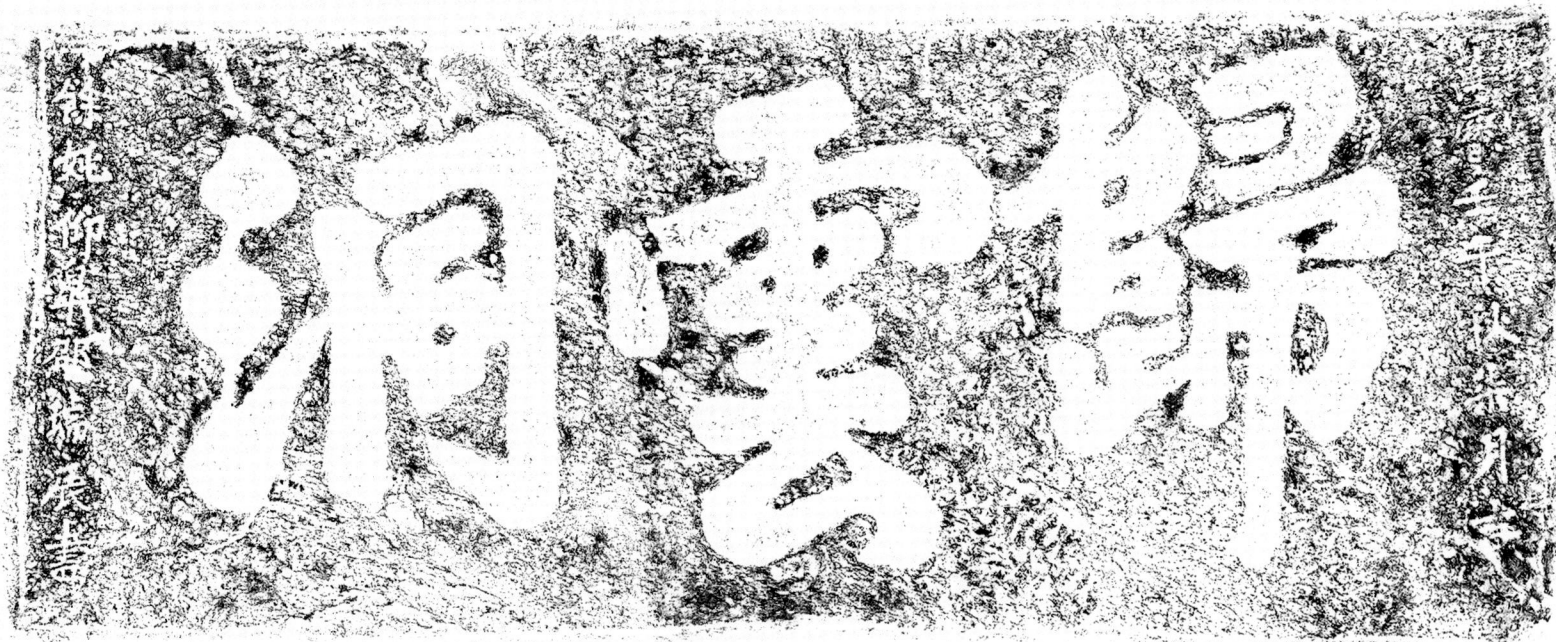

0 ——————————— 50厘米

图二〇六　16号题记拓片

图二〇七　17号题记拓片

0 ——————————— 50厘米

0   20厘米

图二〇八　18号题记拓片

图二一〇　人工石室"龙洞"外的孔槽分布示意图

图二一一　人工石室"龙洞"外的柱洞

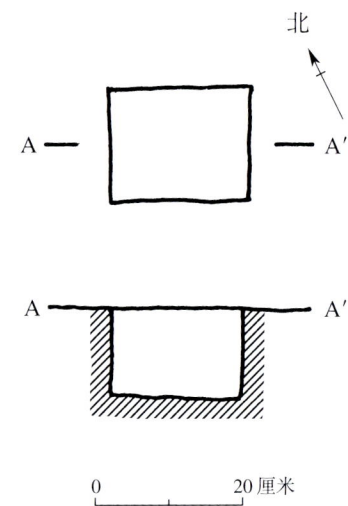

图二一二　人工石室"龙洞"外的柱洞
平、剖面图

第五章　造像群前遗址的发掘

一　发掘区概况、探方分布及发掘方法

孔望山西主峰南麓的山前台地，地势西北高、东南低，北部山体附近为坡度较大的山脚地带，南部相对较为平坦，西为孔望山山体向西南方向延伸的岗地，东有一条西北至东南方向的冲沟，台地的东、南边缘为高约 2 米的断崖。发掘区即选在台地上，位于摩崖造像群之南，在象石、石碑座之西，蟾蜍石之北（图三、四、二一三）。

发掘区以石碑座南侧下部中点为基点，依象限分为四区，已发掘的探方皆位于第 3 和第 4 区，故探方编号之前分别冠以"T Ⅲ"或"T Ⅳ"。

由于遗址位于山前地带，土层较薄，且土层中夹杂大量石块，无法进行钻探调查。为了对造像群前遗址堆积的情况进行全面了解，我们先采用发掘探沟的方法，以平坦台地为重点并选择在不同地形条件下进行探沟解剖。所布探沟宽 1 米或 2 米，长 5 米或 10 米，大多为正方向，落在正方向的 10 米×10 米探方之内的以其所在探方号为编号，后加字母"a"以示区别。有两条探沟受地形限制，未按正方向布方，其标号则以区号加上序号，如"T Ⅳ 1"，探沟皆由上而下逐层清理至基岩。共发掘探沟 13 条，面积 165 平方米（图二一三）。

在对遗址的堆积情况有了基本了解并掌握了重点遗迹的分布线索后，进行了大面积揭露，共发掘 10 米×10 米探方 14 个，面积 1400 平方米（图二一三）。为了尽可能保护现存遗址，在通过最初发掘的探沟对地层情况已经有了一定了解的基础上，发掘只进行到残存建筑基址平面，基址以下部分未作进一步发掘。

由于土层薄，加之历年来耕作和水土自然流失等原因，遗址保存现状较差。遗址上有大量的石块，石块大多经过打磨加工，形状较为规整。局部堆积甚至以石块为主，说明石块是当

北

石碑座

摩崖造像群
▶

T Ⅳ 0506a

T Ⅳ 1

T Ⅳ 2

T Ⅳ 0502a

T Ⅳ 0501

T Ⅲ 0501

T Ⅳ 0602

T Ⅳ 0601

F1 T Ⅳ 0601

1号台基

H2

T Ⅲ 0601

T Ⅲ 0601a

T Ⅳ 0702

H1

T Ⅳ 0701

T Ⅲ 0701

T Ⅲ 0602a

M1 T Ⅳ 0801

石块 基础

T Ⅲ 0801

H3

T Ⅳ 0802

2号台基

T Ⅲ 0901a

T Ⅲ 0801

T Ⅳ 0901

T Ⅲ 0901

3号台基

T Ⅲ 0902a

T Ⅲ 0603a

J1

T Ⅲ 0404a

T Ⅲ 0504

T Ⅲ 0505a

T Ⅲ 0306a

T Ⅲ 0307a

T Ⅲ 0604a

蛤蟆石

T Ⅲ 0410a

0   20 米

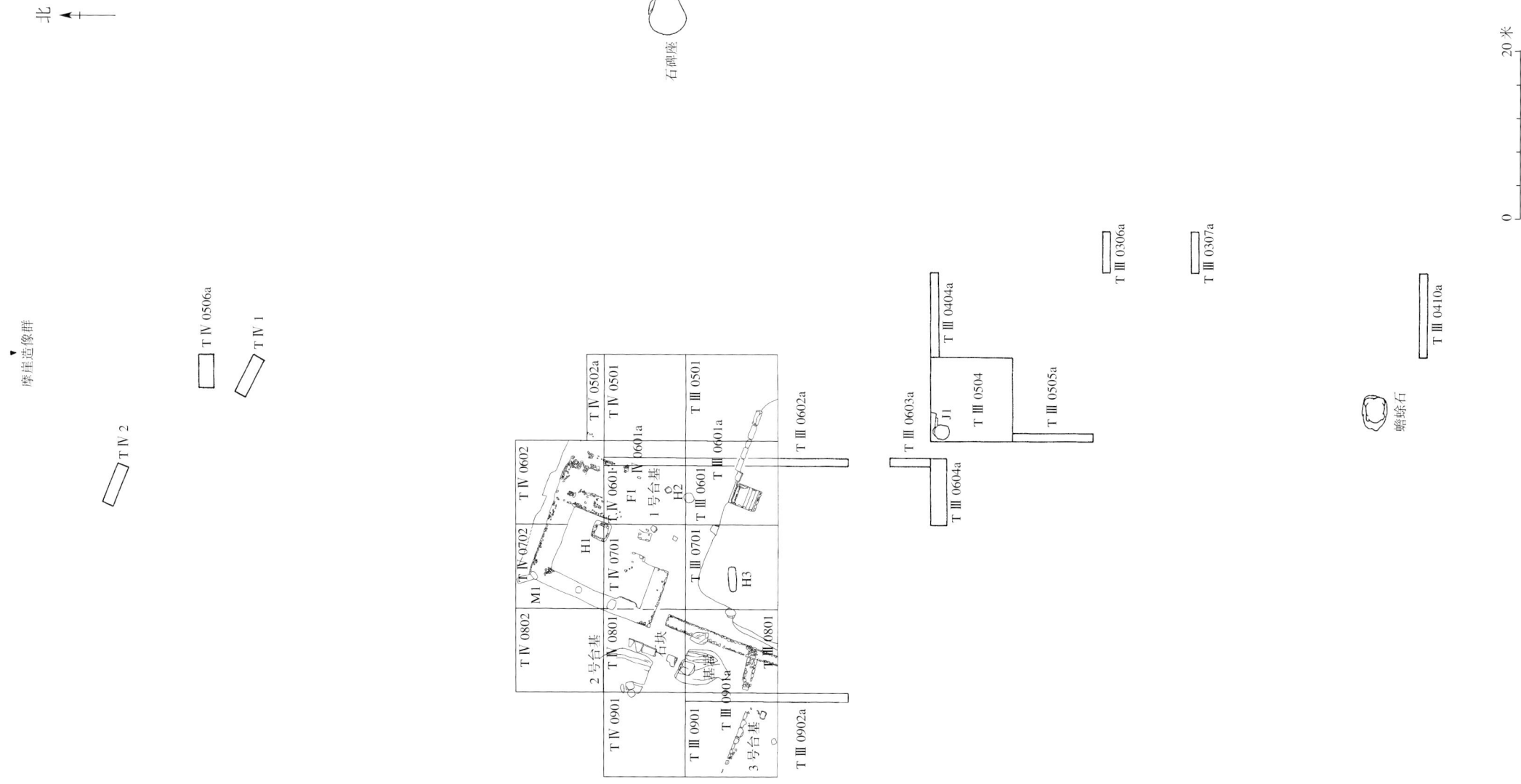

图二一三　探方、探沟分布图（王奇志 绘）

时遗址堆积的主要内涵。所以在进行判断时，除了包括通常所用的根据土质、土色等划分遗迹单位的方法之外，石块垒砌的方法、石墙的高低和走向以及所用石块的形状、大小等也都成了对遗址进行判断需要考虑的要素。

二　文化层堆积

摩崖造像群前有20世纪80年代用条石修建的游览平台，平台以南的山脚地带，北高南低，坡度较大，此处 T IV 1、T IV 2、T IV 0506a 等三条 2 米 × 5 米的探沟显示，这一带的地层堆积均为现代堆积，厚度 1.5 ~ 2 米，出土少量现代瓷片和唐代瓦片。下面的基岩高低错落，大小参差。

山脚地带向南为平坦的台地，台地上的地层堆积以探方 T IV 0602 和探沟 T IV 0601a、T III 0601a、T III 0602a 东壁为例介绍如下（图二一四）：

第1层：现代层。灰黄色土，土质疏松，厚 0 ~ 0.45 米，南部堆积较厚。其下开口 H1、H2 和一座现代墓。

第2层：近现代扰土层。可分为12小层，为北高南低的坡状堆积，总厚度 0 ~ 1.04 米。12小层由南向北依次斜向叠压，分别为：① 褐灰色土，土质较硬；② 灰黑色土，土质较硬；③ 红褐色土，土质较硬，内夹碎石块和粗沙砾；④ 红褐色细沙砾，土质硬；⑤ 灰褐色土，土质较硬，内夹大量红褐色沙砾；⑥ 红褐色土，土质疏松，内夹红褐色粗沙砾；⑦ 浅灰色土，内夹少量红褐色细沙砾；⑧ 灰褐色土，土质较硬，内夹较多小石块；⑨ 深褐色土，土质较硬，内夹较多沙砾；⑩ 灰褐色土，土质较硬，内夹少量小石块；⑪ 浅灰色土，内夹较多细沙砾；⑫ 灰黄色土，土质较硬，内夹大量红褐色粗沙砾。第⑪小层下开口一现代坑。第2层及现代坑出土遗物中有少量现代瓷片和砖瓦、少量宋代瓷片以及大量隋唐时期的瓦片和瓷片。

第3层：隋唐层，分布于台地的南部。土色灰黑，土质较软，夹杂较多碎石，厚 0.35 ~ 0.6 米。内含大量隋唐时期的瓦片和瓷片。

第4层：隋唐层，分布于台地的南部。土色灰褐，土质较硬，厚 0 ~ 0.4 米。内含大量隋唐时期的瓦片和瓷片。其下开口灰坑 H3。该层叠压在 1 号台基之上。

第5层：隋唐层，分布于台地的南部。土色深褐，土质较硬，为颗粒粗大的砂土层，厚 0 ~ 0.33 米。内含少量隋唐时期的瓦片和瓷片。1 号台基叠压其上。

第6层：分布于台地的南部。黄褐色土，土质较硬，为颗

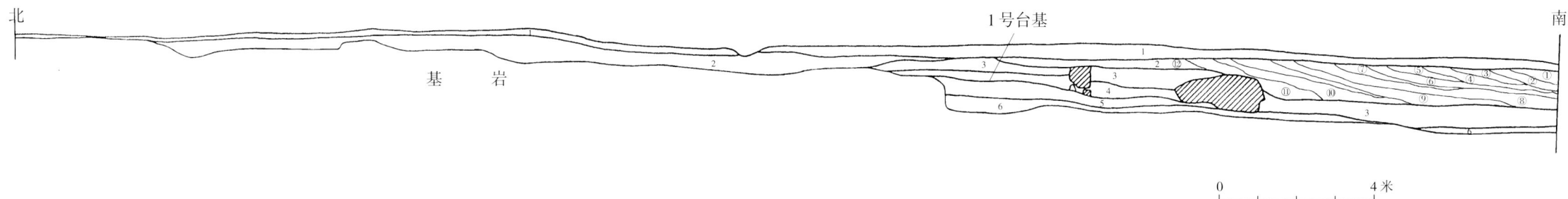

图二一四　探方 T IV 0602 和探沟 T IV 0601a、T III 0601a、T III 0602a 东壁剖面图（王奇志 绘）

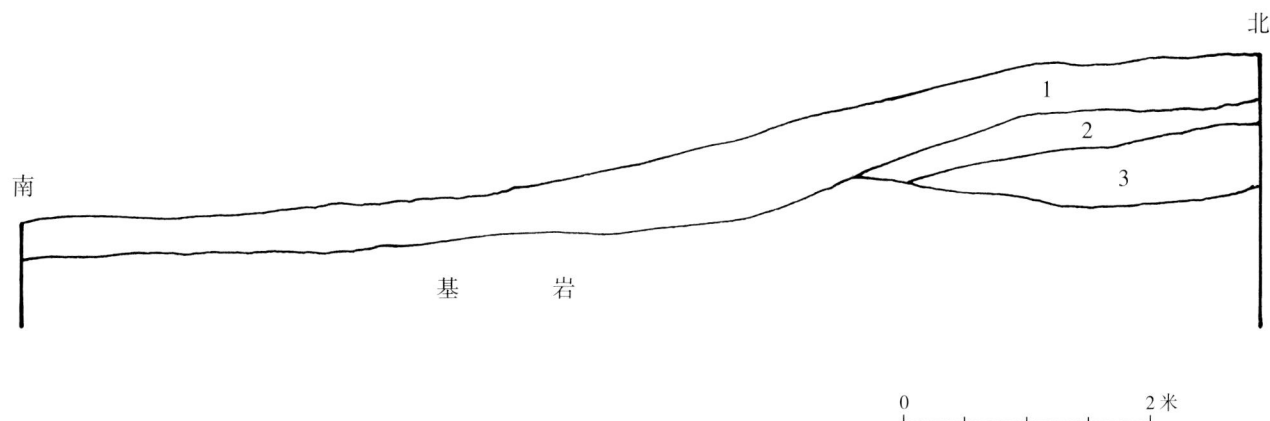

图二一五　T Ⅲ 0504 西壁剖面图（王奇志　绘）

粒粗大的砂土层，厚 0 ~ 0.4 米。未出土遗物。

第 6 层下为基岩。

台地以南平缓坡地上的探方和探沟地层堆积一般分三层，以 T Ⅲ 0504 西壁为例介绍如下（图二一五）：

第 1 层，现代耕土层。灰黑色，土质松软，厚 0.25 ~ 0.7 米。主要夹杂物为隋唐时期的瓦片、瓷片及现代瓷片。

第 2 层，近现代扰土层。灰褐色，土质较硬，厚 0 ~ 0.35 米。主要夹杂物为隋唐时期的瓦片、瓷片及近现代瓷片、砖瓦。

第 3 层，隋唐时期地层。灰白色，土质坚硬板结，厚 0 ~ 0.55 米。主要夹杂物为隋唐时期的瓦片、瓷片，另有少量汉代板瓦和瓦当残片。此层下开口 J1。

第 3 层下为基岩。

孔望山造像群前遗址的土层堆积属山前堆积，土层较薄，粗砂质土，并夹杂较多大小不等的石块。土层堆积被流水冲刷切割，形成冲沟。

平缓地带之南、蟾蜍石之东为地势较低的平地，其上发掘有两条 1 米 × 5 米的探沟 T Ⅲ 0306a、T Ⅲ 0307a 和一条 1 米 × 10 米探沟 T Ⅲ 0410a。发掘显示这一区域的地层堆积为现代冲积而成，堆积厚度为 0.5 ~ 1.6 米。其中夹杂有少量现代砖瓦和隋

唐时期的瓷片、板瓦、筒瓦残片。其下为凹凸不平的基岩。

三　遗迹

（一）建筑台基

建筑台基位于孔望山西主峰南麓较为平坦的山前台地上，已发掘确认的一处为 1 号台基（P1）。在 1 号台基的西侧另有两处以打制基岩为界的平台，因晚期破坏较甚，且受现代道路以及地表裸露的基岩等客观条件限制揭露面积较小，只是初步判断为台基，分别称为 2 号台基和 3 号台基（图二一六、二一七）。

1. 1 号台基

1 号台基分布于发掘区第Ⅲ区的 T Ⅲ 0801、T Ⅲ 0701、T Ⅲ 0601、T Ⅲ 0501 和第Ⅳ区的 T Ⅳ 0801、T Ⅳ 0701、T Ⅳ 0601、T Ⅳ 0501、T Ⅳ 0802、T Ⅳ 0702、T Ⅳ 0602 等探方中，台基西南

图一二六 1-3 号台基（航拍）

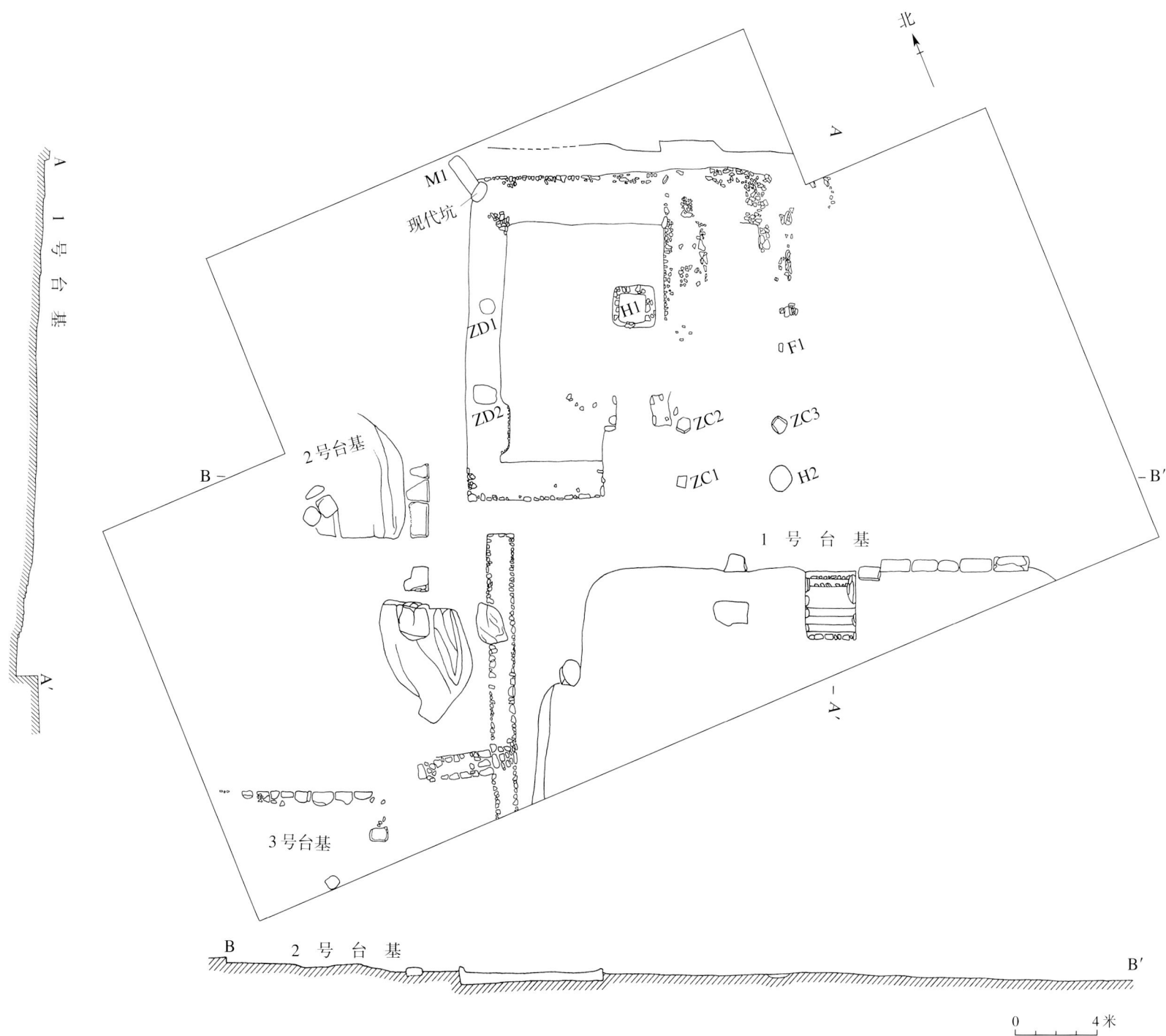

图二一七 1~3号台基平、剖面图（王奇志 绘）

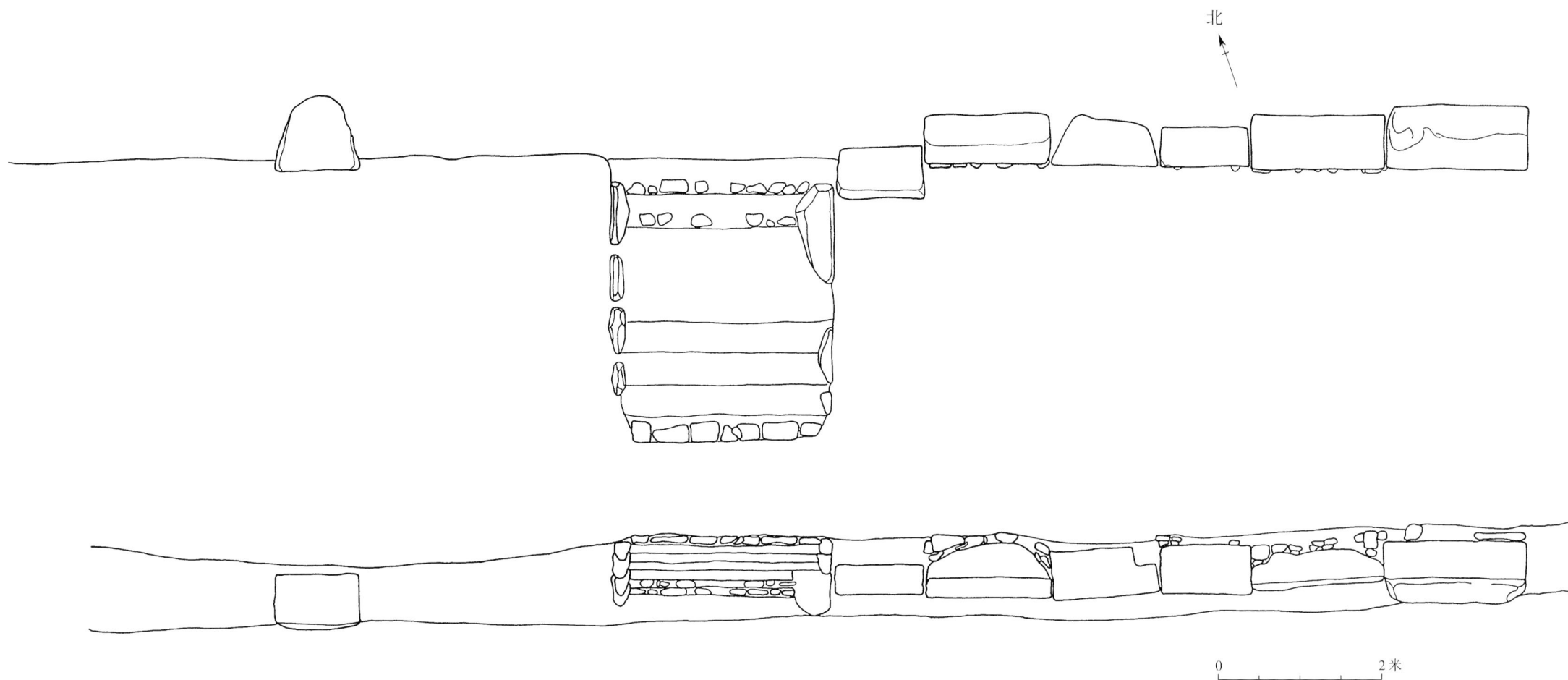

图二一八　1号台基石砌挡土墙和踏步平面、正视图（王奇志　绘）

部向南延伸至未作发掘的 T Ⅲ 0802 中，东部延伸到大部分已被冲沟破坏的 T Ⅲ 0502、T Ⅲ 0401 范围内。台基以中部的踏步为准，方向 201°（图二一三、二一六、二一七）。

1号台基上绝大部分直接覆压着现代表土，西北部被 M1 打破，台阶及挡土墙被第4层所叠压，东部台基垫土叠压在第5层之上，西部则叠压在 2 号台基和 3 号台基之上。

台基现存平面整体略呈曲尺形，现存只有西半部，东半部被孔望山南麓的南北向冲沟破坏，情况不明。台基南缘正中有向前突出可供上下台基的踏步，踏步两侧多以大型较为规整的

砌石形成垂直的挡土墙。挡土墙东侧保存完好，西侧现仅存一块大石，没有石块的部分则呈坡状，原来的石块可能已遗失。除紧靠踏步东侧的一块大石略向南突出外，台基南缘大体呈一直线，东西长约 22 米，方向 111°。大型石块共 7 块，均经人工打凿，质料为花岗岩，系当地所产。从已揭露的部分看，大石多呈长方体，以较为平整的一面朝外，其中四块大石的下方垫有较多小石块以使七块大石的顶面齐平。台阶以东第 3 块大石的左下角被凿缺一块，凿缺部分呈规整的正方形，边长 0.12 米（图二一八、二一九）。

图二一九　1号台基南侧的挡土石块（南→北）

台基北缘基岩有人工切凿痕迹，大致呈一条垂直的立面，此为台基的北界，台基南北宽20.2~20.8米。台基西缘堆土呈不规则台阶状，台基东缘从已揭露部分观察为坡状堆土。

现存的台基平面北高南低，落差约2.5米；西高东低，落差约2.7米。主要原因是台基处于孔望山南麓，自然地势西北高东南低，建造台基时在东南部垫土较厚进行找平，后由于垫土厚薄不均造成了东南部地基下沉。再者孔望山山麓地带土层总体堆积较薄，土壤资源贫乏，历年来的平整土地进行耕种降低了台基东南部的高度，这一点也可以从前述台地地层堆积情况中看出。第2层（近现代扰土层）可分为由南向北依次斜向叠压

的12小层，显示了台基所在台地在近现代逐步向南扩大的过程，致使台基高度逐步降低。还有台地的东南为一冲沟，造成台基垫土被冲刷流失，破坏了1号台基的东半部建筑遗存。

台基南侧中部有上下台基的踏步，方向为201°，总高0.7、宽2.68、长3.34米。踏步两侧有由多块石块砌成的护石。护石为不规则条形，大小不等，较为平整的面朝向外侧。踏步共有八阶，各阶顶面较为平整，侧面基本垂直，台阶高度基本一致，约0.1米。由下而上，第一阶宽0.3~0.34米；第二阶宽0.34~0.36米；第三阶宽0.36~0.38米；第四阶宽约0.36米；第五阶较宽，约1.12米；第六阶宽约0.4米；第七阶宽0.4~0.42米；第八阶呈缓坡状与台基面相接。第一、第六、第七阶台阶铺以不规则的小石块，其他台阶则为土筑（图二一七、二一八）。

台基面以下未发掘，台基结构通过解剖探沟TⅣ0601a、TⅢ0601a、TⅢ0602a得以了解。探沟剖面显示台基垫土分二层：第1层，黄砂土，土质硬，厚0~0.2米；第2层，灰褐土，夹杂红褐色沙砾，土质硬，厚0~0.45米（图二一四）。这两层垫土中皆出土少量隋唐时期的瓦片和瓷片。

在台基上发现建筑1座，编号为F1。

F1

位于1号台基的中部，平面呈长方形，正对踏步，方向与踏步一致为201°。房址仅保存西部基址部分，东部基址及整个地面结构已遭破坏，残长16米，进深15.6米（图二一六、二一七）。

图二二〇 1号台基的台阶（南→北）

房址西基槽长15.6、宽1.65～1.85米，南端内侧向东凸出0.45米，凸出部分平面呈梯形，宽2.2～2.9米。基槽中填黄砂土，颗粒粗，土质硬且纯净。西基槽南端转角外侧以及梯形凸出部分的基槽外侧壁垒砌石块成石壁，石块平整的一面向外，西基槽北端转角内侧不规则地堆积有许多小石块（图二一七）。

在西基槽内发现柱洞2个，从北向南编号为ZD1、ZD2。ZD1（中心）距基槽北端6.2米，平面为圆形，直壁，平底，直径0.75、深0.5米，填灰黄色土，土质细软，底部填以小石块，但中心直径约0.35米范围未见小石块，当系立柱所致（图二一七；二二一，1）。ZD2平面略成不规则长方形，弧壁，圜底，东西长1.1、南北宽0.9、深0.55米，填土为松软的灰褐色土，土质较细（图二一七；二二一，2）。

房址北基槽垂直于西基槽，现存残长16米；西段较窄，宽

2.3米；东段较宽，为2.7米。基槽北侧以石块垒砌成"石墙"，石块较为平整的平面紧贴基槽北壁，南侧则不见石块。基槽内填土与西侧基槽一致，只是局部堆积有较多不规则小石块，未发现柱洞。

南基槽垂直于西基槽，残长6.75、宽1.7～1.85米，基槽内紧贴南、东两壁垒砌有石墙，其内填土与西基槽相同。

在房址内共发现石柱础3个，分别编号为ZC1～ZC3（图二一七）。ZC1（中心点）西距南基槽东端3.9米，平面呈梯形，表面平整，长0.5～0.6、宽0.5米（图二二二，1）。ZC2位于ZC1北2.75米（两中心点连线与西基槽方向平行）处，顶面平整，平

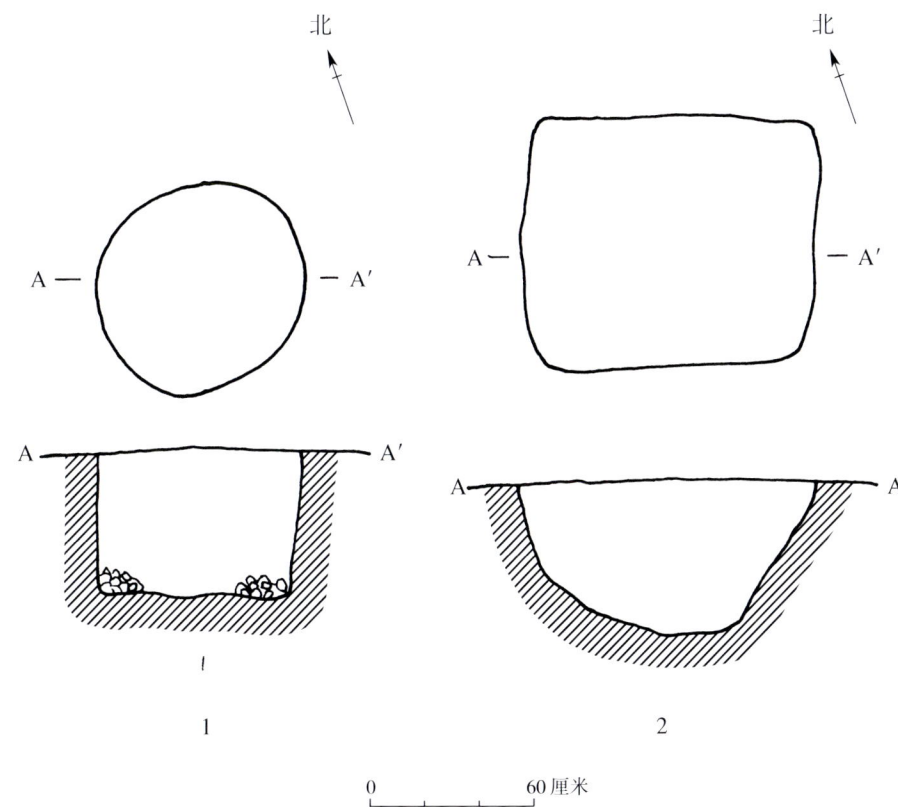

图二二一 ZD1、ZD2平、剖面图（王奇志 绘）

1. ZD1　2. ZD2

图二二二　F1 石柱础

1. ZC1　　2. ZC2　　3. ZC3

面略呈圆形，直径 0.7～0.8 米（图二二二，2）。ZC3 位于 ZC2 东 4.8 米（两中心点连线与南、北基槽方向平行）处，顶面平整，平面呈不规则圆形，直径 0.8～0.9 米（图二二二，3）。ZC3 南为 H2，两者相距 2.7 米。H2 与房址南基槽以及 ZC1 正好处在同一直线上，推测 H2 原为柱础槽。由基槽方向、柱础的分布推断 F1 的西部为三开间。

房址内发现一道隔墙，其北端垂直于北基槽，南与 ZC1 对应。墙残长约 2.7 米，南段已毁。墙两侧由石块砌成，东侧杂乱地分布着大小不等的石块，内填以黄色砂土，土质硬。

房址东部现已破坏无存。

2. 2 号台基

2 号台基位于 1 号台基的西部，在发掘区的西北部，即第Ⅳ区的 TⅣ0801、TⅣ0901、TⅣ0802 等探方中，其西部可能向西延伸到发掘区之外（图二一三、二一六、二一七）。发掘区西部的地表基岩裸露，再往西 5 米处即为一条现代道路，故未能作全部发掘，四至范围也未能探明。

2 号台基所在的自然地势明显高于 1 号台基，基岩之上仅叠压着现代层或直接裸露于地表，台基东侧的石砌挡土墙被 1 号台基的垫土所叠压。

台基保存现状很差，可以确认的遗存为东侧由 5 块巨石组成的挡土墙，巨石顶面和东侧面较为平整，平整的侧面大致形成一个垂直的立面，方向 21°。5 块巨石除北侧一块较低外，其他 4 块顶面基本在一个平面上，由南向北第一块巨石与第二块巨石之间有约 0.5 米宽的空隙，第二块巨石与第三块巨石之间有约 1.4 米宽的空隙。第一块巨石平面呈不规则形，系一块大型基岩顶部突出的部分，其东、北两个侧面经过人工打凿基本垂直。北侧的 4 块则不同，它们是经人工加工之后搬运堆砌于此。挡土墙西侧为表面凹凸不平的基岩，低洼处当以土和石块垫平，但垫土现已无存，仅保留有 3 块大石块。石块的顶面较平整，且与基岩最高处以及挡土墙中南侧的 4 块巨石顶面在同一水平面上，它们形成的平面可能就是 2 号台基的台面，与 1 号台基的西部有 0.5 米的高差（图二一七、二二三）。

值得注意的是，第三块巨石的南侧面与西侧基岩的南部被人工切凿成一个垂直的立面，第二块巨石与第三块巨石之间约 1.4 米宽的空隙可由此向西延伸，因而这个空隙有可能就是上下台基的通道，这样可初步判断 2 号台基面向东南，方向 111°。

3. 3 号台基

3 号台基位于发掘区西南角的 TⅢ0901 中，东为 1 号台基，

北为 2 号台基（图二一三、二一六、二一七）。发掘部分揭露的只是 3 号台基东北部，其他部分可能还向西向南延伸到发掘区之外，因现代道路破坏和现存地表基岩裸露等原因未作全部发掘，此台基的四至未能探明。

发掘揭露 3 号台基的北侧和东侧皆有石块砌成的挡土墙，但均被 1 号台基的垫土所叠压。3 号台基的挡土墙与 1 号、2 号台基一致，也是将石块较为平整的侧面朝外，形成一个垂直立面，不同的是此挡土墙所用石块相对较小，有些地方的石块缺失，现存石块的顶面高低不等，这可能是因垒砌挡土墙顶部的石块后被挪移。现存挡土墙东西长 8.8、南北宽 2.4 米，最高处高出其东北侧 1 号台基的西部约 0.3 米。挡土墙内垫以黄褐色砂土，颗粒较粗，土质较硬。台基的朝向未能探明，北侧边缘的方向为 111°。距台基北缘 4.5、东缘 2.8 米处有一块直径为 0.72 米的圆形平整石块，有可能是台基的建筑柱础。

（二）水井

J1 位于台地以南即 TⅢ0504 西北角，北距探方北壁 0.15 米，西距探方西壁 0.1 米（图二一三）。开口于第 3 层下，打破基岩。井口的西、南和东井壁基岩比较平滑，似经过人工加工，井口边缘北部比南部高出 0.13 米，井口东北部一块向南凸出的基岩上，有两级人工打凿的供上下取水的台阶，上层台阶长 2.2、高 0.31 米，下层台阶长 1.7、高 0.24 米。

井口平面略呈椭圆形，南北长径 1.5、东西短径 1.15 米，弧壁内收，至距井口 0.4 米处平面呈圆形直到井底。井底凹凸不平，北高而南

图二二三　2 号台基东侧挡土墙（东南→西北）

图二二四　J1（西南→东北）

低，井口南侧从井口至井底深 0.86 米。在东北侧井壁距井底 0.45 米处，凿有一个半圆形供人上下的脚窝。脚窝上部约 0.15 米处有一凸出井壁的基岩块，基岩块南北长 40、厚 8～12 厘米（图二二四、二二五）。

J1 内的堆积自井口到井底均为湿软细腻的灰色土，分不出层次，夹杂物主要是隋唐瓦片，偶见汉代绳纹板瓦片。

（三）其他

1. 建筑遗存

在探方 T Ⅲ 0801、T Ⅳ 0801 即 1 号台基的西南部和 3 号台基的东侧发现两段墙体，二者相交（图二一三、二一七）。墙体顶部直接叠压于表土层下，墙体被 1 号台基的垫土叠压。其中一段方向为 20°，揭露部分长 13.8、宽 1.1～1.3 米；另一段长 3.65、东部宽 1.2、西部宽 0.75 米，方向为 283°。堆砌方法为墙体两侧垒砌石块形成包墙，其内填土，二者相交处填以石块。填土为褐灰土，土质硬且纯净，未见文化遗物。这处遗存可能属于某处建筑的一部分，整体形制性质不明。

2. 灰坑

3 座。

H1　位于 T Ⅳ 0701、T Ⅳ 0702 之间，在 1 号台基的中部偏西、F1 的中部（图二一三、二一七）。开口于第 1 层下，打破台基垫土。灰坑的南、北壁方向与房址北基槽方向一致，为 111°。坑口北高南低，平面略呈圆角正方形，东西长 2.1、南北宽 2.05 米。四壁多以石块垒砌，石块中夹杂少量不完整砖块，呈台阶状内收，北、东两壁为三级：第一级（由下而上）高 0.17、宽 0.3 米，第二级高 0.2、宽 0.2～0.25 米，第三级高 0.15～

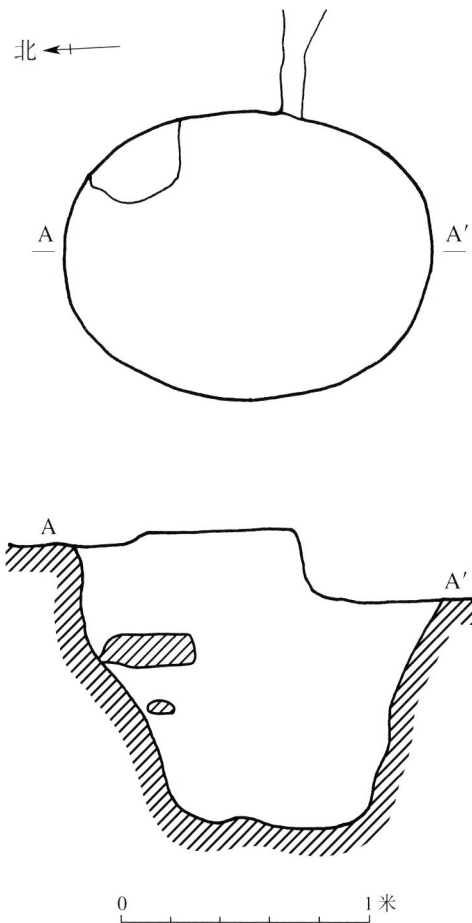

图二二五　J1 平、剖面图（王奇志 绘）

一七），开口于第4层下，打破第5层。开口呈不规则长方形，长2.06、宽0.78米，斜壁，平底，深0.30～0.32米，坑底亦呈不规则长方形，长1.86、宽0.46米（图二三〇）。其内填灰黑土，土质疏松，内出绳纹瓦片及一片云纹瓦当残片。

3. 墓葬

1座。

M1　位于 T Ⅳ 0702 西北部（图二一三、二一七），开口于第1层下，打破1号台基，南端被一现代坑破坏。开口呈长方形，

图二二六　H1（南→北）

0.25米；西、南两壁为二级：第一级高0.15、宽0.15～0.25米，第二级高0.2、宽0.3～0.45米。灰坑总深0.55～0.65米。灰坑底部为平整的基岩，略呈长方形，南北长1.56、东西宽1.4米（图二二六、二二七）。灰坑填土为灰褐色，土质疏松，内夹大量石块、瓦片及莲花纹瓦当。

H2　位于 T Ⅳ 0601、T Ⅲ 0601 之间，在1号台基的中部（图二一三、二一六、二一七），开口于第1层下，打破台基垫土。开口平面略呈椭圆形，弧壁，圜底。南北长径1.3、东西短径1.1、深0.44米（图二二八、二二九）。填灰褐土，土质松软，较细，未见遗物。该灰坑的位置正好是台基上F1廊柱柱础的位置，应为放置柱础石所用。

H3　位于 T Ⅲ 0701 中部，在1号台基南侧（图二一三、二

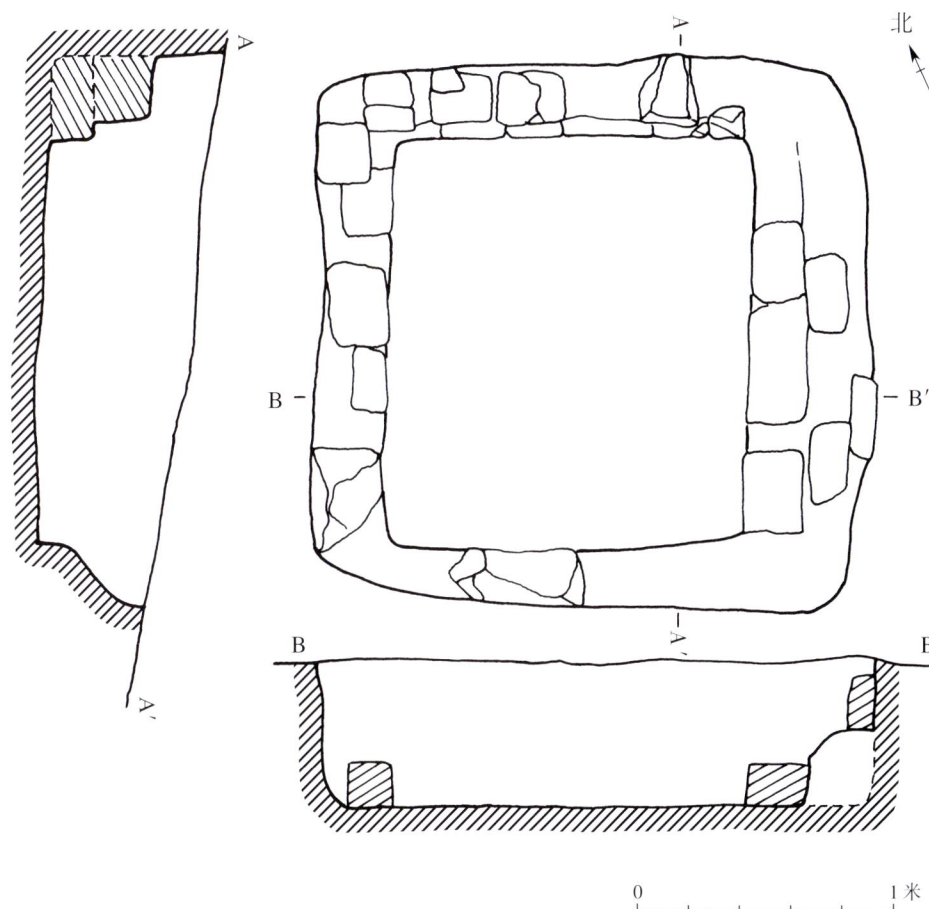

图二二七　H1平、剖面图（王奇志　绘）

图二二八　H2

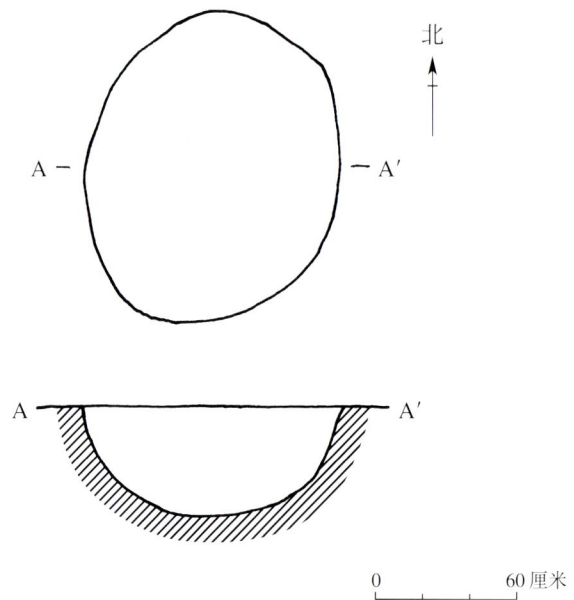

图二三〇　H3平、剖面图（王奇志 绘）

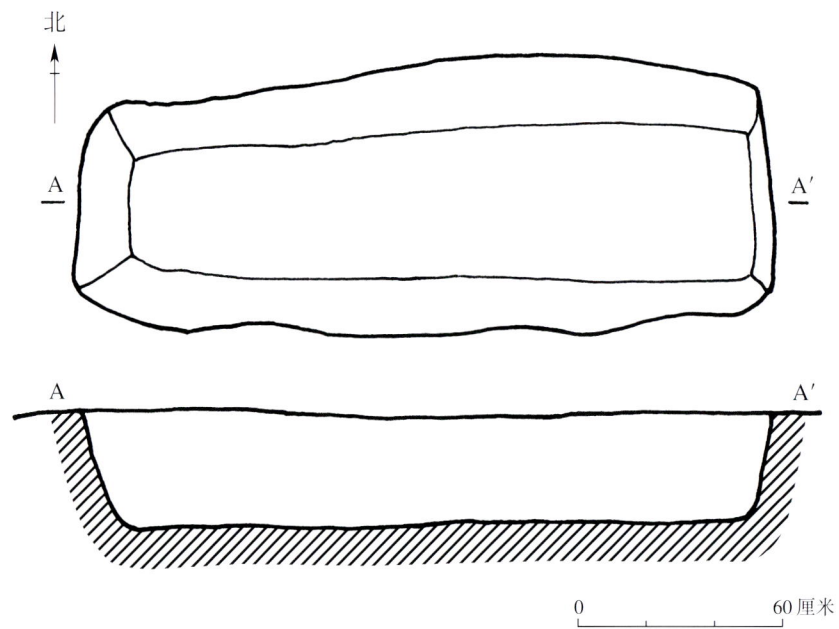

图二二九　H2平、剖面图（王奇志 绘）

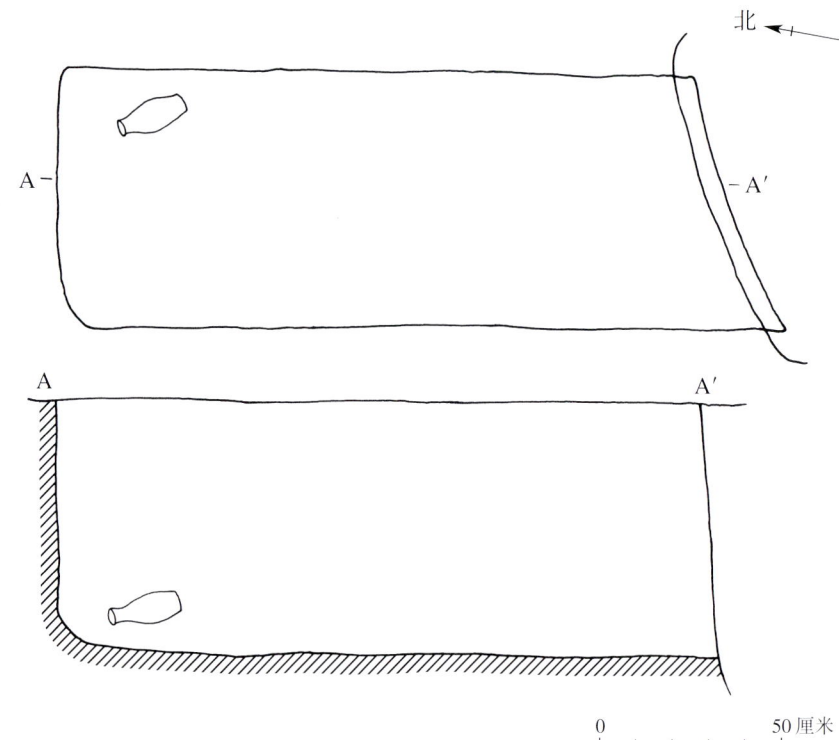

图二三一　M1平、剖面图（王奇志 绘）

残长 1.9、宽 0.7 米，直壁，平底，深 0.7 米（图二三一）。墓坑内填灰褐色土，土质较松软纯净，未见任何包含物。人骨架及葬具无存，唯于坑底东北部发现韩瓶 1 件。根据以往在孔望山附近发现的同类墓葬推测，此墓的方向当为东南向，174°。

四　遗物

孔望山摩崖造像群前遗址的地层堆积主要属于近现代和隋唐两个时期，其中出土的古代遗物绝大多数属于隋唐时期，少量属于汉魏时期，也有零星的宋代遗物。在摩崖造像群前遗址周围，尤其是在其西南约百米处的 CT1、CT2 第 2 层中采集到大量隋唐时期的遗物（关于堆积形成原因的分析见前章），在此一并介绍如下：

（一）隋唐时期地层中出土的汉魏时期遗物

主要有石器、陶器和铜钱。

1. 石器

研

1 件。T Ⅲ 0602③：2，上部呈扁圆柱体，直径 2.8 厘米；下部为扁方体，边长 2.9 厘米；中心有一穿孔，孔径 0.4 厘米（图二三二，1；二三三，1）。

2. 陶器

主要为建筑构件瓦当和筒瓦。

（1）瓦当

10 件，皆为云纹瓦当。泥质灰陶，以突棱将当面四分为扇形。瓦当保存较差，残破，表面多经磨蚀。分两型。

A 型　6 件。云纹呈蘑菇状，当面外围有一周突棱，边廓宽，上饰由当心放射出的短槽。标本 T Ⅲ 0701④：12，边廓宽 1.2、边廓厚 1.4 厘米（图二三二，2；二三三，2）。标本 H3：1，云纹顶部及两侧饰圆珠，边廓宽 1.1、边廓厚 1.8 厘米（图二三二，3；二三三，4）。

B 型　4 件。云纹由外向内倒卷，边廓窄。标本 T Ⅲ 0701④：10，当面外围有两周突棱，边廓宽 0.9、厚 1.2 厘米（图二三二，4；二三三，5）。标本 T Ⅲ 0701②：4，中心凸台呈半球形，凸台外围有一周突棱，四组云纹间的分隔为四条平行突棱，直径 14.3、边廓宽 0.6、边廓厚 0.8 厘米（图二三二，5；二三三，6）。

（2）筒瓦

皆残破，夹砂灰陶。外侧饰绳纹或间断绳纹，内侧留有布纹（图二三二，6、7）。

3. 铜钱

1 件。出土于基岩石缝中。T Ⅲ 0801①：2，圆形方孔，剪轮，锈蚀严重，字迹无法辨认。直径 1.6、孔径 0.6 厘米（图二三二，8；二三三，3）。

（二）隋唐时期遗物

隋唐时期的遗物数量大，可分为建筑材料和生活用具两类，后者主要有陶器、瓷器和铜器。

1. 建筑材料

有筒瓦、板瓦、滴水、瓦当等，皆为泥质灰陶。

1

2

3

4

5

6

7

8

图二三二　汉魏时期的石研，陶瓦当，铜钱

1.石研 T Ⅲ 0602 ③：2　　2、3.A 型陶瓦当 T Ⅲ 0701 ④：12、H3：1

4、5.B 型陶瓦当 T Ⅲ 0701 ④：10、T Ⅲ 0701 ②：4　　6、7.陶筒

瓦　　8.铜钱 T Ⅲ 0801 ①：2

图二三三 汉魏时期的石研，陶瓦当，铜钱

1. 石研 TⅢ0602③：2　　2、4. A型陶瓦当 TⅢ0701④：12、H3：1　　3. 铜钱 TⅢ0801①：2　　5、6. B型陶瓦当 TⅢ0701④：10、TⅢ0701②：4

图二三四　隋唐时期的陶筒瓦 H1：12

（1）筒瓦

大多残破。标本 H1：12，长47.5、宽15.5厘米（图二三四；二三五，1）；标本 T Ⅲ 0901a④：4，残长30、宽17厘米（图二三五，2）。

（2）板瓦

残破较甚，未见完整者。

（3）滴水

皆残破，沿面有模制形成的多道凹槽，凹槽间刻划平行的短横线。标本 T Ⅲ 0701③：10正面上缘呈花边状。长29.5、残宽31.5厘米（图二三五，3；二三六）。

（4）瓦当

69件。按当面纹饰分莲花纹瓦当和兽面纹瓦当两种。

① 莲花纹瓦当

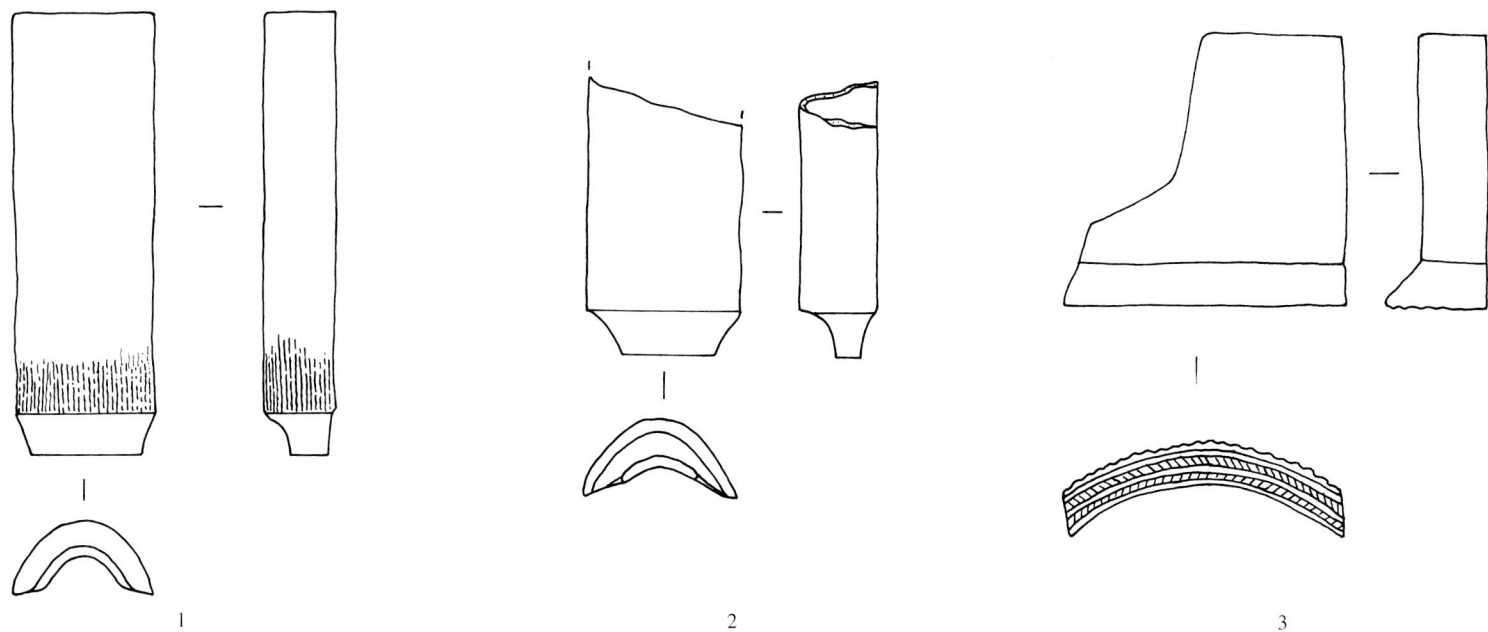

0　　　　　　20厘米

图二三五　隋唐时期的陶筒瓦、滴水
1、2.筒瓦 H1：12、T Ⅲ 0901a④：4　　3.滴水 T Ⅲ 0701③：10

68件。瓦当当面外围是边廓，中部为莲花纹。中部构图通常分三重，内层即中心凸台（莲花花蕊），中层为莲瓣，外层为环绕莲瓣的纹饰带，也有少量的没有外层纹饰带。孔望山遗址出土的莲花纹瓦当有八瓣、十二瓣、六瓣之分，而以八瓣为大宗，另有2件瓦当因残破较甚，莲瓣不能分辨。以下分别介绍。

第一种，八瓣莲花纹瓦当

63件。依据莲瓣周围是否有突棱状的宝相装饰分宝相莲花纹瓦当和普通莲花纹瓦当两类。

宝相莲花纹瓦当

52件。根据环绕莲瓣纹饰带的不同分四型，另有2件因残破较甚不能分辨型式。

A型 12件。纹饰带为联珠和梯格组合纹。中心凸台呈半球状，依据中心凸台边缘的纹饰分三亚型。另有4件因中部残缺不能分出亚型。

Aa型 4件。凸台边缘饰一周凸棱。标本P1：2，瓣面弧鼓，瓣端圆钝，两瓣之间夹一钉形饰，当面纹饰突出，高于边廓，直径15.2、边廓宽1.2、边廓厚2.1厘米（图二三七，1；二三八，1；二三九，1）。标本CT1②：6，瓣面起脊，瓣端较尖锐，两瓣之间夹一翻叶形饰，当面纹饰突出，高于边廓，直径14、边廓宽1、边廓厚2厘米（图二三七，2；二三八，2；二三九，2）。

Ab型 2件。凸台边缘饰一周梯格纹。标本P1：5，瓣面弧鼓，瓣端圆钝，两瓣之间夹一翻叶形饰，当面纹饰突出，高于边廓，直径17、边廓宽1.5、边廓厚1.7厘米（图二三七，3；二三八，3；二三九，3）。

Ac型 2件。凸台边缘饰一周联珠纹。标本P1：3，当面磨蚀，瓣面弧鼓，瓣端圆钝，两瓣之间夹一钉形饰，当面纹饰突出，高于边廓，直径17、边廓宽1.5、边廓厚1.2厘米（图二三七，4；二三八，4；二三九，4）。标本TⅣ0601①：1，瓣面弧鼓，瓣端较尖，两瓣之间夹一钉形饰，当面纹饰突出，高于边

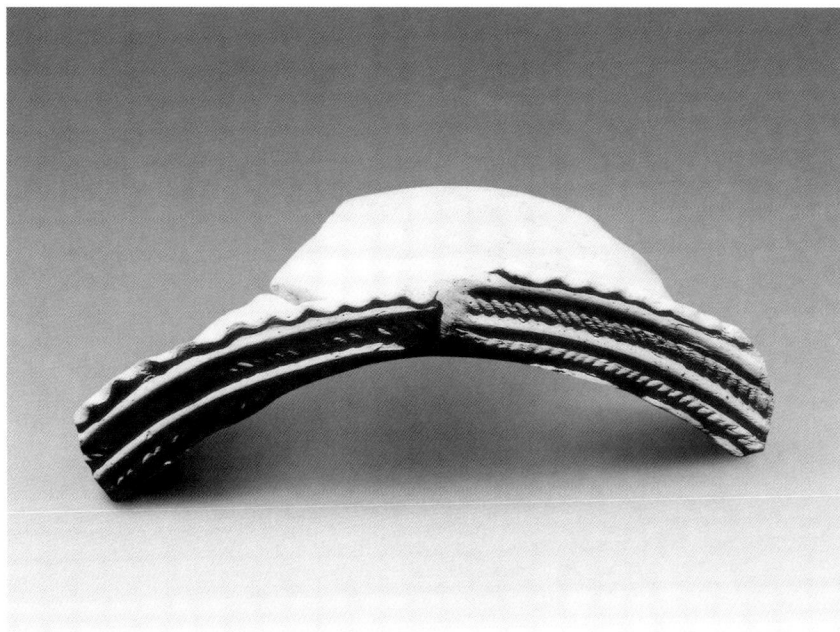

图二三六 隋唐时期的陶滴水TⅢ0701③：10

廓，直径15、边廓宽1.1、边廓厚1.6厘米（图二三七，5；二三八，5；二三九，5）。

B型 12件。外围纹饰带为联珠纹。标本TⅢ0901③：5，中心凸台呈半球状，凸台边缘饰一周凸棱，瓣面弧鼓，瓣端尖锐，两瓣之间夹一"Y"形突棱与圆珠的组合纹饰，边廓高于当面纹饰，直径15.8、边廓宽1.5、边廓厚1.6厘米（图二三七，6；二三八，6；二三九，6）。标本TⅢ0801③：5，残，瓣面弧鼓，瓣端较尖，两瓣之间夹一翻叶形饰，当面纹饰突出，高度与边廓同，边廓宽0.8厘米（图二四〇，1；二四一，1；二四二，1）。

C型 22件。外围纹饰带为梯格纹。依据莲瓣形状分二亚型。一件因残破较甚无法分辨亚型。

Ca型 16件。窄瓣，瓣面起脊，瓣端较尖锐。标本TⅢ0701④：11，中心凸台呈圆柱状，凸台顶面平，上饰二周凹弦纹，两瓣之间夹一钉形饰，边廓高于当面纹饰，直径15.6、边廓宽1.2、边廓厚1.6厘米（图二四〇，2；二四一，2；二四二，2）。

1

2

3

4

5

6

图二三七　隋唐时期的八瓣宝相莲花纹陶瓦当

1、2. Aa 型 P1：2、CT1②：6　　3. Ab 型 P1：5　　4、5. Ac 型 P1：3、T Ⅳ 0601①：1　　6. B 型 T Ⅲ 0901③：5

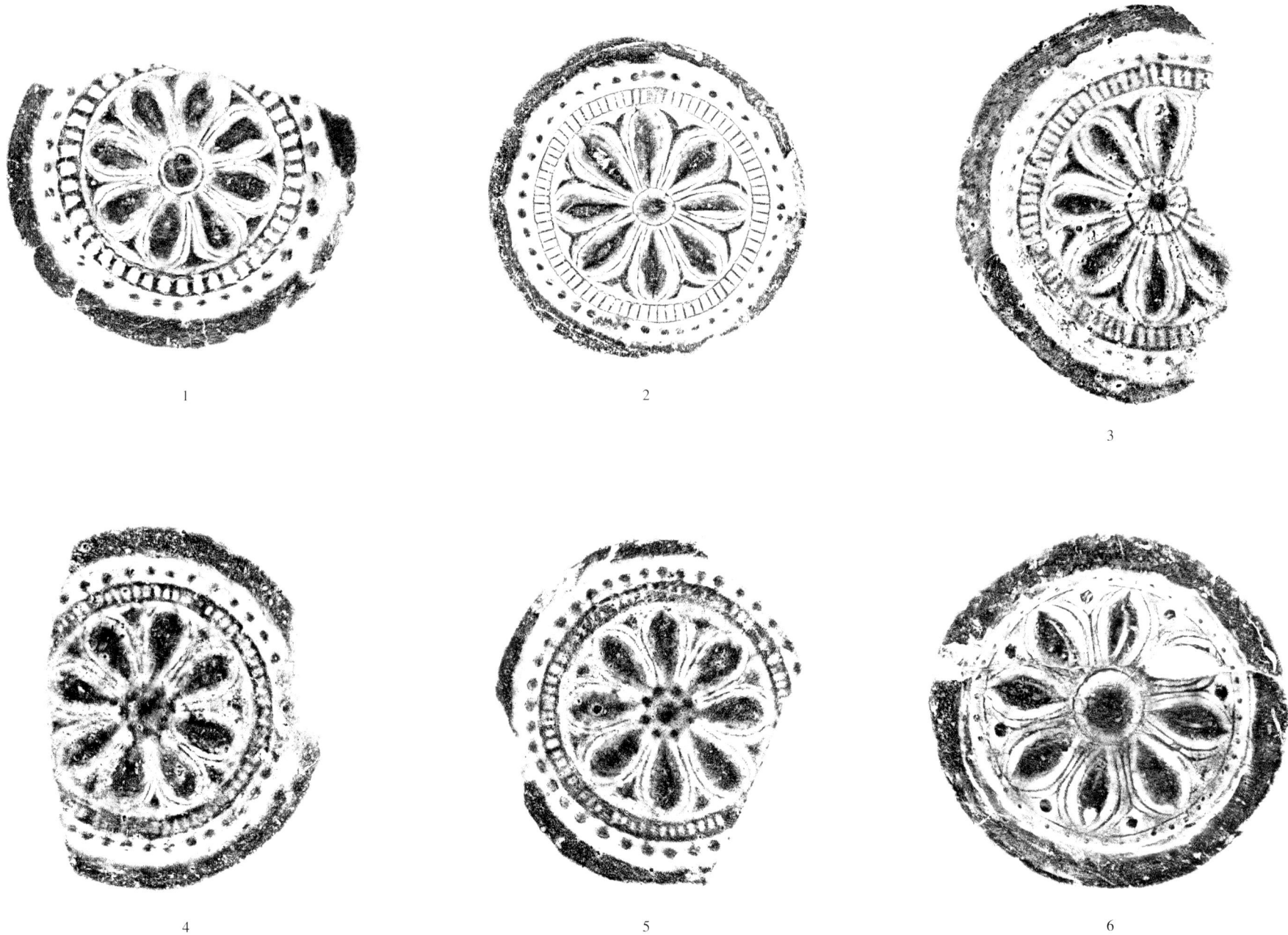

图二三八 隋唐时期的八瓣宝相莲花纹陶瓦当拓片

1、2. Aa 型 P1：2、CT1②：6　　3. Ab 型 P1：5　　4、5. Ac 型 P1：3、T Ⅳ 0601①：1　　6. B 型 T Ⅲ 0901③：5

图二三九　隋唐时期的八瓣宝相莲花纹陶瓦当
1、2. Aa 型 P1：2、CT1②：6　　3. Ab 型 P1：5　　4、5. Ac 型 P1：3、T Ⅳ 0601①：1　　6. B 型 T Ⅲ 0901③：5

1

2

3

4

5

6

图二四〇　隋唐时期的八瓣莲花纹陶瓦当

1. 宝相莲花纹 B 型瓦当 T Ⅲ 0801③：5　　2. 宝相莲花纹 Ca 型瓦当 T Ⅲ 0701④：11　　3、4. 宝相莲花纹 Cb 型瓦当 CT1②：4、CT2②：3
5. 宝相莲花纹 D 型瓦当 T Ⅳ 0702③：3　　6. 普通莲花纹 Aa 型瓦当 T Ⅲ 0902a③：2

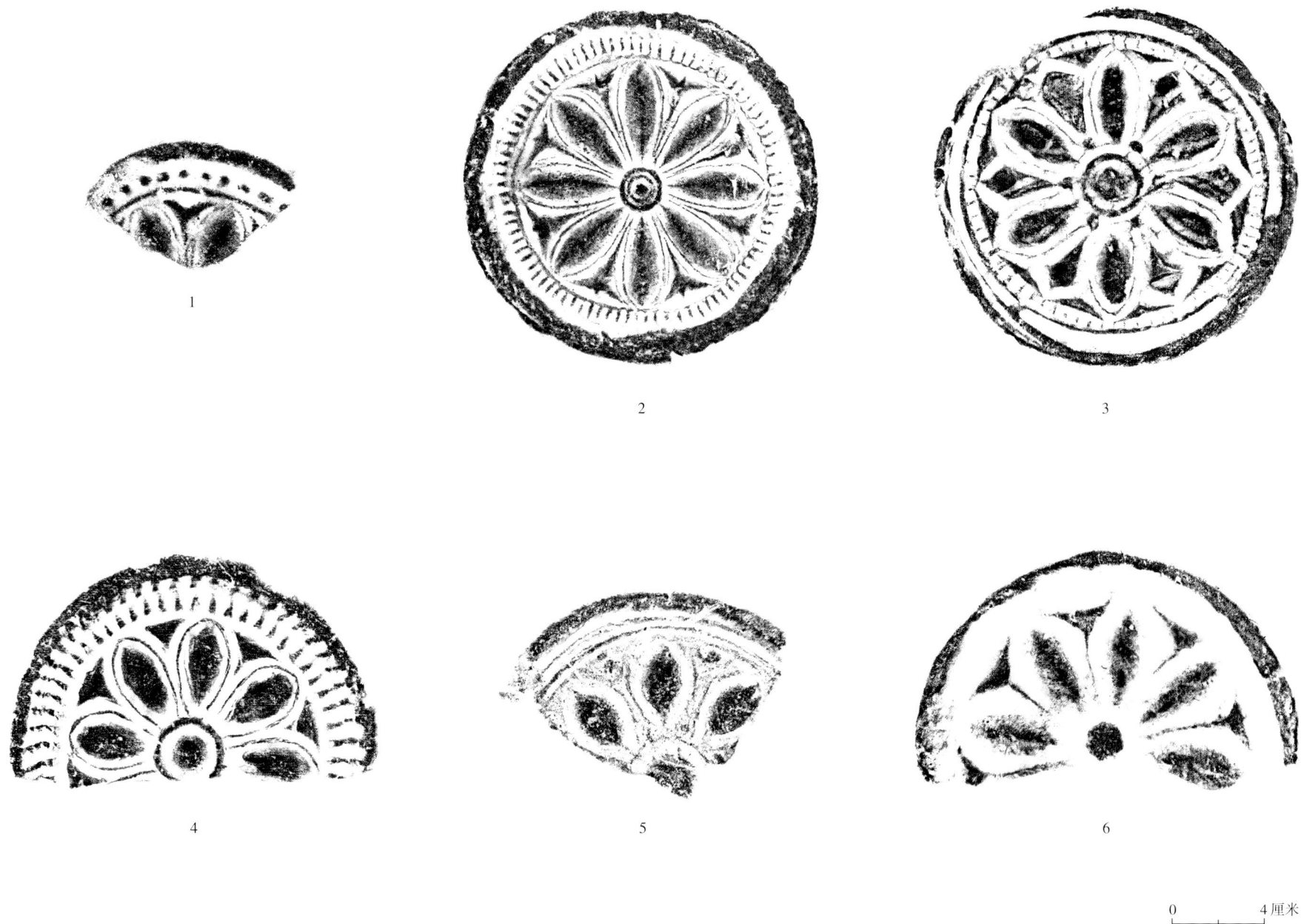

图二四一　隋唐时期的八瓣莲花纹陶瓦当拓片

1. 宝相莲花纹 B 型瓦当 T Ⅲ 0801 ③：5　　2. 宝相莲花纹 Ca 型瓦当 T Ⅲ 0701 ④：11　　3、4. 宝相莲花纹 Cb 型瓦当 CT1 ②：4、CT2 ②：3

5. 宝相莲花纹 D 型瓦当 T Ⅳ 0702 ③：3　　6. 普通莲花纹 Aa 型瓦当 T Ⅲ 0902a ③：2

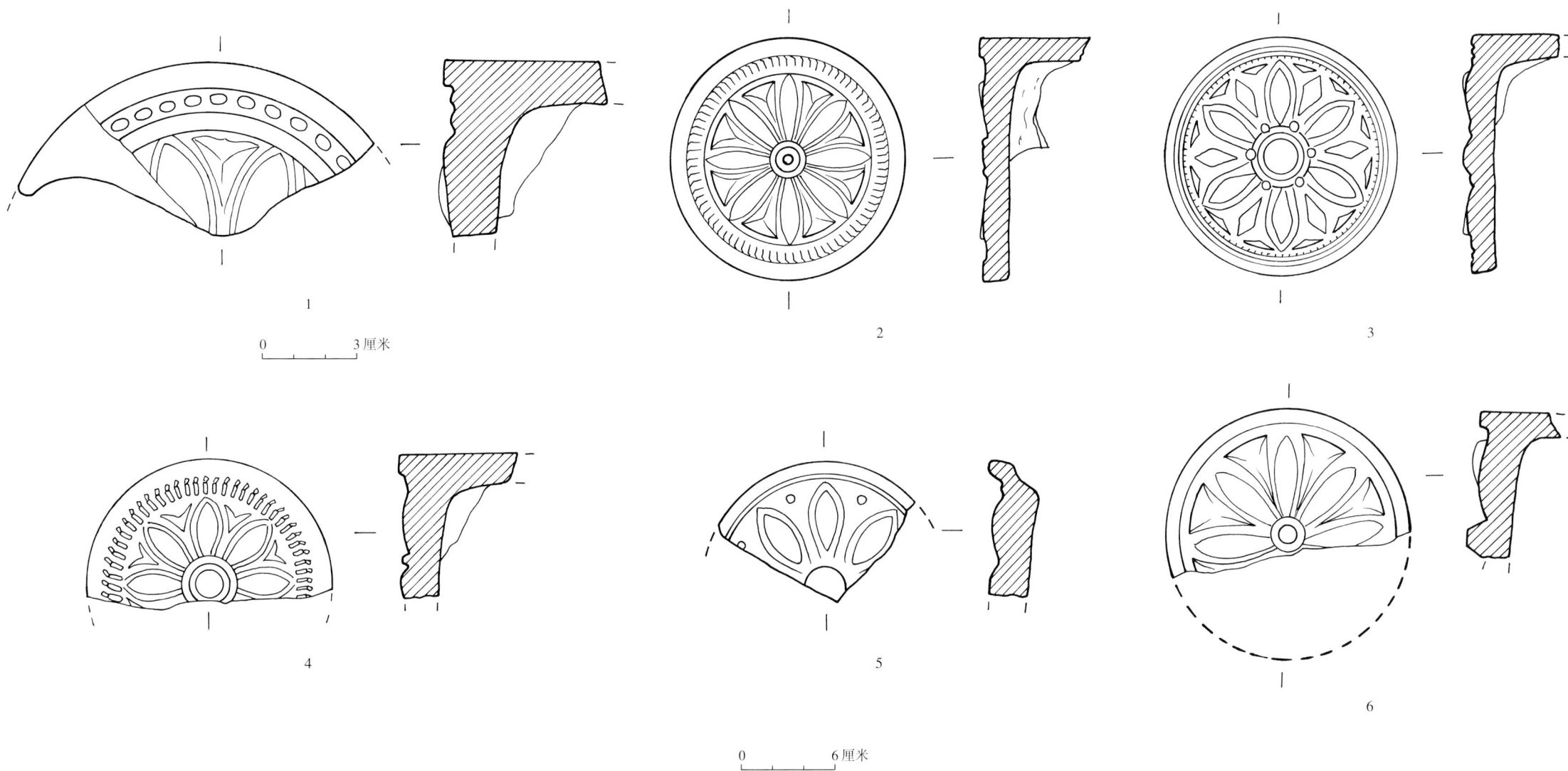

0 ____ 3厘米

0 ____ 6厘米

图二四二 隋唐时期的八瓣莲花纹陶瓦当

1. 宝相莲花纹 B 型瓦当 T Ⅲ 0801 ③：5　　2. 宝相莲花纹 Ca 型瓦当 T Ⅲ 0701 ④：11　　3、4. 宝相莲花纹 Cb 型瓦当 CT1 ②：4、CT2 ②：3
5. 宝相莲花纹 D 型瓦当 T Ⅳ 0702 ③：3　　6. 普通莲花纹 Aa 型瓦当 T Ⅲ 0902a ③：2

　　Cb 型　5件。宽瓣，瓣面弧鼓，瓣端圆钝。标本CT1②：4，中心凸台呈半球状，凸台边缘饰一周凸棱，两瓣之间夹菱形饰，边廓低于当面纹饰，直径15.4、边廓宽0.7、边廓厚1.5厘米（图二四〇，3；二四一，3；二四二，3）。标本CT2②：3，中心凸

台呈半球状，凸台边缘饰一周凸棱，两瓣之间夹一钉形饰，当面纹饰突出，高度与边廓略同，直径15.6、边廓宽1.2、边廓厚1.7厘米（图二四〇，4；二四一，4；二四二，4）。

　　D 型　4件。外层纹饰带为突棱纹，瓣面弧鼓，两瓣之间夹

一圆珠。标本 T Ⅳ 0702③：3，中心凸台呈半球形，凸台边缘饰一周梯格，瓣端较尖，边廓高于当面纹饰，直径 16.5、边廓宽 0.7、边廓厚 1.2 厘米（图二四〇，5；二四一，5；二四二，5）。

普通莲花纹瓦当

11 件，依据莲瓣形状分二型。

A 型 7 件。窄瓣。根据环绕莲瓣纹饰带的不同分二亚型。

Aa 型 2 件。外围纹饰带为突棱纹，两瓣之间夹一钉形饰。标本 T Ⅲ 0902a③：2，中心凸台呈圆柱状，瓣面起脊，边廓低于当面纹饰，直径 16.4、边廓宽 1、边廓厚 1.6 厘米（图二四〇，6；二四一，6；二四二，6）。

Ab 型 5 件。外围纹饰带为梯格纹。标本 CT2②：1，中心凸台呈半球状，瓣面起脊，两瓣之间夹一钉形饰，边廓高于当面纹饰，直径 14、边廓宽 0.9、边廓厚 1.7 厘米（图二四三，1；二四四，1；二四五，1）。

B 型 4 件。宽瓣近圆，两瓣之间所夹纹饰呈亚腰形。根据环绕莲瓣纹饰带的不同分三亚型。

Ba 型 2 件。外围纹饰带为联珠纹和突棱纹。标本 T Ⅲ 0801①：1，中心凸台呈半球状，凸台边缘饰一周凸棱，瓣面弧鼓，直径 16.2、边廓宽 1.2、边廓厚 1.9 厘米（图二四三，2；二四四，2；二四五，2）。

Bb 型 1 件。外围纹饰带为梯格纹。标本 T Ⅲ 0801②：5，中心凸台呈半球状，凸台边缘饰一周凸棱，凸棱外围有一周联珠，瓣面弧鼓，边廓高于当面纹饰，直径 16.5、边廓宽 1.3、边廓厚 2.1 厘米（图二四三，3；二四四，3；二四五，3）；

Bc 型 1 件。外围无纹饰带。标本 T Ⅲ 0901④：1，中心凸台呈半球状，凸台边缘饰一周凸棱，凸棱外围有一周联珠，瓣面弧鼓，边廓低于当面纹饰，直径 17、边廓宽 1、边廓厚 1.1 厘米（图二四三，4；二四四，4；二四五，4）。

第二种，十二瓣莲花纹瓦当

2 件。皆有宝相装饰，莲瓣细长，瓣面起脊，两瓣之间夹一钉形饰。标本 CT2②：2，凸台呈圆柱状，凸台中部高出成莲蓬，上饰莲子，凸台外饰一周梯格纹，外围纹饰带为草叶纹，边廓高与当面纹饰同，直径 15.6、边廓宽 1、边廓厚 2.1 厘米（图二四三，5；二四四，5；二四五，5）。标本 P1：1，残，外围纹饰带呈锯齿形，残长 7.6、残宽 5.1 厘米（图二四三，6；二四四，6；二四五，6）。

第三种，六瓣莲花纹瓦当

1 件。标本 T Ⅲ 0501①：1，中心凸台呈半球状，凸台边缘饰一周凸棱，凸棱外围有一周联珠，瓣面弧鼓，两瓣之间所夹纹饰略呈菱形，直径 14.9、边廓宽 1.3、边廓厚 1.4 厘米（图二四六，1；二四七，1；二四八，1）。

②兽面纹瓦当

1 件。标本 CT1②：1，边廓内饰兽面纹，兽面双角竖直，尖部内勾，前额隆起于双角之间，竖耳，眉弯曲上挑，杏眼，蒜头鼻，面颊隆起，大口张开略呈倒梯形，露出上下两排牙齿，口部两侧为前爪，爪有三趾，面颊及口部两侧饰鬃毛和须。当面直径 14.8、边廓宽 1.1、边廓厚 2.1 厘米（图二四六，2；二四七，2；二四八，2）。

2. 生活用具

可分为陶器、瓷器和铜器。

（1）陶器

可辨器型有罐和纺轮。

罐

夹砂灰陶，残破较甚，无复原器物。

纺轮

1 件。标本 T Ⅲ 0701②：2，顶面、底面皆平，外壁弧，中心对穿孔，直径 4.6、孔径 0.58～0.75、厚 1.2 厘米（图二四九，

1

2

3

4

5

6

图二四三　隋唐时期的莲花纹陶瓦当（董清 摄）

1. 八瓣普通莲花纹 Ab 型瓦当 CT2②：1　　2. 八瓣普通莲花纹 Ba 型瓦当 TⅢ 0801①：1　　3. 八瓣普通莲花纹 Bb 型瓦当 TⅢ 0801②：5

4. 八瓣普通莲花纹 Bc 型瓦当 TⅢ 0901④：1　　5、6. 十二瓣莲花纹瓦当 CT2②：2、P1：1

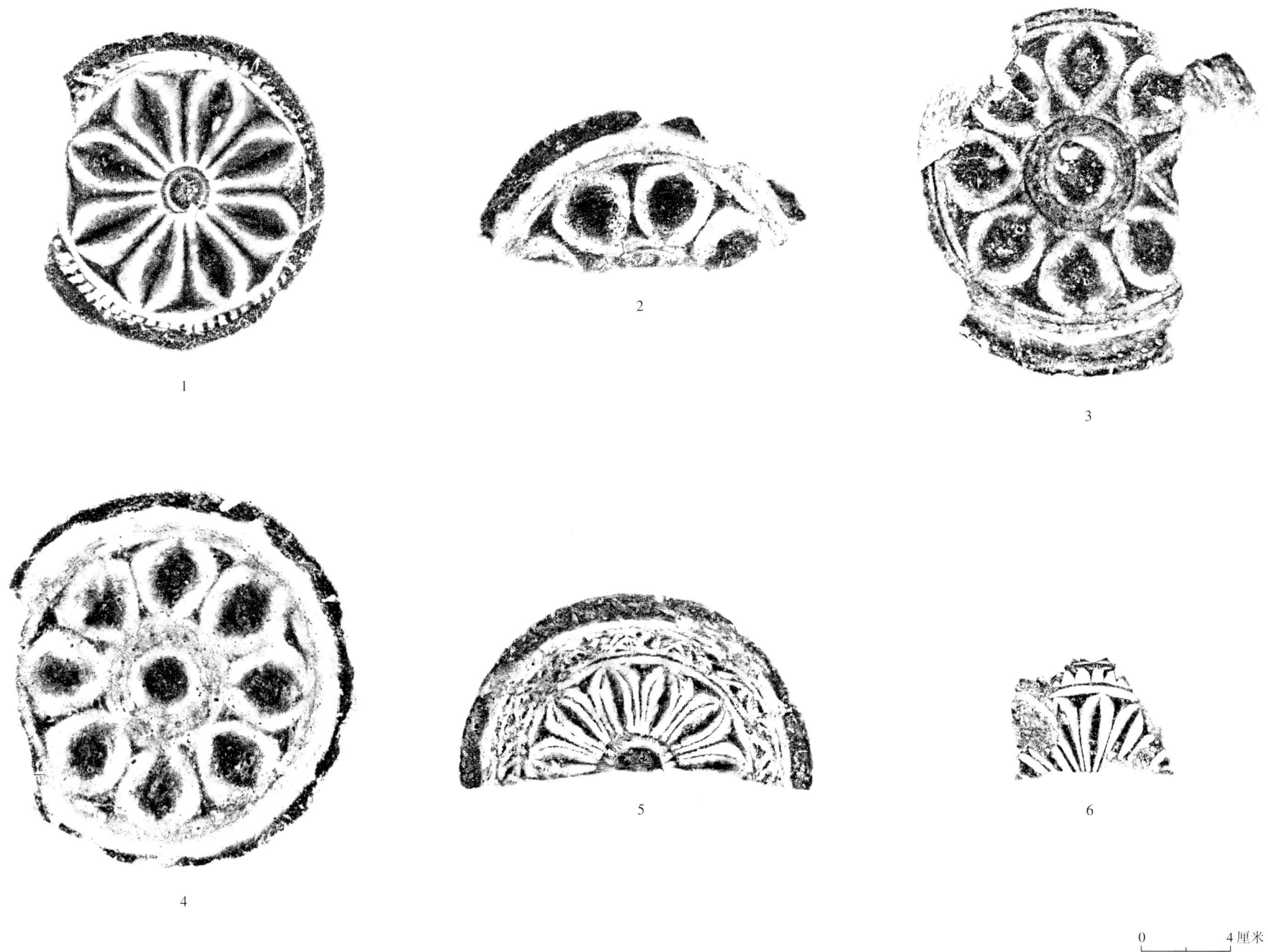

图二四四　隋唐时期的莲花纹陶瓦当拓片

1. 八瓣普通莲花纹 Ab 型瓦当 CT2 ②：1　　2. 八瓣普通莲花纹 Ba 型瓦当 T Ⅲ 0801 ①：1　　3. 八瓣普通莲花纹 Bb 型瓦当 T Ⅲ 0801 ②：5

4. 八瓣普通莲花纹 Bc 型瓦当 T Ⅲ 0901 ④：1　　5、6. 十二瓣莲花纹瓦当 CT2 ②：2、P1：1

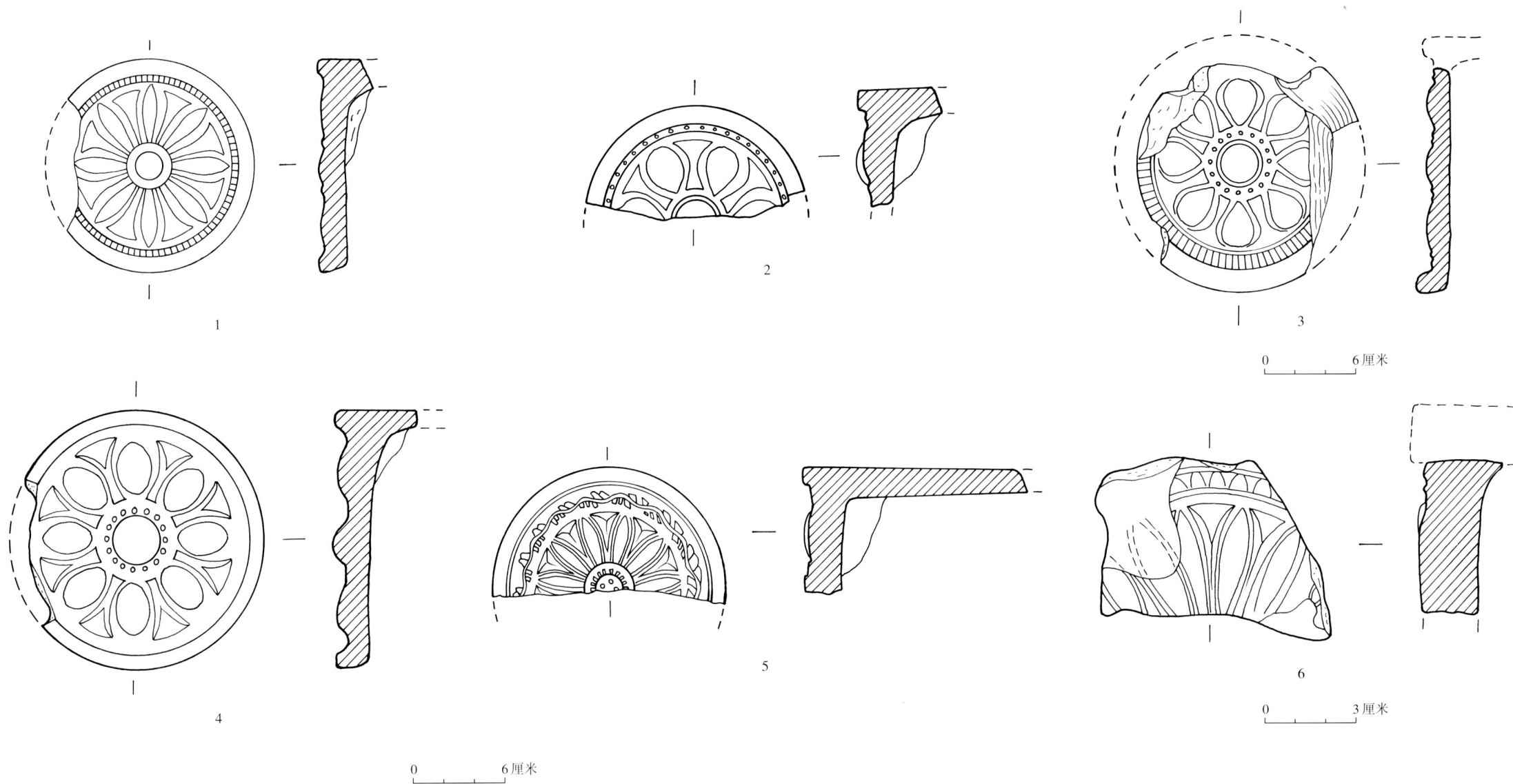

图二四五　隋唐时期的莲花纹陶瓦当

1. 八瓣普通莲花纹 Ab 型瓦当 CT2 ② : 1　　2. 八瓣普通莲花纹 Ba 型瓦当 T Ⅲ 0801 ① : 1　　3. 八瓣普通莲花纹 Bb 型瓦当 T Ⅲ 0801 ② : 5
4. 八瓣普通莲花纹 Bc 型瓦当 T Ⅲ 0901 ④ : 1　　5、6. 十二瓣莲花纹瓦当 P1 : 1、CT2 ② : 2

1；二五〇，1）。

（2）瓷器

　　瓷片数量较大，瓷胎质地较粗，绝大多数呈黄灰色，釉和胎往往结合不好，釉色以姜黄色居多，青釉次之，褐釉少量。主要为生活用具，器型有碗、豆、罐、壶等。皆为轮制。

碗

1

2

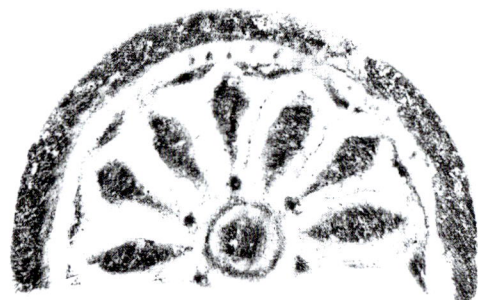

1

2

0   4 厘米

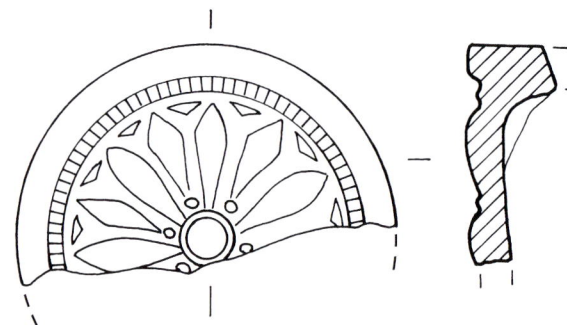

1

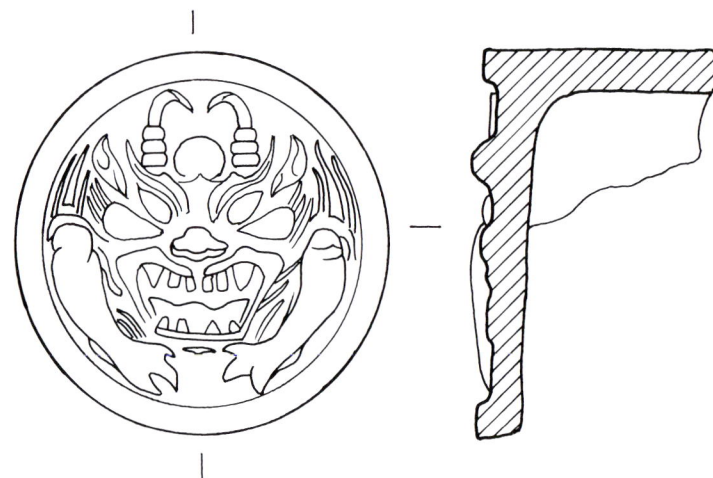

2

0   6 厘米

图二四六　隋唐时期的陶瓦当

1. 六瓣莲花纹瓦当 TⅢ0501①∶1 　 2. 兽面纹瓦当 CT1②∶1

图二四七　隋唐时期的陶瓦当拓片

1. 六瓣莲花纹瓦当 TⅢ0501①∶1 　 2. 兽面纹瓦当 CT1②∶1

图二四八　隋唐时期的陶瓦当（李碧 绘）

1. 六瓣莲花纹瓦当 TⅢ0501①∶1 　 2. 兽面纹瓦当 CT1②∶1

1

2

3

4

5

6

7

8

图二四九　隋唐时期的陶纺轮、瓷碗

1. 陶纺轮 T Ⅲ 0701②：2　　2~5. A 型瓷碗 T Ⅲ 0901③：3、T Ⅳ
0702③：1、CT1①：2、CT1①：3　　6、7. Ba 型瓷碗 T Ⅲ 0701
③：8、CT2①：4　　8. Bb 型瓷碗 T Ⅲ 0501③：2

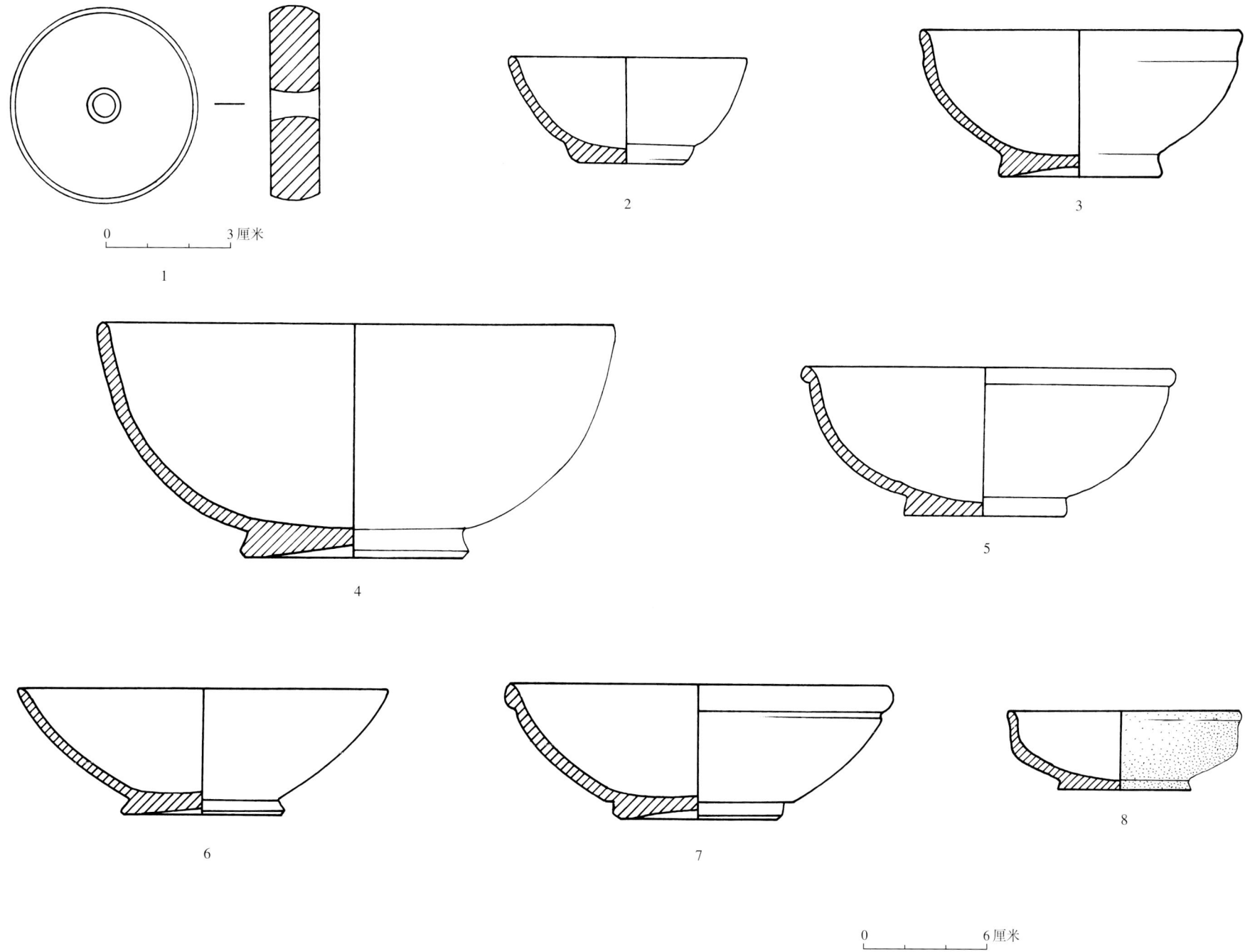

图二五〇　隋唐时期的陶纺轮，瓷碗

1.陶纺轮 T Ⅲ 0701②：2　　2~5.A 型瓷碗 T Ⅲ 0901③：3、T Ⅳ 0702③：1、CT1①：2、CT1①：3　　6、7.Ba 型瓷碗 T Ⅲ 0701③：8、
CT2①：4　　8. Bb 型瓷碗 T Ⅲ 0501③：2

19件。圆唇。分深腹和浅腹两型。

A 型　12件。深腹，敞口，外侧下腹壁和底部无釉。

标本 T Ⅲ 0901③：3，饼形底，内外施褐釉，口径11.7、底径5.4、高5厘米（图二四九，2；二五〇，2）。标本 T Ⅳ 0702③：1，上腹略折，饼形底内凹，内外施黄釉，釉面剥落严重，口径15.6、底径7.9、高6.8厘米（图二四九，3；二五〇，3）。标本 CT1①：2，饼形底内凹，内外施姜黄釉，釉面部分剥落，口径25.4、底径10.5、高10.9厘米（图二四九，4；二五〇，4）。标本 CT1①：3，外叠唇，饼形底，内外施青釉，器内底部有3支钉痕，口径17.4、底径7.7、高6.9厘米（图二四九，5；二五〇，5）。

B 型　7件。浅腹。分敞口弧腹和直口曲腹两个亚型。

Ba 型　4件。敞口，弧腹。标本 T Ⅲ 0701③：8，饼形底内凹，内外施姜黄釉，外侧下腹壁和底部无釉，釉面部分剥落，口径18、底径7.8、高5.8厘米（图二四九，6；二五〇，6）。标本 CT2①：4，外叠唇，饼形底内凹，内外施姜黄釉，釉面部分剥落，有流釉、积釉现象，口径19、底径8.3、高6.3厘米（图二四九，7；二五〇，7）。

Bb 型　3件。直口，曲腹。标本 T Ⅲ 0501③：2，饼形底外撇，内外施青釉，外侧下腹壁和底部无釉，釉面部分剥落，有流釉、积釉现象，口径11.5、底径6.4、高3.7厘米（图二四九，8；二五〇，8）。标本 T Ⅲ 0701③：17，平底内凹，内外施姜黄釉，釉面剥落严重，口径17、底径8.9、高5.4厘米（图二五一，1；二五二，1）。标本 T Ⅲ 0801③：8，平底，内外施姜黄釉，釉面剥落严重，口径13.5、底径6.5、高4.4厘米（图二五一，2；二五二，2）。

豆

3件。折腹，浅盘。标本 T Ⅲ 0701③：7，直口略敞，圆唇，矮圈足，盘内有2道弦纹，胎呈褐色，内外施釉呈灰色，外侧下腹和圈足部无釉，口径11.2、底径6.2、高4.7厘米（图二五一，3；二五二，3）。采集标本：1，敞口，圆唇，圈足较高，胎呈褐色，内外施釉呈灰色，外侧下腹壁和圈足部无釉，釉面部分剥落，盘内有3支钉痕，口径13.2、底径8、高6.9厘米（图二五一，4；二五二，5）。

罐

3件。施青釉。标本 CT2②：5，子母口，弧腹，平底内凹，下腹部饰弦纹，内外施釉，釉面部分剥落，釉不及底，口径18.8、底径16、高38.8厘米（图二五一，5；二五二，6）。

壶

1件。CT2②：6，残，侈口，卷沿，直领，溜肩，肩上有一八棱短流和一系（原为双系），外侧腹部以上及内侧口颈部施青釉，口径13.1、残高26厘米（图二五一，6；二五二，7）。

（3）铜器

仅见铜壶1件。

T Ⅲ 0601③：3，直口，方唇，溜肩，弧腹，平底，底部有三孔斜伸向内，三孔彼此相通，底径1.4、高3.1厘米（图二五一，7；二五二，4）。

（三）宋代遗物

宋代遗物出土非常少，多为瓷器残片。

M1出土韩瓶1件。M1：1，深褐色胎。泥条盘筑法制成。侈口，沿平折，尖唇，溜肩，长弧腹，平底，器体很不规整。口径6.4、底径4.5、高21.8厘米（图二五三，1；二五四，1）。

另有一件瓷盂。T Ⅲ 0306a：1，直口，卷沿，圆唇，折腹起棱，平底内凹。通体施白釉，釉面有冰裂纹。口径6.9、底径5.6、高4.2厘米（图二五三，2；二五四，2）。

图二五一 隋唐时期的瓷碗、豆、罐、壶、铜壶

1、2.Bb 型瓷碗 TⅢ0701③：17、TⅢ0801③：8 3、4.瓷豆 TⅢ0701③：7、采集标本：1 5.瓷罐 CT2②：5 6.瓷壶 CT2②：6 7.铜壶 TⅢ0601③：3

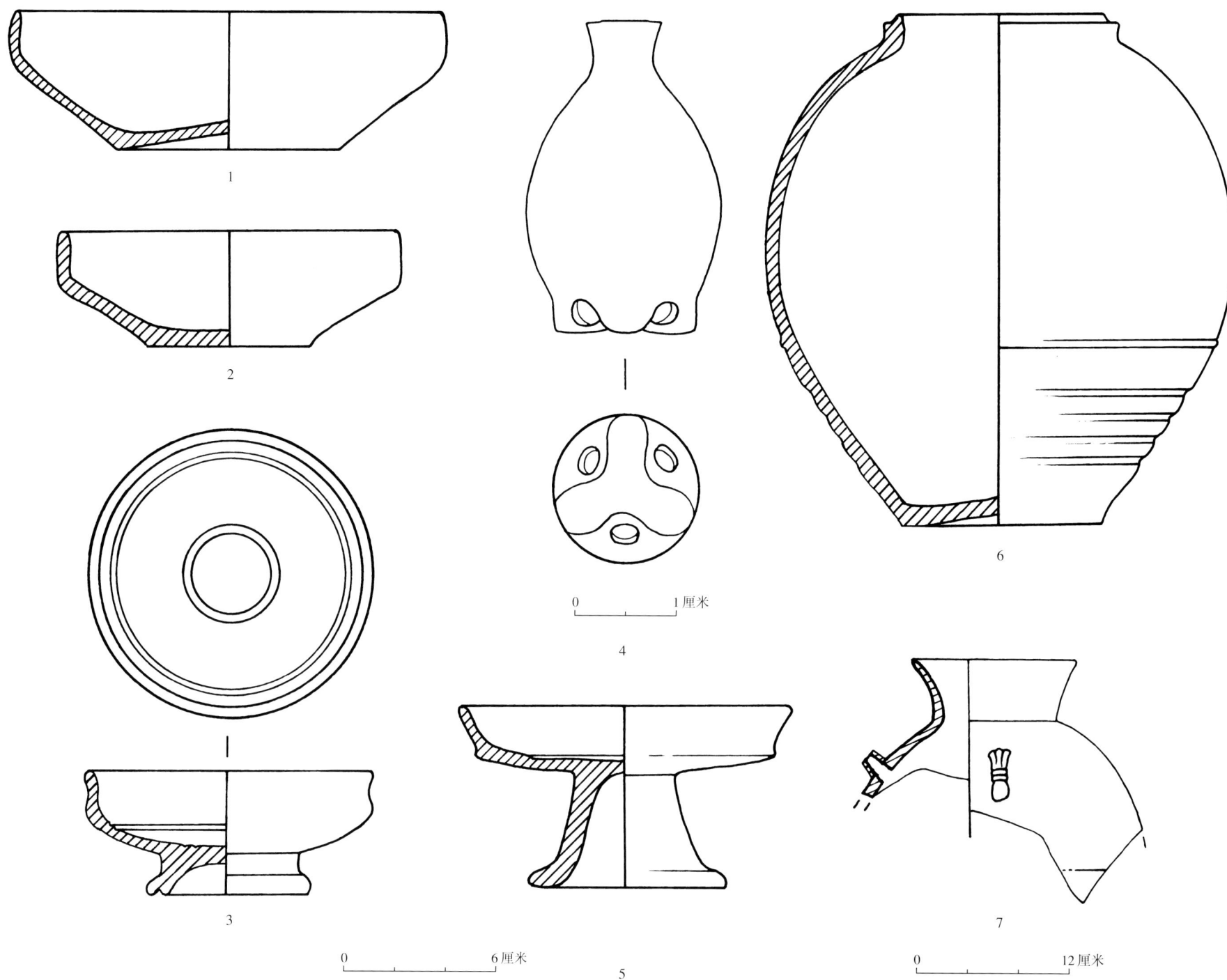

图二五二　隋唐时期的瓷碗、豆、罐、壶，铜壶

1、2.Bb 型瓷碗 T Ⅲ 0701 ③：17、T Ⅲ 0801 ③：8　　　3、5.瓷豆 T Ⅲ 0701 ③：7、采集标本：1

4. 铜壶 T Ⅲ 0601 ③：3　　6. 瓷罐 CT2 ②：5　　7. 瓷壶 CT2 ②：6

1

2

图二五三　宋代瓷韩瓶、盂

1. 韩瓶 M1∶1　　2. 盂 T Ⅲ 0306a∶1

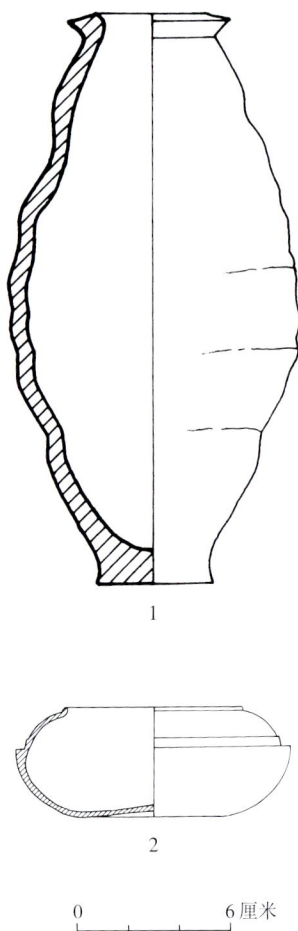

1

2

0　　　　　　6厘米

图二五四　宋代瓷韩瓶、盂

1. 韩瓶 M1∶1　　2. 盂 T Ⅲ 0306a∶1

五　主要遗存的年代

孔望山摩崖造像群前遗址的第3、4、5层出土瓷器皆为典型的隋唐时期的器物。莲花纹瓦当主要流行于南北朝至隋唐时期，本次出土的瓦当以莲花纹瓦当占绝大多数，通过与长安、洛阳、邺城、南京、镇江、扬州等地出土的莲花纹瓦当对比，发现孔望山出土的莲花纹瓦当与长安、洛阳、扬州出土的典型唐代莲花纹瓦当有较大差别，而更多地显示了南北朝晚期至隋唐时期瓦当的特征[1]。

根据F1的位置和形制，可以判断此房址是1号台基的主体建筑，时代应与台基基本同时，第4层为F1废弃后堆积。1号台基被第4层和H1

[1] 钱国祥：《汉魏洛阳城出土瓦当的分期与研究》，《考古》1996年第10期，74页，图见图三。陈良伟：《洛阳出土隋唐至北宋瓦当的类型学研究》，《考古学报》2003年第3期，347～354、366页。贺云翱：《南京出土六朝瓦当初探》，《东南文化》2003年第1期，30、31页。镇江古城考古所：《江苏镇江市出土的古代瓦当》，《考古》2005年第3期，43、44页。韩建华：《莲花纹瓦当研究的回顾与思考》，中国社会科学院考古研究所编《二十一世纪的中国考古学——庆祝佟柱臣先生八十五华诞学术文集》，文物出版社，2006年，787、789页。

叠压打破，自身叠压第 5 层，第 4 层、H1 以及第 5 层皆为隋唐地层，台基垫土也未见晚于隋唐的遗物，故 1 号台基的年代当属隋唐时期。

2 号、3 号台基被 1 号台基垫土所叠压，其下叠压基岩，说明这两者的形成当早于 1 号台基，二者的年代上限不明。2 号台基叠压的基岩石缝中出土一枚剪轮铜钱 T Ⅲ 0801①∶2，此钱的时代为东汉，因此不排除 2 号台基的年代为东汉时期的可能。

井（J1）开口于隋唐地层下，打破基岩，其内堆积中的出土物亦属唐代，故可判断该井废弃于隋唐时期，开凿年代不晚于隋唐。

六 房址的初步复原和性质

根据中国建筑传统的对称原则，以踏步中心线为对称轴可将房址 F1 复原成面阔 7 间，长约 36、宽约 15.6 米的大型建筑，台基和其上建筑的总体形制与现存的山西五台佛光寺大殿相似，唯建筑体量较小。根据佛光寺大殿可对该房址作复原推测。

如此大型的台基建筑以及使用大量瓦当的情况表明，F1 已经超出了一般民居庶宅的规制，当为宫殿、衙署、陵园或寺院类建筑[2]；而隋唐时期的海州治所在朐山（今海州），孔望山位于其东 2.5 公里处，根据孔望山地区的地理形势以及现存文献记载当可排除 F1 作为宫殿、衙署和陵园的可能性。而且，该地区的自然环境也不适合大型聚落的存在，所以房址 F1 极可能是寺院类的宗教建筑。

圆仁《入唐求法寻礼行记》述其曾经住宿的海龙王庙，位于东海县西小海西岸，"从神庙西行三许里，到州（海州）门前"[3]。在孔望山遗址发现的隋唐建筑 F1 距海州约 2.5 公里，与圆仁所记海龙王庙和海州的距离不合，恐非《入唐求法寻礼行记》所记的海龙王庙。圆仁入唐求佛法，其所著《入唐求法寻礼行记》对沿途佛寺多有述及，孔望山摩崖造像群带有明显的佛教色彩，而圆仁未记，恐因其时本次发掘的 F1 早已毁坏，造像也已湮没于杂树草丛之中而不为人知了。

---

[2] 参见陈良伟：《洛阳出土隋唐至北宋瓦当的类型学研究》，《考古学报》2003 年第 3 期，347~367 页。

[3]（日）圆仁撰、顾承甫、何泉达点校：《入唐求法寻礼行记》卷一，上海古籍出版社，1986 年，43 页。

下 编

第一章　摩崖造像群研究

一　摩崖造像群题材的分类与辨析

孔望山摩崖造像群是由制作上有先后顺序的崖面造像和龛内线刻像两部分组成的。崖面造像先雕造而成，再在其空白处铺排小龛，并出于某种需要在像或龛周围加工配置了圆形浅槽和柱洞等功能性人工遗迹。崖面造像部分根据题材和服饰特征可以分为汉装人像、佛教内容造像和胡人形象。下面分类介绍，并与战国以来的图像资料进行对比，为探讨摩崖造像群的年代和图像学意义奠定基础。在崖面造像和龛内线刻像中均有尚不能识别的图像内容，也附于各部分之后加以说明。

（一）崖面造像

1. 汉装人像

在孔望山崖面造像中，除下文将要论及的佛教内容造像和辨识不清者外，着汉装衣饰的造像实际上只有三尊，即X1和X73、X74。

X1，正面踞坐，头戴武冠，冠下为带有颜题的帻，身着交领长袍，双手合袖捧盾置于胸前，双腿掩于袍内（图四七~四九）。

武冠，是将弁和平上帻组合在一起，即在弁下衬以平上帻。《后汉书志》：“武冠一曰武弁大冠，诸武官冠之”[1]，为汉代图像中常见的冠饰[2]。汉代的石雕翁仲像[3]（图二五五）、陶俑、画像砖、画像石和壁画中的人物多戴此冠饰。湖南长沙马王堆3号西汉墓[4]和甘肃武威磨咀子62号新莽墓[5]曾出土

---

[1]（晋）司马彪：《后汉书志·舆服·武冠》志第三十，中华书局，1965年，3668页。

[2] 孙机：《汉代物质文化资料图说·服饰Ⅱ武士的弁、冠与头饰》，文物出版社，1991年，233页。

[3] 见山东出土的东汉乐安太守麃君墓翁仲、鲁王墓前一对翁仲和北京丰台永定河石人，李零：《翁仲考》，《入山与出塞》，文物出版社，2004年，60、61、64页。

图二五五　山东乐安太守麃君墓石翁仲
（采自傅天仇主编：《中国美术
全集·雕塑编2》，人民美术出
版社，1985年，100页，图九七）

过实物。

　　手持盾的人物形象多见于战国以来描绘战争场面的图像中，如河南汲县山彪镇和四川成都百花潭中学出土的水陆攻战纹铜壶或铜鉴上就有这类图像[6]。汉画像石中的武士图[7]、二人格斗图[8]、胡汉交战图等战争场面[9]，在甘肃敦煌285窟西魏壁画"五百强盗成佛因缘"图[10]及河南邓县出土南北朝武士画像砖[11]上均能见到。由军士进而演变为仪仗形式的武士持盾形象，大量见于两汉至南北朝时期墓葬出土的陶制或木制俑，如陕西咸阳杨家湾西汉墓[12]、江苏连云港云台高高顶汉墓[13]和河北磁县东魏北齐时期的墓葬中[14]。

　　头戴武弁（少量头戴帻[15]），身着交领长衫，盾斜置于胸腹或捧于胸前的门吏形象大量出现在两汉以来的图像和石刻艺术中。目前所见最早的是陕西临潼出土的西汉时期侍卫宴享狩猎纹画像

空心砖[16]，其上有用两种印模印出的五名持盾与执戟卫士。此类形象在河南、山东、四川、陕西等地出土的两汉时期画像石、

[4] 湖南省博物馆等：《长沙马王堆二、三号汉墓发掘简报》，《文物》1974年第7期，图版十七：2。
[5] 甘肃省博物馆：《武威磨咀子三座汉墓发掘简报》，《文物》1972年第12期，12页。
[6] 四川省博物馆编：《四川省博物馆》，文物出版社、株式会社讲谈社，1992年，图37。北京故宫博物院藏有一件纹饰类似的铜壶（失盖），见故宫博物院编：《故宫青铜器》，紫禁城出版社，1999年，283页。20世纪30年代河南汲县山彪镇出土一件水陆攻战纹铜鉴，参见郭宝钧：《山彪镇与琉璃阁》，科学出版社，1959年，图十、十一。
[7] 南阳汉代画像石编辑委员会编：《南阳汉代画像石》，唐河县湖阳辛店出土，文物出版社，1985年，图版88。
[8] 山东省博物馆、山东省文物考古研究所编：《山东汉画像石选集》，微山县两城出土，齐鲁书社，1982年，图19。
[9] 中国画像石全集编辑委员会：《中国画像石全集3·山东汉画像石》，临沂市苍山县向城镇前姚村、莒县东莞镇东莞村、平阴县实验中学出土，图一一三、一三八、二〇三、二〇四；《中国画像石全集1·山东汉画像石》，武氏祠前石室西壁下画像、沂南汉墓门楣画像，图五六、一七九～一八一；《中国画像石全集2·山东汉画像石》，汶上县城关镇先农坛出土、邹城市郭里乡高李村出土，图一六、六四，山东美术出版社，2000年。
[10] 中国敦煌壁画全集编辑委员会编：《中国敦煌壁画全集2·西魏卷》，天津人民美术出版社，2002年，图一一一～一一三。
[11] 河南省文化局文物工作队编：《邓县彩色画像砖墓》，文物出版社，1958年，图四二。
[12] 陕西省文管会、博物馆、咸阳市博物馆：《咸阳杨家湾汉墓发掘简报》，《文物》1977年第10期，10～16页。
[13] 连云港市博物馆：《连云港地区的几座汉墓及零星出土的汉代木俑》，《文物》1990年第4期，80～93页。
[14] 磁县文化馆：《河北磁县东魏茹茹公主墓发掘简报》、《河北磁县东陈村北齐尧峻墓》，《文物》1984年第4期，16～23页。石家庄地区革委会文化局文物发掘组：《河北赞皇东魏李希宗墓》，《考古》1977年第6期，382～390页。
[15] 参见曾昭燏等：《沂南古画像石墓发掘报告》，文化部文物管理局，1956年，图版49：拓片第37幅左侧。
[16] 关于画像砖的制作年代，一说属秦代，见北京汽车制造厂工人理论组、中央五七艺术大学美术学院美术史系：《略论秦始皇时代的艺术成就》，《考古》1975年第6期，图二，3；另说属西汉，见陕西省博物馆：《陕西省博物馆》，文物出版社、株式会社讲谈社，1983年，图123。本文从后说。

画像砖中都有大量发现，它们经常单独、成双或与拥彗、执戟、持笏等其他门吏形象成组合躬立于墓门两侧，或站在阙（亭）下、建筑物门前迎接车骑。作为门吏的执戟者有的题榜为"亭长"[17]，捧盾者有的题榜为"门大夫"[18]（图二五六）。东汉时期墓前神道两侧和坛庙建筑门前的翁仲有执金吾、挂剑和捧盾等多种形象[19]，捧盾者见有北京永定河石人[20]。汉广野郡郦食其庙门前的一对石人中居于北者胸前自铭"门亭长"[21]；东汉乐安太守麃君墓前的一对翁仲，左者胸前自铭"汉故乐安太守麃君亭长"，右者铭"府君之卒"[22]。"亭长"与"门大夫"一样都是对门吏的称呼，此类形象均为守门者的艺术表现形式。

两汉以后的图像资料中，虽然捧盾者司守门之职仍有余绪，但形象已由小吏演变为武士。如河南邓县画像砖墓[23]和洛阳北魏宁懋石室墓之门吏[24]，已演变为武士执盾。后者身着鱼鳞甲，右手持戟，左手把盾。

文献记载也印证了这类形象的图像学意义。《史记·滑稽列传》载秦代担负宫殿门户侍卫任务的门吏称为"陛盾郎"[25]。汉

图二五六　山东莒县出土汉"门大夫、历史故事、庖厨"画像石（采自中国画像石全集编辑委员会：《中国画像石全集3·山东汉画像石》，山东美术出版社，2000年，图一四〇）

[17] 赵成甫主编：《南阳汉代画像砖》，淅川高庄出土，文物出版社，1990年，拓本76、77。

[18] 中国画像石全集编辑委员会：《中国画像石全集3·山东汉画像石》，莒县东莞镇东莞村出土，山东美术出版社，2000年，图一四〇。

[19] 李零：《翁仲考》，《入山与出塞》，文物出版社，2004年，60、61页。

[20]《北京文物精粹大系》编委会：《北京文物精粹大系》石雕卷，北京出版社，2000年，图版5、6。

[21]（北魏）郦道元注、杨守敬疏：《水经注疏》，江苏古籍出版社，1989年，1438～1439页。

[22] 李零：《翁仲考》，《入山与出塞》，文物出版社，2004年，60页。

[23] 河南省文化局文物工作队编：《邓县彩色画像砖墓》，文物出版社，1958年，图四二。

[24] 黄明兰编著：《洛阳北魏世俗石刻线画集》，人民美术出版社，1987年，103～105页。

[25]（汉）司马迁：《史记·滑稽列传》卷一百二十六，中华书局，1959年，3202页。

承秦制,《后汉书志·百官》:"正门有亭长一人,主记室史,主录记书,催期会。"[26] 两汉时期此类形象的图像学意义更为稳定,《后汉书·逢萌传》:"逢萌字子康,北海都昌人也。家贫,给事县为亭长。时尉行过亭,萌候迎拜谒,既而掷楯叹曰:大丈夫安能为人役哉!遂去之长安学,通春秋经。"(唐)李贤注:"亭长主捕盗贼,故执楯也。"[27] 可见捧盾迎宾是亭长的职司仪容之一。

X1与山东微山县沟南和滕县马王[28]、嘉祥县武氏祠[29];河南南阳县和唐河县[30],唐河新店、谢庄,新野樊集M43[31]等地出土的画像石、画像砖中正面站立双手捧盾的门吏形象毫无二致(图二五七、二五八)。

X73头戴屋帻,身着交领长衫,双手合袖置于胸前,双腿隐于长衫之下,凭几踞坐。X74正身站于X73侧面,双手拱于胸前。头戴平巾帻,身着交领长衫,长衫遮盖了双脚(图七八~八○)。

帻,《后汉书志·舆服》:"帻者,赜也,头首严赜也。至孝文乃高颜题,续之为耳,崇其巾为屋,合后施收,上下群臣贵贱皆服之。"[32] 在汉代图像资料中为常见冠饰,如山东沂南画

---

[26](晋)司马彪:《后汉书志·百官》志第二十八,中华书局,1965年,3621页。

[27](宋)范晔:《后汉书·逸民列传》卷八十三,中华书局,1965年,2759页。

[28]山东省博物馆、山东省文物考古研究所编:《山东汉画像石选集》,微山县沟南、滕县马王出土,齐鲁书社,1982年,图47、331。

[29]中国画像石全集编辑委员会:《中国画像石全集1·山东汉画像石》,嘉祥县武宅山村北出土,山东美术出版社,2000年,图二〇。

[30]南阳汉代画像石编辑委员会编:《南阳汉代画像石》,南阳县王寨出土,图版133;南阳市七里园出土,图版199;南阳县草店出土,图版276;南阳县出土,图版278;南阳市七孔桥出土,图版279、280;唐河县文化馆存,图版281;南阳县英庄出土,图版282、283。文物出版社,1985年。

[31]赵成甫主编:《南阳汉代画像砖》,唐河新店出土,拓本1、2;唐河谢庄出土,拓本4;新野樊集出土,拓本35;新野樊集M37出土,拓本44;新野樊集M23出土,拓本48;淅川盛湾出土,拓本55。文物出版社,1990年。

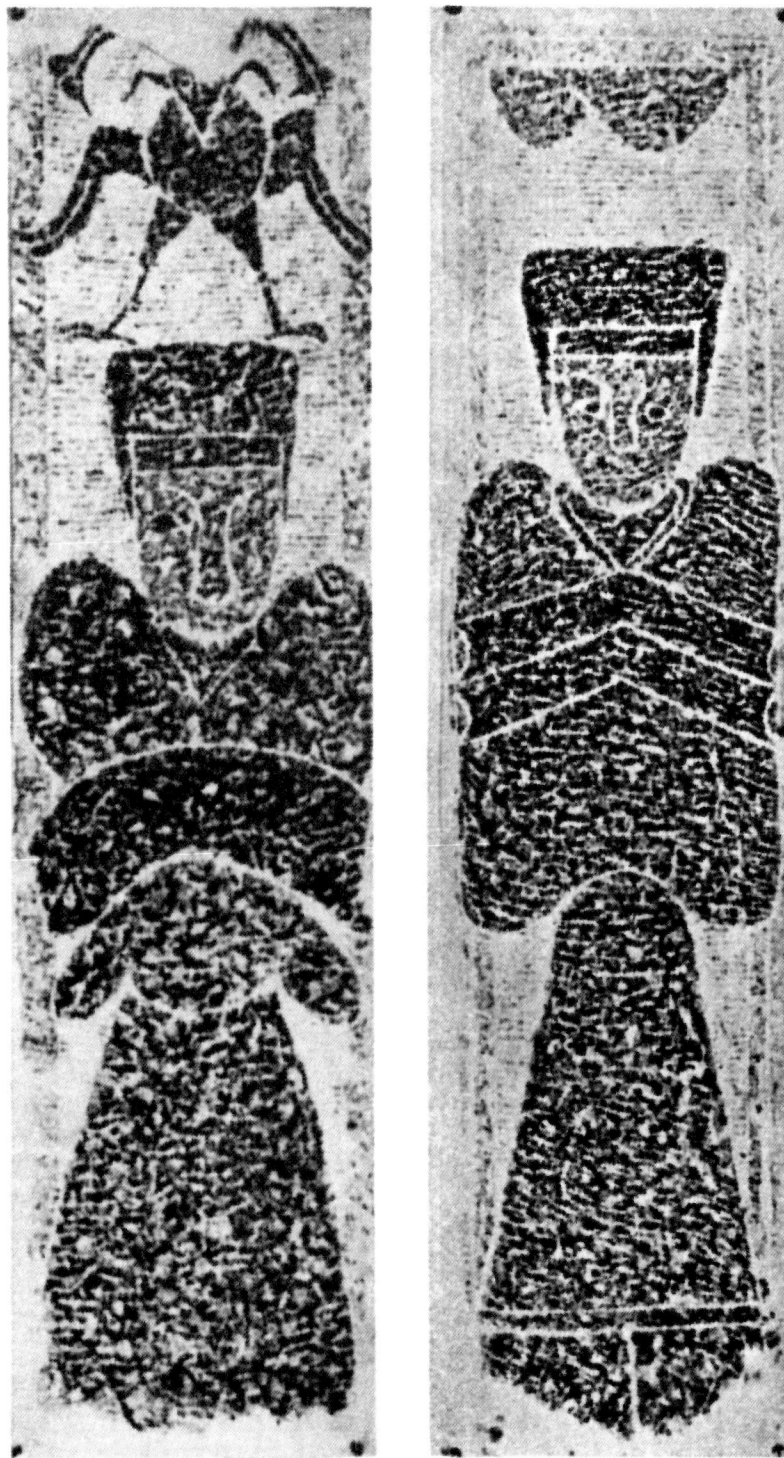

图二五七 河南南阳出土汉画像石中的门吏形象(采自南阳汉代画像石编辑委员会编:《南阳汉代画像石》,文物出版社,1985年,图版133、282)

图二五八　河南唐河出土汉画像砖中的门吏形象（采自赵成甫主编：《南阳汉代画像砖》，文物出版社，1990年，拓本4）

像石墓前室南壁拥彗者[33]、河南密县打虎亭1号汉墓前室西壁石刻侍从[34]。

　　X73和X74关系密切，位于同一石面的同一水平线上，通过体量、位置和姿势的对比形成了X73与X74之间的主从关系。呈坐姿的X73比立像X74体量大一倍；X73正身凭几而坐，X74侧面站立紧趋其后；X73与X74两像间的主从关系明显。

　　这种由对比生成的主从关系组合为汉代画像石中的常见形

[32]（晋）司马彪：《后汉书志·舆服》志第三十，中华书局，1965年，3671页。

[33] 曾昭燏等：《沂南古画像石墓发掘报告》，文化部文物管理局，1956年，图版30；拓片第9、10幅。

[34] 河南省文物研究所：《密县打虎亭汉墓》，文物出版社，1993年，54、55页，图三六、三七。

式，X73、X74组合的构图和服饰特点与河南唐河县石灰窑出土的楼阁人物画像中主人凭几正面而坐、仆从侧身而站[35]，山东嘉祥县城东北五老洼出土画像石中的主仆形象[36]、微山县两城出土画像石中的最上层画像[37]如出一辙（图二五九、二六○）。

2. 佛教内容造像

佛教内容造像包括佛教题材造像，典型佛像和带手印、头光等佛教造像因素的造像（案，此部分的造像描述与胡人形象部分有交叉），下面分类记述。

史树青1980年凭借呈卧姿的X42周围遍布举哀弟子这一典型的佛教涅槃构图判断出这是一组涅槃造像[38]。依据涅槃图像的流变情况和涅槃经的内容，我们认为孔望山的涅槃像至少包括X4～X61、X64和X72（图五七、五八）。其中，X42头有高肉髻，头向左，枕右手而卧于组像中心。X41头戴高冠，身着圆领窄袖衫，托臂支颐跪坐在X42头前。X4～X33仅刻画出头部，分布在X42身体上方的崖面上，这其中X4为光头比丘像；X8、X15、X17、X23四尊造像光头带单重头光，X11～X14、X16、X24六尊造像光头带双重头光，X10和X33头簪花。X34、X35头簪花位于X42头前。X36～X40、X43～X47、X51～X61和X64分布在X42身后，其中X37、X38头顶簪花，X54、X56头戴尖

[35] 南阳汉代画像石编辑委员会编：《南阳汉代画像石》，唐河县石灰窑出土，图版3、4，文物出版社，1985年。

[36] 中国画像石全集编辑委员会：《中国画像石全集2·山东汉画像石》，嘉祥县城东北五老洼出土，山东美术出版社，2000年，图一三七最上层、一四二。

[37] 山东省博物馆、山东省文物考古研究所编：《山东汉画像石选集》，微山县两城出土，齐鲁书社，1982年，图1。

[38] 刘长征：《"国宝"的发现者——史树青先生在连云港市考古随记》，《光明日报》1981年3月6日。此消息亦见李洪甫：《连云港孔望山发现东汉摩崖造像》，《光明日报》1981年3月3日；刘群：《千年石刻遇知音》，《文汇报》1981年3月24日。

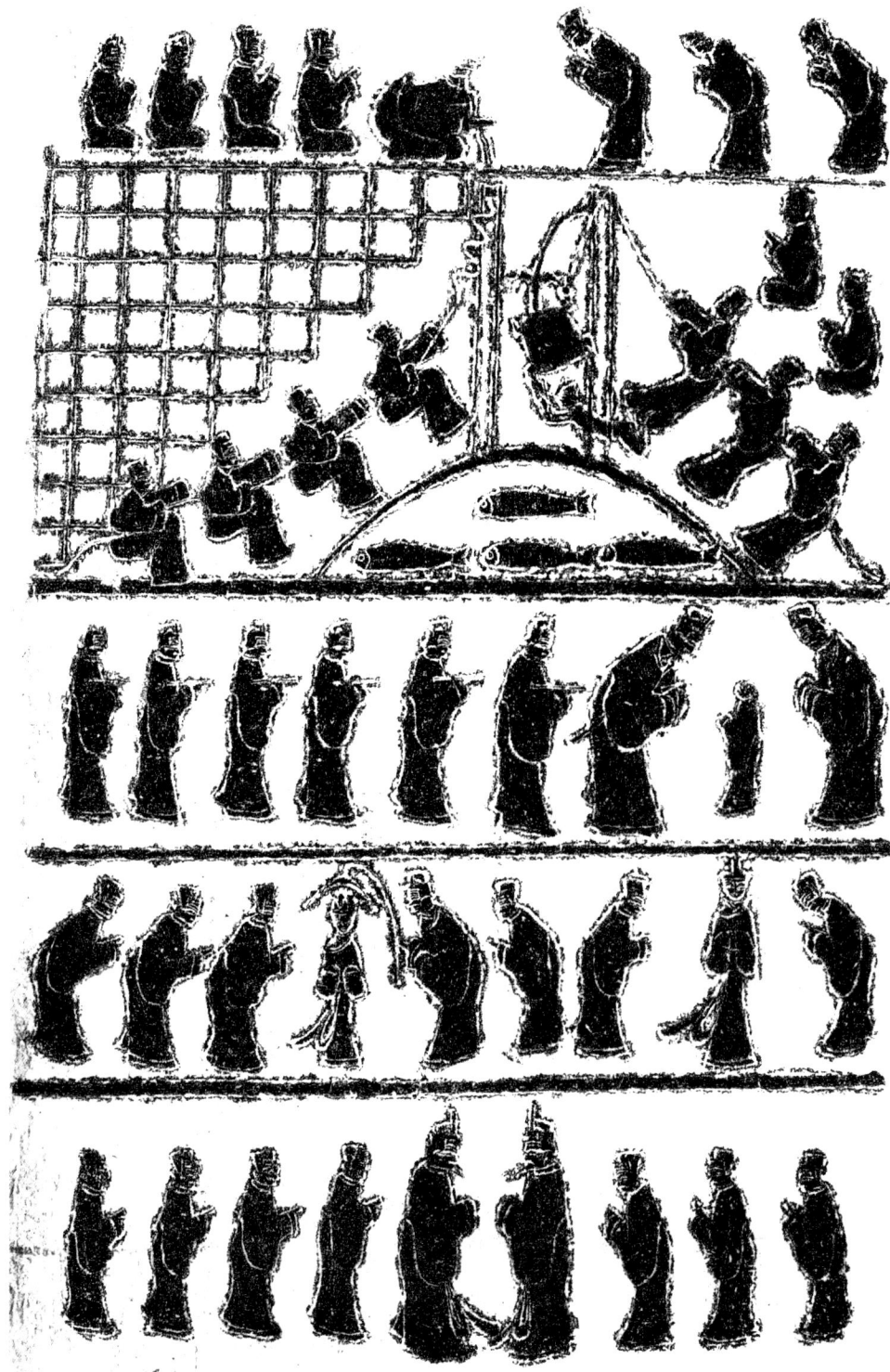

图二五九　山东嘉祥出土汉画像石中的"主仆"形象（采自中国画像石全集编辑委员会：《中国画像石全集2·山东汉画像石》，山东美术出版社，2000年，图一三七）

图二六〇　山东微山出土汉画像石中的"主仆"形象（采自山东省博物馆、山东省文物考古研究所编：《山东汉画像石选集》，齐鲁书社，1982年，图1）

顶帽，X61 头戴大弁武冠，X48、X49 卧于 X42 身体下方。X50 为一尊头有高肉髻、右手施无畏印、左手持水袋的正面佛立像，位置在 X18~X33 所在岩石的东侧面上。持花立像 X72 位于这组群像的上方，很可能也属于这组涅槃像。

佛教中表现"释迦之死"的涅槃图像，其表现形式受到希腊、罗马葬礼美术的影响，最早出现于公元 2 世纪初前后贵霜王朝时期的犍陀罗美术中，盛行于 2 至 3 世纪，直至 4、5 世纪仍在制作。目前保存的犍陀罗"涅槃图"有 70 件之多，全部是浮雕。每件作品之间虽然各有差异，但表现形式基本一致，即画面的两端各配置娑罗双树，释迦头向左、枕右手横卧于画面中央的大床上，其周围添加一些涅槃经中记载的插曲，如为之悲叹的世俗人物、诸神、出家的佛弟子等。几乎所有涅槃图都表现了涅槃经中某些特有的情节，但图像与佛经之间并没有明确的直接联系，根据图像中存在的某些细节在现存涅槃经中未见记述的情况推测，当时也可能存在着口头传承的涅槃经[39]。

中国境域内的涅槃图像除属于中亚系统的克孜尔石窟外，北朝时期开始大量出现在石窟寺的雕刻、壁画以及造像碑上。从北朝到隋唐时期除与克孜尔石窟有直接传承关系的北魏时期的炳灵寺第 132 窟外[40]，基本上可以北周时期（557~581 年）雕造的麦积山第 26 窟为界分为早、晚两期。

早期的涅槃图在构图上粗略仿制犍陀罗作品：释迦躺卧在画面中心，周围有弟子围绕。但往往缺失或违背犍陀罗涅槃图像中的某些特定要素，如对娑罗双树、释迦身姿、举哀者形象的描绘等。中国早期的涅槃图像经常用帐幔这种中国传统界定场景的表现手法来代替娑罗双树。用普通人的睡眠或死亡的身体姿态来表现佛的涅槃，以头向右者居多，双手并于身体两侧仰卧而非侧卧，只有云冈石窟的两例涅槃图中有背光的表现，而未遵循犍陀罗涅槃图中释迦身姿的特定表现形式——带有背光，枕右手而卧，头向左。举哀者人数远远少于犍陀罗作品中

常见的僧俗皆有的拥挤场面，而仅在释迦身后或头前脚下有若干人（附表一；图二六一、二六二）。

当时的汉译佛经对涅槃的场景、释迦的身姿有着准确而详细的描述。西晋白法祖译《佛般泥洹经》："施床使北首……佛偃右胁卧。屈膝累脚。"[41] 北凉昙无谶《佛所行赞》："如来就绳床，北首右胁卧，枕首累双足，犹如师子王。"[42] 这些佛经在当时的影响很大，以至于相似内容也被收录在《魏书·释老志》中："释迦年三十成佛，导化群生，四十九载，乃于拘尸那城娑罗双树间，以二月十五日而入般涅槃。"[43] 但中国早期的涅槃图像较其图像祖型而言简略至极，更谈不上遵循文本描述，只有在特定的佛教环境中并对佛教知识有所了解的情况下，才能辨别出其为涅槃内容。

所以有学者认为："中国北朝期的涅槃图，与犍陀罗和克孜尔石窟同类题材忠实于佛经的做法不同，有着独特的表达方式，很难认为它是以犍陀罗图像为粉本制作而成的。"[44]

北周至隋唐时期的晚期涅槃图像对于娑罗树、释迦的身姿和背光、僧俗皆有的举哀者等特定要素的描绘准确，偶见个别情况，如初唐时期的四川安岳卧佛院中的释迦形象头仍向右。在构图上，这类图像可以划分为两类，一类继承了甘肃炳灵寺

---

[39] 宫治昭著『涅槃と弥勒の図像学－インドから中央アジアへ－』，吉川弘文館，1992 年，113、142、143 頁。

[40] 平野京子『中国北朝期の涅槃図についての一考察』，『仏教芸術』205 号，1992 年，111 頁。

[41] （西晋）白法祖译：《佛般泥洹经》，《大藏经》第一册，新文丰出版公司影印，1987 年，168 頁。

[42] （北凉）昙无谶译：《佛所行赞》，《大藏经》第四册，新文丰出版公司影印，1987 年，第 46 页。

[43] （北齐）魏收：《魏书·释老志》卷一百一十四，中华书局，1974 年，3027 页。

[44] 平野京子『中国北朝期の涅槃図についての一考察』，『仏教芸術』205 号，1992 年，103 頁。

图二六一　日本大阪市立美术馆藏 6 世纪造像碑（王睿 摄）

图二六二　河南博物院藏河南浚
县出土北齐武平三年
（572年）造像碑（王睿
摄）

第 132 窟以来的中亚地区的表现形式：用两三棵树木表现娑罗树林，释迦身躯巨大，占据画面的绝大部分，背光覆盖全身，头前有摩耶夫人，足部有迦叶抚足；举哀的僧俗弟子由原来事件的参与者淡化为背景，位于背光上或释迦身后。如敦煌莫高窟第 280 窟（图二六三）。另一类是"涅槃"成为涅槃经变中的情节之一，用富丽灵动的线条表现娑罗双树之间，释迦头向左、枕右手而卧，头前足后及其周围是悲痛欲绝的僧俗弟子；有时场景中还有飞天、床前有狮兽形象，如敦煌莫高窟第 332 窟和山西博物院藏天授三年（692 年）造像碑（附表一；图二六四）。

从上述涅槃图像的发展情况看，孔望山涅槃像难以纳入北朝至隋唐时期涅槃图像的发展轨迹中，位于中心的释迦像虽然受山石条件限制只雕造出上半身，却真实表现出了高肉髻、头向左、枕右手的身姿；且举哀人数有 59 位之多，举哀者分三排横向排列于释迦身体上部、脚下和身后的岩石上，其表现形式的复杂是构图简略、特定要素错误百出的早期涅槃图所无法比拟的；释迦与举哀者的身体比例、举哀者所处位置与佛身巨大、淡化处理举哀者的晚期第一类图像差异明显，而其刻板呆滞的形象又与生动地摹写出悲痛欲绝的弟子、飞天和床前异兽等繁复富丽的晚期第二类图像迥异。

孔望山涅槃像中的某些细节揭示了它与犍陀罗涅槃像间可能存在着直接联系。释迦卧于中心，举哀者众多且紧密分布在释迦的身体上方、头前、脚下和身下，尤其是身体上方三块岩石上的群像分三排横向排列的构图、人物分布与犍陀罗涅槃像相仿，如印度洛里阳·坦伽依（Loriyan-Tangai）出土的涅槃像[45]（图二六五）。释迦的姿势也与犍陀罗同类图像相同，头向左而有高肉髻，枕右手而卧。举哀者既有带头光的比丘形象，也有头上簪花的世俗人物，这种表现形式亦多见于犍陀罗图像中。释迦佛体量偶像化和巨大化倾向，是犍陀罗后期涅槃图的一大特征[46]，而孔望山涅槃像的释迦与举哀众人的身体比

例则呈现早期特征。最为明显的是位于释迦头前的 X41 的位置、身姿和服饰等细节的表现，与栗田功介绍的一件涅槃浮雕上的释迦头前的坐像相似。X41 头戴高冠、着圆领窄袖衫、身体及面部略向左侧、露右耳、右臂弯曲、右手托住左臂肘部、左手托腮、手心向外（图五六～五八、六三），与后者头戴城塞冠、肩部有城塞装饰的人像[47]如出一辙（图二六六）。

中国境域内的涅槃图像经历了一个漫长的发展时期，由于不断地受到文字描绘和图像粉本的冲击才最终形成了后期富丽繁复的涅槃场面。构图如此复杂的孔望山涅槃像在制作上如果仅凭文字描述是难以想象的，它与犍陀罗涅槃图像的构图和某些细节的相似不应该是巧合，而可能是参照了犍陀罗涅槃图像的粉本，用传统技法对涅槃图像进行本土化创作的作品。

孔望山涅槃像在制作过程中不仅受到当地传统艺术表现形式的影响，也体现出了佛经文本或口头描述对其的影响。如在诸本涅槃经中都有对外道持花的描述，"有异学者。名优为。从佛所来。持天华。华名曼陀勒"[48]。"是时有异道士。名阿夷维。见佛灭度。得天曼那罗华"[49]。巴利文本的涅槃经则记述了大迦叶与外道的一段对话，"朋友啊！你知道我们尊师的情况吗"？"是的，朋友，我知道。从今天算起，七天前修行者哥达玛亡故了。所以，我才手持这支曼陀罗花"[50]。犍陀罗涅槃

［45］田辺勝美、前田耕作編集『世界美術大全集・東洋編・第十五卷－中央アジア』，小学館，1999 年，図版 141。
［46］宮治昭著『涅槃と弥勒の図像学－インドから中央アジアへ－』，吉川弘文館，1992 年，526 頁。
［47］宮治昭著『涅槃と弥勒の図像学－インドから中央アジアへ－』，吉川弘文館，1992 年，143 頁，図 55。
［48］（东晋）佚名译：《佛般泥洹经》，《大藏经》第一册，新文丰出版公司影印，1987 年，173 页。
［49］（东晋）佚名译：《佛般泥洹经》，《大藏经》第一册，新文丰出版公司影印，1987 年，189 页。

图二六三　甘肃敦煌莫高窟 280 窟涅槃图（采自敦煌文物研究所：《中国石窟·敦煌莫高窟》第二卷，文物出版社、株式会社平凡社，1984 年，图 114）

图二六四 山西博物院藏临猗天授三年（692年）造像碑（涅槃部分）（采自中国美术全集编辑委员会：《中国美术全集4·雕塑编》，人民美术出版社，1988年，42页，图四三）

图二六五　印度洛里阳・坦伽依（Loriyan-Tangai）出土的犍陀罗涅槃像（采自田辺勝美、前田耕作编集『世界美術大全集・東洋編・第十五巻－中央アジア』，小学館，1999年，112頁，図版141）

图二六六　日本私人收藏的犍陀罗涅槃像（采自宫治昭著『涅槃と弥勒の図像学－インドから中央アジアへ－』，吉川弘文館，1992年，143頁，図55）

浮雕对这一细节有图像表现：外道为裸体，手持一花。印度塔夫提·巴依（Takht-i-Bahi）出土的浮雕和英国维多利亚·阿尔伯特美术馆（Victoria & Albert Museum）所藏的浮雕是将这一形象描绘于画面的右端，而美国弗利尔美术馆（Freer Gallery）保存的一件浮雕和印度洛里阳·坦伽依（Loriyan-Tangai）出土的涅槃浮雕，则是于画面左端描绘了两人正在交谈[51]。孔望山造像群中的持花立像X72位于涅槃组像的右上方，为一头戴单翅尖顶帽、身着圆领长衫、腰束带、衫下露裤脚、足蹬软靴的胡人形象（图五七、五八、七六、七七）。X72的位置和手持花的造型与涅槃内容均能契合，至于其胡人装束，联系到举哀者中X54、X56为头戴尖顶帽的胡人形象，显然孔望山涅槃图在表现这一内容时进行了本土化塑造。

X4～X33、X36～X40、X43～X47、X51～X61和X64仅刻画出头部，头头相挨密布在X42身体上方和身后，这些形象中不仅有比丘、头上簪花者等涅槃图所固有的表现形式，也有典型的胡人和头戴大弁武冠等汉代图像中常见的人物形象，再现了佛经描绘的景象，"四百八十里中。头头相附。间不容针。皆是诸天……曰周匝四百八十里中。比首相附。皆是尊天。以一小针于上投之。针不堕地"[52]。

孔望山涅槃像中关于花的表现非常突出，围侍在X42周围的头像X10、X33～X35、X37和X38被刻画成头簪花的形象，X10身后还刻有一朵六瓣花，这显然不是无意为之。在诸本涅槃经中都有关于花的记述，《长阿含经·游行经》："偃右胁。如师子王。累足而卧。时双树间所有鬼神笃信佛者。以非时花布散于地……时忉利天于虚空中以文陀罗花、优钵罗波头摩拘摩头分陀利花。散如来上及散众会"[53]。巴利文本："娑罗双树之花提前盛开。……另外，天上的曼陀罗花自虚空中落下，为了供养修行完成者，落到修行完成者的身上，飘满，撒满。"[54] 具有犍陀罗代表性的印度洛里阳·坦伽依（Loriyan-Tangai）出土的

浮雕涅槃图中表现有天人散花场景[55]。这种头部簪花的形象不仅在犍陀罗（图二六七）、中亚地区（图二六八）的艺术中有所发现，也见于受到佛教影响的四川忠县崖墓出土的陶俑中（图二六九）。

位于X42身体下方的卧像X48和X49（图五六～五八、六六），可能也受到了涅槃经中有关文字的影响："皆悉愕然殒绝迷荒。自投于地。举声大呼……悲号宛转躃地绝而复苏……时诸比丘亦复如是。悲恸殒绝自投于地。宛转号咷不能自胜"[56]。"叩头者、搏颊者槌心刮面搣发。裂衣蹐地啼哭……诸比丘有宛转（于）地……绕殿三匝。头面著地跄面奄土。吐血而绝者。"[57]

X50位于X18～X33所在岩石的东侧面上，为一尊正面立佛像（图五六～五八、六七），从位置和造型看，与涅槃组像关系密切，但与现存涅槃经像比较，其图像学指代意义尚不明确。

孔望山崖面造像中有两尊典型佛像：X77、X80，后者仅存头部（图九二）。X77高肉髻，通肩衣，结跏趺坐，右手施无

----

[50]　宫治昭著『涅槃と弥勒の図像学－インドから中央アジアへ－』，吉川弘文馆，1992年，140页。

[51]　宫治昭著『涅槃と弥勒の図像学－インドから中央アジアへ－』，吉川弘文馆，1992年，图44、51、49，カラー口絵10。

[52]　（西晋）白法祖译：《佛般泥洹经》，《大藏经》第一册，新文丰出版公司影印，1987年，169、173页。

[53]　（后秦）佛陀耶舍共竺佛念译：《长阿含经·游行经》，《大藏经》第一册，新文丰出版公司影印，1987年，21、26页。

[54]　宫治昭著『涅槃と弥勒の図像学－インドから中央アジアへ－』，吉川弘文馆，1992年，131页。

[55]　宫治昭著『涅槃と弥勒の図像学－インドから中央アジアへ－』，吉川弘文馆，1992年，カラー口絵10。

[56]　（后秦）佛陀耶舍共竺佛念译：《长阿含经·游行经》，《大藏经》第一册，新文丰出版公司影印，1987年，16、24、26、27页。

[57]　（西晋）白法祖译：《佛般泥洹经》，《大藏经》第一册，新文丰出版公司影印，1987年，171、172、174页。

图二六七　印度斯沃特（Swat）出土 2 世纪佛像［采自 Rhie, Marylin Martin: *Early Buddhist Art of China and Central Asia*, vol.One, Brill Leiden Boston Köln, 1999, Plates（Black and White）: 1.28］

图二六八　新疆尼雅出土彩绘木雕器腿局部［采自 Rhie, Marylin Martin: *Early Buddhist Art of China and Central Asia,* vol.One, Brill Leiden Boston Köln，1999, Plates（Black and White）: 1.60］

图二六九 四川忠县崖墓出土汉代簪花陶俑（采自四川省文物管理委员会：《四川忠县涂井蜀汉崖墓》，《文物》1985 年第 7 期，图三七、四三）
1. 听琴俑　　2. 提鱼俑

畏印，左手持水袋（图八四～八七）。其造型与四川乐山麻濠崖墓、柿子湾崖墓门额的中间部分和四川彭山崖墓出土摇钱树座上的佛像为一类，其祖型可以追溯到印度佛教中心地区犍陀罗、抹吐罗等地的佛教造像[58]（图二七〇、二七一），但 X77 在此基础上有所改变，左手由牵衣角改为持水袋。

X2 为深目高鼻的立像，身着窄袖圆领长衫，双足着靴，头顶有高肉髻。右手置于胸前，掌心向外施无畏印；左手于胸前持水袋（图五〇～五二）。它的姿势、印相等造型特点与贵霜王朝迦腻色伽（Kaniṣka，大约 100/110–126/136 年在位）时期钱币上的图像相似[59]，尤其是带有"释迦牟尼佛（Sakamano Bouda）"铭文的铜圆牌正反两面的图像[60]（图二七二～二七四）。涅槃组像中的 X50 与 X2 造型基本相同，只是更趋本土化，圆脸，身着圆领长衫，衫的前摆呈弧状下垂，着裤，但裤脚束带。裤脚束带的形式在贵霜王朝时期的艺术作品中也有样本（图二七五）。

X75 横卧于汉装像 X73、X74 身后。头戴单翅尖顶帽，身着圆领衫，足着靴，为典型的胡人装束。其右手于胸前施无畏印，左手持水袋（图四四、四五、八一～八三）。

孔望山崖面造像中的佛像 X2、X50、X77 和带有佛教造像因素的 X75 都是左手于胸前持水袋（图五〇～五二、五六～五八、六七、八一～八三、八五～八七）。水袋曾见于四川乐山麻濠一区 M1 后室甬道门侧画像。画面中人像头戴异形高冠，身着

[58] Wu Hung（巫鸿），"Buddhist Elements in Early Chinese Art（2nd and 3rd Centuries A. D.）"，*Artibus Asiae*，vol.47（1986），pp.266～267；郑岩、王睿编：《礼仪中的美术》，生活·读书·新知三联书店，2005 年，292 页。

[59] Rhie, Marylin Martin: *Early Buddhist Art of China and Central Asia*，vol. One, Brill Leiden Boston Köln, 1999, Plates（Black and White）: 1.18 f.

[60] Rhie, Marylin Martin: *Early Buddhist Art of China and Central Asia*，vol. One, Brill Leiden Boston Köln, 1999, Plates（Black and White）: 1.18 g, h.

图二七〇　印度斯沃特（Swat）出土博特卡拉（Butkara）一期佛像［采自 Rhie, Marylin Martin: *Early Buddhist Art of China and Central Asia,* vol.One, Brill Leiden Boston Köln, 1999, Plates（Black and White）: 2.30c ］

图二七一　印度抹吐罗（Mathura）出土年代大约151～161年的佛像［采自 Rhie, Marylin Martin: *Early Buddhist Art of China and Central Asia,* vol.One, Brill Leiden Boston Köln, 1999, Plates（Black and White）: 2.30a ］

图二七二　带有"佛"铭文的金币，年代100/110～126/136 [Rhie, Marylin Martin: *Early Buddhist Art of China and Central Asia,* vol.One, Brill Leiden Boston Köln, 1999, Plates（Black and White）: 1.18f]

图二七三　带有"释迦牟尼佛"铭文的铜圆牌，年代100/110～126/136 [Rhie, Marylin Martin: *Early Buddhist Art of China and Central Asia,* vol.One, Brill Leiden Boston Köln, 1999, Plates（Black and White）: 1.18g]

图二七四　带有"释迦牟尼佛"铭文的铜圆牌背面图像，年代100/110～126/136 [Rhie, Marylin Martin: *Early Buddhist Art of China and Central Asia,* vol.One, Brill Leiden Boston Köln, 1999, Plates（Black and White）: 1.18h]

图二七五 阿富汗斯鲁夫·考塔鲁（Surkh-Kotal）出土贵霜王朝时期的裤脚束带雕像（采自田边胜美、前田耕作编集『世界美術大全集·東洋編·第十五卷－中央アジア』，小学館，1999年，图版97，82頁）

图二七六 四川乐山麻濠一区M1后室甬道门侧人像（采自巫鸿：《地域考古与对"五斗米道"美术传统的重构》，《汉唐之间的宗教艺术与考古》，文物出版社，2000年，图22-6）

长袍，左手持节杖，右手持水袋[61]（图二七六）。此前的中国传统图像和早期佛教艺术作品，以及中亚地区的佛教艺术作品中均未发现过此种图像，而仅见于犍陀罗地区的佛教造像中[62]（图二七七、二七八）。

---

[61] 巫鸿：《地域考古与对"五斗米道"美术传统的重构》，《汉唐之间的宗教艺术与考古》，文物出版社，2000年，436、437页。

[62] 宮治昭著『涅槃と弥勒の図像学－インドから中央アジアへ－』，吉川弘文館，1992年，138頁。

正面

侧面

图二七七　日本京都藤井有邻馆藏 3 世纪末 4 世纪初的手持水瓶青铜菩萨像［采自 Rhie，Marylin Martin: *Early Buddhist Art of China and Central Asia,* vol.One, Brill Leiden Boston Köln, 1999, Plates（Black and White）: 2.32a、2.32b］

图二七八　阿富汗出土 2 至 3 世纪手持水瓶佛像［采自 Rhie，Marylin Martin: *Early Buddhist Art of China and Central Asia,* vol. One, Brill Leiden Boston Köln, 1999, Plates（Black and White）: 2.41.］

由于受佛教影响，汉末魏晋以来的人像造型出现了头光形象，如山东沂南汉画像石墓中室八角擎天柱的南北两面顶端立像，双手拱于胸前，下着垂帐式裙服，内穿裤，有圆形头光[63]，有学者推测其为佛像[64]或菩萨像[65]（图二七九）。X81 为一典型的胡人形象，头戴平顶冠，有圆形头光，身着圆领长衫，双手合袖置于胸前，腰束带，带的两端垂于腹下，衫下露出双足，足蹬靴，腰中结带（图九三～九五）。腰中结带的着装形式在贵霜王朝时期的艺术作品中也有相类图像[66]。

1981 年的调查报告曾把现编号 X92 造像和其腰部上方突出的石块（图一一六、一一七）联系起来，认为石块为虎头，是"萨垂那舍身饲虎"图[67]。"舍身饲虎"为佛本生故事，在早期佛经中至少见于三处：竺大力、康孟详译《修行本起经》[68]，严佛调译《佛说菩萨内习六波罗蜜经》[69]和译者不详的《分别功

---

[63] 曾昭燏 等：《沂南古画像石墓发掘报告》，文化部文物管理局，1956 年，27 页，图版 67、68，拓片 56、57 幅。

[64] 杨泓：《国内现存最古的几尊佛教造像实物》，《现代佛学》1962 年第 4 期，31～34 页。

[65] 俞伟超：《东汉佛教图像考》，《先秦两汉考古学论集》，文物出版社，1985 年，162～164 页。

[66] Rhie, Marylin Martin: *Early Buddhist Art of China and Central Asia*, vol. One, Brill Leiden Boston Köln, 1999, Plates（Black and White）: 3.30a.

[67] 连云港市博物馆：《连云港市孔望山摩崖造像调查报告》，《文物》1981 年第 7 期，6 页。

[68] （后汉）竺大力、康孟详译：《修行本起经》，《大藏经》第三册，新文丰出版公司影印，1987 年，461～472 页。

[69] （后汉）严佛调译：《佛说菩萨内习六波罗蜜经》，《大藏经》第十七册，新文丰出版公司影印，1987 年，714、715 页。

图二七九 山东沂南画像石墓中的东王公、西王母和立佛画像（曾昭燏等：《沂南古画像石墓发掘报告》，文化部文物管理局，1956 年，图版 65～68。）
1. 中室擎天柱栌斗和柱身东面画像 2. 中室擎天柱栌斗和柱身西面画像
3. 中室擎天柱栌斗和柱身南面画像 4. 中室擎天柱栌斗和柱身北面画像

1   2   3   4

德论》[70]。中国境内相关内容的图像表现最早见于山西云冈第
45窟壁间雕出的饲虎形象，在甘肃敦煌莫高窟第254窟壁画中
也有描绘。瑞和（M.M.Rhie）认为："这种造型（孔望山）是位
于中亚丝绸之路北道库车附近克孜尔石窟早期壁画中萨垂那的
通常表现方式，与造于公元475年的敦煌254窟迥异。在犍陀罗
塔基的浮雕残片上发现的'舍身饲虎'图（图二八〇）证明贵
霜时期在犍陀罗地区'舍身饲虎'的故事就被知晓和图像化，只
是实例非常少。"[71]。

　　本次调查发现，在X73身后各种胡人形象间有三尊卧像
X75、X79和X92（图八三）。X75为胡人装束的佛像；X76臂上
举接触到X75，可惜胸部以下岩面剥落较甚，难以辨清其真实
形象。位于它们下方的X79亦为残体卧像，只雕刻出下半身，双
手抚于腹部，腿的姿势与X75相同（图八一、九〇）。在它们东
侧横卧的X92头戴尖顶帽，高鼻，深目，颌下有须，下身着短
裤，足穿靴（图一一六）。在这一狭小的范围内，围绕胡人装束
的卧佛像X75，分布有两尊卧像X79、X92，模糊不清的X76也
与之图像连属，其间的画面意义应该存在某种联系，或有可能
就是根据"舍身饲虎"故事自行创作的图像。可惜的是造像历
经千年已漫漶不清，受限于相关图像资料的缺乏，此推测有待
于进一步证明。

---

[70] 佚名译《分别功德论》，《大藏经》第二十五册，新文丰出版公司影印，1987年，
　　　30~52页。

[71] Rhie, Marylin Martin: *Early Buddhist Art of China and Central Asia*, vol. One, Brill
　　　Leiden Boston Köln, 1999, pp.38~39.

图二八〇　印度犍陀罗出土贵霜王朝时期2至3世纪的"舍身饲虎"浮雕 [采自Rhie,
　　　　　Marylin Martin: *Early Buddhist Art of China and Central Asia*, vol.One, Brill
　　　　　Leiden Boston Köln, 1999, Plates（Black and White）: 1.15]

3.胡人形象

1981年发表的《连云港市孔望山摩崖造像调查报告》中，X3、X65、X72、X74、X75、X84（案，与本报告编号分别对应为 X3、X72、X82、X88、X89、X80，原报告中 X84 指认有误）被描绘为深目高鼻头戴有翅锐顶冠[72]，此后中国美术史专家识别出它们是汉画像石中典型的胡人形象[73]。经过本次调查确认，孔望山崖面造像中除三尊汉装人像、佛教内容造像，X85 为力士形象和不能识别的图像 X62、X63 与 X65~X70 外，能辨识出服饰特征的造像均为胡人形象，计有 X3、X71、X78、X82~X84、X86~X91（图五三~五五、七三~七五、八七~八九、九六~一一五）。它们或作胡人的典型装束，头戴无翅或单翅尖顶帽，身穿长袍，脚着靴，如 X3、X71、X84、X86、X88、X89、X91；或只简略成符号式胡人形象——头戴单翅尖顶帽、高鼻深目的头部侧影，如 X82、X83；其中也存在个性化表现方式，如 X78、X87、X90。它们形态各异，或坐或站；或占据独立的位置，或通过位置和相互关联的体态形成组合。

胡人形象从战国时期开始大量出现于图像艺术中，其中绝大部分发现于公元 2 世纪的石刻和墓葬中的壁画、画像石、画像砖以及随葬器物上，地域涵盖了今山东、河南和江苏等地。当时与汉人存在密切接触的有乌桓、鲜卑、羌和匈奴等多个民族，他们原本有相近或不同的民族服饰，但在汉代画工和石工的刀笔之下，却形成了格式化、定型化的表达方式——高鼻，深目，多须，头戴尖顶帽，帽尖微向前弯，身穿窄袖短衣和长裤，脚着靴。其中，尖顶帽为服饰上最主要的特征[74]。汉代画像石中常常对这类形象榜题为"胡……"或"……胡"[75]。内蒙古和林格尔壁画墓、山东诸城前凉台孙琮墓、内蒙古鄂托克旗巴彦淖尔乡凤凰山 1 号墓中对胡人形象的特定描绘，应该与墓主的特定身份和特殊经历有关[76]。

尖锥形无翅胡帽，最早见于河南洛阳出土的西汉胡服骑射模印画像空心砖[77]，东汉时期画像石墓中的胡汉交战图和乐舞

---

[72] 连云港市博物馆：《连云港市孔望山摩崖造像调查报告》，《文物》1981年第7期，1~5页。

[73] 蒋英炬：《孔望山摩崖造像时代管见》，李发林：《也谈孔望山石刻的年代问题》，汤池：《孔望山造像的汉画风格》，均见《孔望山造像研究》第一集，海洋出版社，1990年，24、51、74页。

[74] 邢义田：《古代中国及欧亚文献、图像与考古资料中的"胡人"外貌》，《美术史研究集刊》第九期，台湾大学艺术史研究所印行，2000年，66、69、70页。

[75] 这类榜题现发现以下五例：一是山东孝堂山石祠画像中的胡汉交战图。胡王凭几侧身而坐，头戴向前微弯的尖顶帽，帽后有飘带，下巴有胡须，身前身后共有二十余个戴着同样但无飘带尖帽的胡兵。胡兵身着短衣，腰束带，下穿长裤。图参见中国画像石全集编辑委员会：《中国画像石全集1·山东汉画像石》，山东美术出版社，2000年，图四三；文字参见同书14页。二是山东微山县一件画像石上榜题为"胡将军"的画像。胡将军头戴一顶帽尖前弯的尖顶帽，前后为戴着同式尖帽、或骑或步的兵卒，前方行进中的一兵卒穿长裤。王思礼、赖非等：《山东微山县汉代画像石调查报告》，《考古》1989年第8期，704页。三是河南方城汉墓一方墓门柱石画像。画面上站立一人，此人一手持斧，扛于肩上，一手持慧。其侧面突显高鼻，脸上有一圆圈，头上绘出一些线条，身上的衣饰不很清楚，似乎是一种长及膝的深衣，膝下露出长裤，旁有"胡奴门"榜题。图见中国画像石全集编辑委员会：《中国画像石全集6·河南汉画像石》，方城杨集乡余庄村出土，山东美术出版社，2000年，图四三。四是山东苍山元嘉元年画像石墓题记中，"前有公曹后主薄，亭长骑佐胡便弩"，与之相对应的是胡人骑射画像，画像左端有一骑马回首张弩的胡人，高鼻深目，头戴尖顶帽。图见山东省博物馆、山东省文物考古研究所编：《山东汉画像石选集》，齐鲁书社，1982年，图版一七七，图403；山东省博物馆、苍山县文化馆：《山东苍山元嘉元年画象石墓》，《考古》1975年第2期，126、127页，图七：1。五是山东莒县东莞出土的"画像碑"，画像中有胡骑及清晰的隶书榜题"隶胡"二字。参见邢义田：《古代中国及欧亚文献、图像与考古资料中的"胡人"外貌》，《美术史研究集刊》第九期，台湾大学艺术史研究所印行，2000年，69页注释186。

[76] 和林格尔壁画墓的墓主曾是护乌桓校尉，见内蒙古自治区博物馆文物工作队编：《和林格尔汉墓壁画》，文物出版社，1978年，10页。孙琮曾是汉阳太守，参见王恩田：《诸城凉台孙琮画像石墓考》，《文物》1985年第3期，93、94页。鄂克托旗地处鄂尔多斯西部，属两汉朔方、上郡、北郡之间的区域，为汉与外族争夺之地。

[77] 郭若愚：《模印砖画》，上海，艺苑真赏社经售，1954年，图版第三十九。

百戏图中，无翅胡帽并不多见，而单翅胡帽最为盛行，且已开始出现双翅胡帽，如山东沂南北寨村汉墓门楣画像[78]和临沂白庄出土的画像石[79]。除上述两例外，此类形象尚见于山东汶上县城关镇先农坛出土的东汉早期胡汉交战图[80]。孔望山造像中的X3、X71、X82～X84、X86、X88、X89、X91都具备了胡人的典型服饰——头戴无翅或单翅尖顶帽。有的胡人形象甚至简约到一个侧面头像，用三角形鼻子突出深目高鼻、头戴尖帽的符号化形式，如山东临沂白庄汉墓石刻立柱画像（图二八一）、苍山县向城镇前姚村[81]（图二八二）和费县潘家疃[82]（图二八三）出土画像石中的胡人左右相对、头戴尖顶帽、高鼻大目。X83、X84与此类胡人形象如出一辙。

汉代图像资料中也存在对"非汉人"形象个性化的描绘，如不同形式的帽子或发式、服饰上改穿汉服或裸体的胡人形象。孔望山造像中的胡人形象造型多样，除上述典型的胡人形象外，还有少数为个性化的刻画。如X78身穿左衽胡服，头戴平顶小冠；X87深目高鼻，头结露髻（图八八、八九、一○七～一○九）；前者的冠饰也见于湖南衡阳道子坪东汉晚期墓出土

图二八一 山东临沂出土汉画像石中的胡人形象（采自中国画像石全集编辑委员会：《中国画像石全集3·山东汉画像石》，山东美术出版社，2000年，图一六）

的车夫形象[83]（图二八四）。X90这种兀头着袍式的胡人形象（图一一○～一一二）也见于山东临沂白庄汉墓中的胡人象奴[84]（图二八五）。X85则为力士形象（图一○四、一○五）。

到魏晋时期，胡人形象摆脱了程式化的束缚，走向写实，形态多样，栩栩如生。帽饰成为筒子形和平顶形毡帽，前者的帽身较高，帽顶呈半球形，如山东临沂西晋墓出土的青瓷胡人骑兽烛台[85]以及甘肃敦煌发现的北魏刺绣[86]。后者的帽顶向前弯曲度甚大，帽檐显著卷翘，如河北磁县出土的舞蹈俑和舞蹈画像砖[87]。

汉代艺术中的胡人形象，主要出现在与胡汉题材相关的交战图、献俘图中，有的任守门奴，或骑或牵骆驼，或驯或骑象，或表演百戏，或狩猎，或怀抱小孩，或飞升在天作神仙状[88]。胡人乐舞是汉代画像石艺术中常见的场景，在山东、河南等地

[78] 中国画像石全集编辑委员会：《中国画像石全集1·山东汉画像石》，沂南县北寨村出土，山东美术出版社，2000年，图一七九～一八一。

[79] 中国画像石全集编辑委员会：《中国画像石全集3·山东汉画像石》，临沂白庄出土，山东美术出版社，2000年，图一六。

[80] 中国画像石全集编辑委员会：《中国画像石全集2·山东汉画像石》，汶上县城关镇先农坛出土，山东美术出版社，2000年，图一六。

[81] 中国画像石全集编辑委员会：《中国画像石全集3·山东汉画像石》，苍山县向城镇前姚村出土，山东美术出版社，2000年，图一一三。

[82] 山东省博物馆、山东省文物考古研究所编：《山东汉画像石选集》，费县潘家疃出土，齐鲁书社，1982年，图433。

[83] 湖南省博物馆：《湖南衡阳县道子坪东汉墓发掘简报》，《文物》1981年第12期，35页，图版叁：1、2。

[84] 中国画像石全集编辑委员会：《中国画像石全集3·山东汉画像石》，临沂市白庄出土，山东美术出版社，2000年，图一○。

[85] 《山东临沂晋墓的发掘》，国家文物局主编：《2003年中国重要考古发现》，文物出版社，2004年，111页。

[86] 中国美术全集编辑委员会：《中国美术全集·工艺美术编6·印染织绣（上）》，文物出版社，1985年，图一一○。

[87] 磁县文化馆：《河北磁县东魏茹茹公主墓发掘简报》，《文物》1984年第4期，4页。

图二八二　山东苍山出土汉画像石中的胡人形象（采自中国画像石全集编辑委员会：《中国画像石全集3·山东汉画像石》，山东美术出版社，2000年，图一一三）

区均有发现[89]。

　　X87～X89表现的就是胡人乐舞的场景，它们分布在同一石面并且足部处于同一水平线上。从姿态上看，X87与X88两两相对，体态上也相呼应。X87上着圆领衫，下着裤，脚穿软鞋，双臂张开上举，右腿弯曲平抬，左腿着地，整个身体弯曲似弓形。X88身着圆领长衫，腰间束带，双足穿靴露于衫外，右手上举，左手向右下方斜伸，右腿曲膝，足尖向西，左腿斜伸，足尖向东。X89侧身跪坐，颔下有须，双手置于胸前，似捧一物（图一〇七～一〇九）。它们的体态与安徽省定远县靠山乡出土

乐舞百戏画像石上的形象[90]相近（图二八六）。

　　头戴尖顶帽、身穿交领衫等胡人装束的X78和X84，分布

[88] Zheng Yan, "Barbarian Images in Han Period Art", *Orientations*, June 1998, p.52；中文增修版；郑岩：《汉代艺术中的胡人图像》，《艺术史研究》第1辑，1999年，140页。

[89] 中国画像石全集编辑委员会：《中国画像石全集2·山东汉画像石》，曲阜市城关镇旧县村出土，山东美术出版社，2000年，图二五。山东省博物馆、山东省文物考古研究所编：《山东汉画像石选集》，临沂白庄出土，齐鲁书社，1982年，图365。赵成甫主编：《南阳汉代画像砖》，文物出版社，1990年，唐河出土，拓本98；新野樊集M6出土，拓本101；新野樊集M42出土，拓本108。

图二八三 山东费县出土汉画像石中的胡人形象（采自山东省博物馆、山东省文物考古研究所编:《山东汉画像石选集》,齐鲁书社,1982年,图433）

图二八四 湖南衡阳出土胡人俑（采自湖南省博物馆：《湖南衡阳县道子坪东汉墓发掘简报》，《文物》1981年第12期，图版叁：1、2）

图二八五　山东临沂出土汉画像石中的胡人象奴（采自中国画像石全集编辑委员会：《中国画像石全集3·山东汉画像石》，山东美术出版社，2000年，图一〇）

图二八六　安徽定远出土汉"乐舞百戏"画像石（采自中国画像石全集编辑委员会：《中国画像石全集4·江苏、安徽、浙江汉画像石》，山东美术出版社，2000年，图二一〇）

在同一石面上，体量由大到小，均侧身面向正面坐像X77，似在细心谛听（图八四、八七）。

另外，由X62、X63与X65～X70共同组成的一组图像，位于崖面造像的最下方（图四四、四五、七一、七二）。图像系用剔地浅浮雕技法雕凿而成，裸体，各像之间肢体连属，图像内容与山东安丘董家庄前室和中室之间方柱、后室方柱上的雕刻内容[91]（图二八七），以及山东孟庄墓前室东西侧室中立柱、中室南门中立柱、东西侧室门中立柱、后室门中立柱上的叠人画像[92]（图二八八）相类似。只是人物形体大小不一，互相叠压，着简单衣饰或为裸体。

这组图像的位置、内容和技法都有别于其他崖面造像，李洪甫认为是杂戏乐舞中的"叠罗汉像"[93]，目前尚无可考。

[90] 中国画像石全集编辑委员会：《中国画像石全集4·江苏、安徽、浙江汉画像石》，安徽定远县靠山乡出土，山东美术出版社，2000年，图二一〇。

[91] 安丘县文化局、安丘县博物馆：《安丘董家庄汉画像石墓》，济南出版社，1992年，19、20、22页。

[92] 中国画像石全集编辑委员会：《中国画像石全集3·山东汉画像石》，平阴县孟庄发现，山东美术出版社，2000年，图一九一～一九六、二〇一。

图二八七　山东安丘董家庄汉画像石墓前室、中室之间的方柱画像（西→南）（采自山东省博物馆、山东省文物考古研究所编：《山东汉画像石选集》，齐鲁书社，1982年，图538）

（二）石龛内线刻像

K1和K2分布在崖面最西端，在X1西侧，K1尚未完成即被废弃。K3～K6在中部崖面造像间寻隙而布，其中K6与K5在同一块石面上，位于K5的右上角、在X73的下方，可能是X73或K5的题榜栏，但字迹已漫漶不清（图四四、四五）。有线刻内容的石龛实际上只有四个：K2、K3～K5。

K3～K5基本上呈直线排列于崖面造像的中部区域，三龛后壁均刻有分段褒卷的帷幔，并有系帷的组绶飘垂。K4因石面风化严重，仅残存垂幛，图像内容已无法辨识。

帷帐在汉代画像砖、石与壁画中常被用来界定场景，如家居宴饮、拜谒图中[94]。K3描绘了一幅三人坐谈于帷帐之下的场景：西侧像跽坐，头戴武冠，颔下有须，身着右衽长袍，右手置于胸前，左手执一便面；两位对坐者服饰、坐姿相同，头裹巾，身着右衽长袍，双手合袖置于胸前（图一二六）。

K5目前仅能识别出西半部的7个人物像，东侧图像的内容已无法辨识。西半部又可以左起第三人和第四人之间放置的尊、盘、勺等器物为界，分为西、东两组。

西组，为主仆三人。主人靠近尊盘跽坐，形象高大，头戴进贤冠，颔下有须，身着右衽长袍，似在高谈阔论；身后侍立的二仆，身材短小，头戴平巾帻，身着长袍：其一为主人持便

---

[93] 李洪甫：《孔望山造像中部分题材的考订》，《文物》1982年第9期，68页。
[94] 例证很多，仅引以下数条为证。中国画像石全集编辑委员会：《中国画像石全集3·山东汉画像石》，临沂白庄出土的拜见、乐舞车骑出行画像，图三、八。《中国画像石全集4·江苏、安徽、浙江汉画像石》，江苏睢宁墓山2号墓前室画像、睢宁县张圩征集的庖厨宴饮和宴饮、禽兽直檐画像、人物会拜画像，图一二一、一二二、一二九、一四二；江苏省睢宁县征集的楼阙、人物画像，图一二四；江苏邳州陆井墓出土的六博画像、邳州白山故子2号墓后室壁画像，图一四三、一四九。山东美术出版社，2000年。

图二八八　山东平阴出土汉画像石墓前室东侧室门中立柱画像（采自中国画像石全集编辑委员会：《中国画像石全集3·山东汉画像石》，山东美术出版社，2000年，图一九二）

面，另一人双手袖于胸前。东组，四人。中心人物靠近尊盘与主人对坐，形象高大，头裹巾，巾角分置于头两侧，身着右衽长袍，双手袖于胸前；此人身后的二人一坐一立，身着右衽长袍，冠饰已经无法辨认，前者双手袖于胸前，后者双手持一殳。最东侧一人，身体及头部偏向东，应属于小龛东侧的内容（图一三一）。

　　两龛内的线刻人物皆为汉装衣饰。其中K3人物所戴武冠、

K5人物所戴帻见前节"1.汉装人像"中的介绍。K5主人所戴进贤冠即前高后低的梁冠，与山东沂南汉墓中的主宾图[95]和诸城前凉台孙琮墓"髡笞图"右侧属吏[96]、辽宁辽阳三道壕汉墓

---

[95] 曾昭燏等：《沂南古画像石墓发掘报告》，文化部文物管理局，1956年，图版28：拓片第5、6幅。

[96] 任日新：《山东诸城汉墓画像石》，《文物》1981年第10期，图六。

壁画所绘墓主人[97]所戴冠饰相同。

　　K3和K5两龛画面中都有"便面"。《汉书·张敞传》:"敞无威仪,时罢朝会,过走马章台街,使御史驱,自以便面拊马。"颜师古注曰:"便面,所以障面,盖扇之类也。不欲见人,以此自障面则得其便,故曰便面,亦曰屏面。"[98]图像中人物手持"便面"之风肇始于西汉,盛于东汉,魏晋南北朝为尾声。有的是画面中的中心人物自持便面,如山东安丘王封墓、临沂白庄墓等出土的画像石,均刻有男主人执便面凭几而坐的形象[99]。有时是侍从在主人身后为之打扇,借以突出主人的威仪。有时是作为仪仗,如山东滕县黄家岭一画像石的第二层有17名仪卫执便面[100];山东沂南汉墓的车骑画像中,有的侍从执便面,有的执金吾[101]。

　　案、樽、勺、幢组合出现于西汉晚期,流行于东汉[102],魏晋时期尚存留于河西地区一隅[103]则与西晋永嘉之乱后中原文化存续于这个地区有关[104]。这一器物组合是宴饮、拜谒等场景中的常见器物。K5的器物形制还见于山东临沂白庄[105]、独树头镇西张官庄汉墓[106]、山东诸城孙琮墓[107],河南南阳汉墓出土画像石中的谒见图、投壶图和乐舞图[108],辽宁辽阳北园东汉晚期墓出土"建武二十一年"铭鎏金铜樽和三足案[109]等实物。

　　K3和K5线刻画像中用幔帐界定场景的方式、人物服饰、器物形制与上述汉代墓葬中图像资料的一致说明,K3~K5的画面就是汉代画像石与壁画墓中常见的宴饮和拜谒场面中的主宾对坐部分。类似画面还见于东汉晚期辽宁辽阳北园1号墓墓主画像[110]、河南南阳汉墓谒见画像[111]、山东费县垛庄镇潘家疃出土乐舞百戏画像中的观赏者[112]、江苏徐州洪楼出土的人物会见画像和在铜山县苗山发现的宴饮画像、安徽定远靠山乡出土奉祀画像中的宴饮拜谒场面、安徽宿县褚兰镇金山孜出土的六博画像及在灵璧县征集的阳嘉三年建鼓画像[113](图二八九~二

[97] 李文信:《辽阳发现的三座壁画古墓》,《文物参考资料》1955年第5期,图三一。

[98] (汉)班固:《汉书·张敞传》卷七十六,中华书局,1975年,3222页。

[99] 山东省博物馆、山东省文物考古研究所编:《山东汉画像石选集》,临沂县白庄出土、安岳县王封村发现,齐鲁书社,1982年,图540、362。

[100] 山东省博物馆、山东省文物考古研究所编:《山东汉画像石选集》,滕县黄家岭,齐鲁书社,1982年,图343。

[101] 曾昭燏等:《沂南古画像石墓发掘报告》,文化部文物管理局,1956年,图版50:拓片第38幅。

[102] 王振铎:《张衡候风地动仪的复原研究》(续),《文物》1963年第4期,1~6页。

[103] 见《嘉峪关壁画墓发掘报告》中第7号墓的1、3、6、8、31、67、68、69、70号砖上的壁画内容,文物出版社,1985年,105~107页,图版六三。

[104] 参见陈寅恪:《隋唐制度渊源略论稿》,生活·读书·新知三联书店,1954年,2页。

[105] 中国画像石全集编辑委员会:《中国画像石全集3·山东汉画像石》,临沂市白庄出土,山东美术出版社,2000年,图三二。

[106] 中国画像石全集编辑委员会:《中国画像石全集3·山东汉画像石》,临沂市独树头镇西张官庄出土,山东美术出版社,2000年,图五七。

[107] 任日新:《山东诸城汉墓画像石》,《文物》1981年第10期,图六、八、九。

[108] 南阳汉代画像石编辑委员会编:《南阳汉代画像石》,南阳县、南阳沙岗店、南阳市一中出土,文物出版社,1985年,图版215、223、491。

[109] 故宫博物院藏,参见王振铎:《张衡候风地动仪的复原研究》(续),《文物》1963年第4期,图版2之6,引自方国锦:《鎏金铜斛》,《文物参考资料》1958年第9期,69、70页。

[110] 李文信:《辽阳北园壁画古墓记略》,《国立沈阳博物馆筹备委员会汇刊》第1期,1947年,122~163页。Wilma Fairbank and Kitano Masao(北野正男),"Han Mural Paintings in the Pei-yuan Tomb at Liao-yang, South Manchuria," *Artibus Asiae*, 17, no.3/4 (1954), pp.238-64; reprinted in Wilma Fairbank, *Adventure in Retrieval*, pp.143-180, Cambridge, Massachusetts, Harvard University Press, 1972. 另可参见郑岩:《魏晋南北朝壁画墓研究》,文物出版社,2002年,26页,图3。

[111] 南阳汉代画像石编辑委员会编:《南阳汉代画像石》,南阳县出土,文物出版社,1985年,图版215。

[112] 中国画像石全集编辑委员会:《中国画像石全集3·山东汉画像石》,费县潘家疃发现,山东美术出版社,2000年,图八六。

[113] 中国画像石全集编辑委员会:《中国画像石全集4·江苏、安徽、浙江汉画像石》,江苏徐州洪楼、苗山发现,安徽宿县金山孜出土、宿县符离集出土、灵璧县征集、定远县靠山乡出土,山东美术出版社,2000年,图四七~四九、一七五、一七七、二一三。

九二），此外还有山东诸城孙琮墓出土的宴饮上计和拜谒画像中的部分画面[114]。孔望山 K3、K5 的人物造型、衣冠器用与上述图像中主客对坐于帷帐下的情景如出一辙，差别只在于与主人对坐宾客的头饰不是武冠或进贤冠，而是头裹软巾且巾角下垂。

K2 刻有四尊正面半身像和一尊立像。画面正中的人像为半身正面像，形体最大，光头外侧有两重圆形背光，身着圆领衫。正中人像的身后两侧各有两像，均略偏向他。西侧第一尊画像为光头带单重头光，身着圆领衫；最西侧的人像仅可辨识出脸的下部，内着圆领衣，外着交领衫。东侧人像光头带双重头光；最东面的一尊像为全身立像，头戴扁平冠，身着圆领衣衫，双手于胸前执一短棒，下身仅可看出几条纵向的衣纹（图一二二）。

K2 画面由四位典型的僧人形象和一位汉装者组成，僧人头有单重或双重背光，头头相挨。此种构图和形象还见于崖面涅槃像中的X11～X13（图五六～五八），也见于新疆若羌米兰第 3 号寺院的 3 世纪壁画[115]（图二九三），并与山东济宁任城区南张村汉墓前后室隔墙四层画面的第二层壁画相似，画面为大象背上端坐五人，皆光头，衣肥大，作拱手状[116]。

图二八九　江苏徐州出土汉画像石中的"主宾对坐"场面（采自中国画像石全集编辑委员会：《中国画像石全集4·江苏、安徽、浙江汉画像石》，山东美术出版社，2000年，图四七）

[114] 任日新：《山东诸城汉墓画像石》，《文物》1981年第10期，图八"谒见图"；图九"宴饮、讲学图"。

[115] 中国美术全集编辑委员会编：《中国美术全集14·绘画编·寺观壁画》，文物出版社，2006年重印本。

[116] 对此画面的详细介绍见胡新立：《鲁南地区汉画像中的佛教图像考》，《'96临沂中国汉画学会年会论文选》，中国汉画学会选编，1996年，49页。

图二九〇　江苏徐州出土汉画像石的"主宾对坐"场面（采自中国画像石全集编
辑委员会：《中国画像石全集 4·江苏、安徽、浙江汉画像石》，山东
美术出版社，2000 年，图四八）

K2 位于孔望山摩崖造像群的最西端，位置相对独立，从石
龛的形制和图像的雕刻技法，以及汉装像的服饰及手持物来看，
应该是同期制作而成的，但内容与其他石龛所刻内容衔接不上，
画面意义无从探知。

二　摩崖造像群的年代

孔望山摩崖造像群的年代问题多年来聚讼不休，对整个造
像是否为同一时期完成的作品也有不同意见，总括起来大致可
以分为东汉晚期和魏晋以降两种观点。

有学者认为造像群不是同时期完成的，各像（组）的制作
时间不同。瑞和（M.M.Rhie）和温玉成认为其制作时间间隔不
长，前者认为各像在制作时间上稍有差别，用圆雕技术雕成的
"涅槃"和"舍身饲虎"两组像晚于其他造像，但都不会晚于公
元 3 世纪[117]；后者认为大多数造像完成于公元 220 至 250 年间，
涅槃图和 1981 年调查报告中的第 15 组五比丘图（即本报告中
K2 的线刻像）完成于公元 250 至 270 年间[118]。也有学者提出
孔望山造像的制作跨越了东汉、魏晋直至唐代漫长的历史时期，
涅槃像的雕造年代晚于其他像[119]。

孔望山摩崖造像群分布在长约 18 米、高约 6 米的狭小范围
内，由于露天岩面凹凸，造像存在上下、左右、前后错落的现
象，朝向也不尽相同，但造像风格技法统一，其间绝无叠压打

---

[117] Rhie，Marylin Martin: *Early Buddhist Art of China and Central Asia*, vol. One, Brill
Leiden Boston Köln, 1999, p.45.
[118] 温玉成：《孔望山摩崖造像研究总论》，《敦煌研究》2003 年第 5 期，24 页。
[119] 李德方：《孔望山造像之略见》，《中国文物报》1986 年 6 月 27 日。

图二九一　安徽定远出土奉祀画像中的宴饮、拜谒场面（采自中国画像石全集编辑委员会：《中国画像石全集4·江苏、安徽、浙江汉画像石》，安徽宿县褚兰镇金山孜出土，
　　　　　山东美术出版社，2000年，图二一三）

图二九二　安徽宿县出土汉画像石上层图像中的"主宾对坐"场面（采自中国画像石全集编辑委员会：《中国画像石全集4·江苏、安徽、浙江汉画像石》，安徽宿县褚兰镇金山孜出土，
　　　　　山东美术出版社，2000年，图一七七）

图二九三 新疆若羌米兰第 3 号寺院壁画［采自 Rhie, Marylin Martin: *Early Buddhist Art of China and Central Asia,* vol. One, Brill Leiden Boston Köln, 1999, Plates（Black and White）: 5.24a.］

破现象。在崖面造像西部零散分布有6个形状或长或方的石龛，由于对崖面造像的有意避让致使其方向形状不一。孔望山摩崖造像群"就其规模来说，把它放在汉代的石刻建筑工程中也属一般性的，它不比建造雕刻嘉祥武氏墓群石刻或沂南画像石墓更庞大和复杂"[120]。各像（组）的位置、体量、身姿都存在内在联系，其间更有功能性人工遗迹把它们系联起来，可见是经过通盘考虑雕造而成的，各像雕造虽有先后，但分期制作的可能性并不存在。

在对孔望山摩崖造像群年代的认识中，东汉晚期说一直是主流，从20世纪50年代初孔望山摩崖造像群开始受到关注直至80年代的热烈讨论中，多数学者持东汉晚期的观点。

1951年出版的《汉代画像全集》收录了孔望山摩崖造像群中的两尊造像，年代定为汉代[121]；20世纪50年代以来江苏省文物管理委员会、南京博物院历次实地调查的结论[122]和1980年史树青指认出造像群中的佛教内容时，都根据石刻风格认为造像的时代属于东汉时期[123]。在20世纪80年代对孔望山摩崖造像群的讨论中，阎文儒[124]、俞伟超和信立祥[125]、步连生[126]等论述了其作为东汉晚期艺术作品的根据，并得到了许多学者的赞同[127]。俞伟超和信立祥把孔望山遗址与东海庙联系起来，更是把摩崖造像群的雕造时间锁定在东海庙修葺的公元155年至黄巾军起义失败的公元184年之间。巫鸿在探讨中国早期佛教艺术问题时则认为把年代定在公元2至3世纪一个较为宽泛的范围内为妥[128]。

认为孔望山摩崖造像群的年代为魏晋以降的晚期观点有魏晋[129]、唐代[130]诸说。丁明夷虽然没有明确指出造像群的具体年代，但认为造像群的年代要晚于东汉晚期[131]。

综上所述，对孔望山摩崖造像群年代的认识虽然有早晚之别，但论证方法都是从造像群的服饰风格、中国佛教艺术的传播规律和佛教流传情况以及雕刻技法等几方面来讨论的。

在《摩崖造像群题材的分类与辨析》一节中，我们把孔望山摩崖造像群与秦汉至魏晋时期的图像资料进行了比定，发现孔望山摩崖造像群在造型、服饰、器具等方面都呈现了东汉晚期的时代特征[132]，其中的胡人乐舞图、头戴尖顶帽深目高鼻

---

[120] 蒋英炬：《孔望山摩崖造像时代管见》，《孔望山造像研究》第一集，海洋出版社，1990年，29页。

[121] 傅惜华：《汉代画像全集》二编，巴黎大学北京汉学研究所图谱丛刊之一，1951年，北京，图232，说明见32页。案，书中将造像地点误定为山东益都县城西北15公里的稷山摩崖。

[122] 寄庵、人俊：《江苏省文管会调查孔望山石刻画像》，《文物参考资料》1954年第7期，127、128页。朱江：《海州孔望山摩崖造像》，《文物参考资料》1958年第6期，74页。

[123] 刘长征：《"国宝"的发现者——史树青先生在连云港市考古随记》，《光明日报》1981年3月6日。此消息亦见李洪甫：《连云港孔望山发现东汉摩崖造像》，《光明日报》1981年3月3日；刘群：《千年石刻遇知音》，《文汇报》1981年3月24日。

[124] 阎文儒：《孔望山佛教造像的题材》，《文物》1981年第7期，16～19页。《再论连云港孔望山佛教造像的题材》，《考古与文物》1981年第4期，111～114、68页。

[125] 俞伟超、信立祥：《孔望山摩崖造像的年代考察》，《文物》1981年第7期，8～15页。

[126] 步连生：《孔望山东汉摩崖造像初辨》，《文物》1982年第9期，61～65页。

[127] 参见蒋英炬：《孔望山摩崖造像时代管见》，李发林：《也谈孔望山石刻的年代问题》，汤池：《孔望山造像的汉画风格》，李洪甫：《试论孔望山摩崖造像的施主及其凿刻年代》，均见《孔望山造像研究》第一集，海洋出版社，1990年，16～30页、47～71页、72～91页、281～291页。

[128] Wu Hung（巫鸿），"Buddhist Elements in Early Chinese Art（2nd and 3rd Centuries A. D.）"，*Artibus Asiae*，47，3/4（1986），p.295. 中译本见郑岩、王睿编：《礼仪中的美术》，生活·读书·新知三联书店，2005年，338页。

[129] 阎孝慈：《论孔望山佛教造像的年代问题》，《文物与考古》1983年第3期，66、67、73页。

[130] 阮荣春：《孔望山佛教造像时代考辩》，《考古》1985年第1期，78～87页；《"早期佛像"暨孔望山造像之辨析》，《孔望山造像研究》第一集，海洋出版社，1990年，31～45页。

[131] 丁明夷：《试论孔望山摩崖造像》，《考古》1986年第10期，944～949、958页。

[132] 除在《摩崖造像题材的分类与辨析》一节中的论述外，参见汤池：《孔望山造

侧面的符号化胡人形象以及K3、K5的龛内线刻内容更是直接取材于汉画像石中的常见图像。

有关佛教流传情况和中国佛教艺术传播规律方面的探讨，争论的实质在于东汉晚期地处黄海之滨的孔望山是否能出现构图如此复杂的涅槃像。

学者们均根据佛经的流布情况来论证涅槃像在东汉晚期出现的可能性。持东汉晚期说的学者认为，"佛教传播的一般规律是先传佛教故事和偶像，然后才是译经活动。但随着译经活动的展开，人们对佛教内容的了解不断加深，必将推动造像活动的发展"[133]，孔望山摩崖造像群就是在此背景之下产生的。而另一种意见则认为东汉时佛经翻译与流传的特点是"外来僧携来什么梵本经就译出什么经，……不能完全依据译经情况来推断当时已造出什么像。……东汉时代的人们，还不可能对涅槃图像有什么正确理解和知识。东晋义熙十三年（417年）法显译出《大般泥洹经》六卷后，因经中说'一切众生皆有佛性'，竺道生首倡'一阐提人皆得成佛'和'顿悟成佛'说，《涅槃经》才得到广泛的传播……东汉、三国初的涅槃经都已不存，但据祐录和法经录，作为支谦译《大般泥洹经》异译本的《长阿含·游行经》和竺法护译《方等般泥洹经》却还在。此二经均为小乘涅槃经（案，《方等般泥洹经》应为大乘涅槃经）……（孔望山涅槃像）即或是涅槃像中的人物，也只能是据大乘涅槃经造出，其时代也不会在东汉"[134]。

根据以上的讨论，我们首先需要澄辨佛教发展史中的一些基本概念。"涅槃"是有关释迦牟尼的佛传故事，与出生、觉悟、说法同为释迦牟尼佛一生中经历的重要事件。从佛教思想体系及其发展史来看，"涅槃"概念有两个范畴或层次，一是小乘佛教中作为释迦牟尼一生终结点的"涅槃"；二是大乘佛教中即佛性学说的"涅槃"。佛教发展到大乘以后，倡导入世救众生，对个人解脱的灰身灭智仍感消极，从而改造"涅槃"为"常乐我

净"，形成大乘佛教的佛性学说，使"涅槃"达到佛性思想的重要境地。不只小乘和大乘涅槃经包含涅槃内容，概略提到释迦生平的经典也提到"涅槃"情况，均可以与涅槃图像相对应。大小乘佛教的涅槃图像存在差异，如小乘佛教的涅槃图常与"装棺"、"分舍利"等场景相连，而大乘佛教的涅槃图则添加了"临终说法"和狮兽等形象的表现，但就孤立地存在于造像群间的孔望山涅槃像而言，是无从分辨其所根据的佛经是大乘还是小乘的。

据《开元释教录》[135]，两晋前关于"涅槃"的汉译佛经有东汉安世高译《小般泥洹经》（一卷），西晋白法祖译《佛般泥洹经》（一卷），东晋法显译《大般涅槃经》（三卷），失译附东晋录《般泥洹经》（二卷），姚秦佛陀耶舍、竺佛念译《长阿含经·游行经》，以上属于小乘经；属于大乘经的有东汉支娄迦谶译《小般泥洹经》（一卷），魏安法贤译《大般涅槃经》（二卷），吴支谦《大般泥洹经》（二卷），西晋竺法护译《方等般泥洹经》（二卷），东晋法显、觉贤共译《大般泥洹经》（六卷），北凉昙无谶译《大般涅槃经》（四十卷）；另外也见于佛传类经文，如东汉竺大力、康孟详译《修行本起经》[136]和北凉昙无谶译《佛所行赞》[137]。

———————————

像的汉画风格》，《孔望山造像研究》第一集，海洋出版社，1990年，72～91页。

[133] 俞伟超、信立祥：《孔望山摩崖造像的年代考察》，《文物》1981年第7期，12页。

[134] 丁明夷：《试论孔望山摩崖造像》，《考古》1986年第10期，946、947页。

[135]（唐）智升：《开元释教录》，《大藏经》第五十五册，新文丰出版公司影印，1987年，480、498、507、510、516、480、487、488、494、507、519页。

[136]（后汉）竺大力共康孟详译：《修行本起经》，《大藏经》第三册，新文丰出版公司影印，1987年，461～472页。

[137]（北凉）昙无谶译：《佛所行赞》，《大藏经》第四册，新文丰出版公司影印，1987年，1～54页。

东汉、三国时期的涅槃经中，东汉安世高译《小般泥洹经》和支娄迦谶译《小般泥洹经》、魏安法贤译《大般涅槃经》、吴支谦译《大般泥洹经》虽现已不存，但很早就被著录，并且现存支娄迦谶所译《道行般若经》[138]、《般舟三昧经》[139]、《佛说无量清净平等觉经》[140]中均涉及了涅槃内容，其异译词"泥洹"等多次出现，说明东汉时"涅槃"思想在中土是有所流传的，并非"东晋义熙十三年（417年）法显译出《大般泥洹经》六卷后……《涅槃经》才得到广泛的传播"[141]。

孔望山涅槃像由60尊造像组成，释迦姿态刻画准确，头枕右手，右胁向下。构图如此复杂完备的涅槃像对于中国工匠而言，无图像传承却又存在特定表现方式，不管当时流行何种涅槃经，仅凭据经文雕刻完成是不可想象的。并且，释迦头枕右手入涅槃的表现形式，是于西北印度创立且流行于印度本土、中亚广大区域的标准涅槃图的要素之一，这一要素在早期汉译佛经中并未提及，其文本的相关描绘在姚秦鸠摩罗什译的《禅秘要法经》中才出现[142]："世尊在世，教诸比丘右胁而卧。我今亦当观诸像卧，寻见诸像牒僧伽梨，枕右肘右胁而卧，胁下自然生金色床。"[143]所以孔望山涅槃像主体部分的创作所依据的不会是佛经类文本。孔望山涅槃像构图的复杂与释迦身姿的准确表现与现存的中国早期涅槃像情况不符，而雕刻技法和某些举哀者服饰的特征又与中国晚期涅槃情况相悖，却与公元2世纪以来的犍陀罗涅槃像的构图和某些细节相似，因此它的主体依据应当是犍陀罗的图像类粉本。

先前的论证都过于强调了"经"对"像"的影响，这有悖于佛教传播的实际情况。佛教在中国的早期传播是由于汉末以来印度和西域等外域僧人或信徒不断入居中土而流传开来的，情况非常复杂，就物质载体而言应该是经、像并存的，"经"与"像"的关系既有上述讨论中所专注的对应关系，也存在并行情况，并且越在早期并行情况应该越为突出和普遍。除经、像等物质

性媒介的流传，他们的宗教思想和与信仰有关的行为方式等也是传播的非物质性媒介，而先前的讨论对"像"以及非物质性媒介等因素在佛教传播中的作用有失考察。

在有关僧侣活动的文献记载中，"像"与"经"在传教活动中密不可分。东晋法显"持经像归国"[144]；宋云、惠生游历西域时，惠生曾"减割行资，妙简良匠，以铜摹写雀离浮图仪一躯及释迦四塔变"[145]。北魏太安年间（455～460年）的有关记载，更能说明"像"的传播情况："太安初，有师子国胡沙门邪奢遗多、浮陀难提等五人，奉佛像三，到京都（今大同）。皆云，备历西域诸国，见佛影迹及肉髻，外国诸王相承，咸遣工匠，摹写其容，莫能及难提所造者。"[146]

在有关佛教的早期记载中，有大量论及"像"的记述。"世传明帝梦见金人，长大，顶有光明，以问群臣。或曰：'西方有神，名曰佛，其形长丈六尺而黄金色。'帝于是遣使天竺问佛道法，遂于中国图画形像焉"[147]。"汉明帝求法"就包括求"像"。

---

[138]（后汉）支娄迦谶译：《道行般若经》，《大藏经》第八册，新文丰出版公司影印，1987年，425～478页。

[139]（后汉）支娄迦谶译：《般舟三昧经》，《大藏经》第十三册，新文丰出版公司影印，1987年，897～919页。

[140]（后汉）支娄迦谶译：《佛说无量清净平等觉经》，《大藏经》第十二册，新文丰出版公司影印，1987年，279～299页。

[141]丁明夷：《试论孔望山摩崖造像》，《考古》1986年第10期，947页。

[142]李静杰：《中原北方宋辽金时期涅槃图像考察》，《故宫博物院院刊》2008年第3期，8页。

[143]（后秦）鸠摩罗什译：《禅秘要法经》，《大藏经》第十五册，新文丰出版公司影印，1987年，256页。

[144]（梁）释僧祐撰，苏晋仁、萧练子点校：《出三藏记集·法显法师传》，中华书局，1995年，72～91页。

[145]（北齐）杨衒之撰，范祥雍校注：《洛阳伽蓝记》，上海古籍出版社，1978年，329页。

[146]（北齐）魏收：《魏书·释老志》卷一百一十四，中华书局，1974年，3036页。

[147]（宋）范晔：《后汉书·西域传》卷八十八，中华书局，1965年，2922页。

东汉末年的《牟子理惑论》关于"像"的记述颇为详细："时于洛阳城西雍门外起佛寺，于其壁画千乘万骑，绕塔三匝，又于南宫清凉台及开阳城门上作佛像。明帝存时预修造寿陵，陵曰'显节'，亦于其上作佛图像。"[148] 东汉末年笮融造作浮图寺，也包括"像"的制作："以铜为人（指佛像），黄金涂身，衣以锦采。"[149] 上述记载都说明了"像"在当时的传播情况。

通过对中国境域内唐代以前涅槃图像资料的整理发现，我国现存的涅槃图像主要见于石刻和壁画两大类。附表一所反映的涅槃图像的传播演变规律是根据现存的石刻和壁画类涅槃图像资料统计的，但佛教艺术的载体是多样的，石刻和壁画并不能涵盖所有佛教艺术的物质载体形式。相对于石刻和壁画类佛教艺术载体而言，青铜铸造类、木质雕刻类和织物上的绘画类等易于毁损的佛教艺术品现存数量虽然很少，但仍有踪迹可寻。从美国旧金山亚洲艺术博物馆藏2至3世纪的青铜佛龛[150]（图二九四）、中国国家博物馆藏象牙菩萨像[151]（图二九五）、新疆克孜尔石窟第205窟菩萨手持丝织物上的佛传四相图画[152]（图二九六）等情况分析，它们也是佛教传播中物质载体的重要组成部分。

目前尚难指陈东汉晚期孔望山涅槃造像的制作，究竟是由于佛教艺术传播的多材质性还是人口流动引起的非物质性媒介传播所造成的或特殊或偶然的具体途径，佛教艺术载体质料的多样性以及美术史其他领域的研究成果为我们拓展了探索的空间。对汉代画像石制作过程的研究成果表明，当时四处游走的工匠们施工所凭借的是某种画稿而非石质原件。近年来山东青州、诸城等地出土的北齐造像，其风格与周边同时期造像迥异，而与印度本土造像最为接近[153]，"大约不是简单的前此出现的薄衣形象的恢复，而与6世纪天竺佛像一再直接东传"[154] 有关系。这些研究都启示我们，孔望山涅槃造像在东汉晚期出现于齐楚地区可能就是由于中国早期佛教艺术传播形式的多样性所

致。

关于孔望山摩崖造像群的雕刻技法，持东汉晚期说的学者们已经进行了充分论述[155]，雕造摩崖造像群所使用的技法都包含在汉画像石的线刻、凹面线刻、减地平面线刻、浅浮雕、高浮雕和透雕六类基本雕刻技法中[156]。孔望山摩崖造像的绝大部分是用汉画像石的浅浮雕技法雕造而成，而在汉画像石制作技术中，这种技法兴起稍晚，盛行于今山东、苏北地区的东汉中晚期画像石中，鲁南一带如临沂白庄、滕县西户口等地汉墓出土的画像石为其代表作。

X42（图六四）所使用的高浮雕技法出现于东汉晚期，在汉画像石中使用较少，一般用于墓葬建筑的门额、过梁和立柱等处，如山东安丘董家庄汉画像石墓的甬道封门石、门扉、门额及室内的三根立柱上就有运用纯熟的高浮雕技法雕刻出的建筑

[148]《牟子理惑论》一卷，周叔迦辑撰、周绍良新编：《牟子丛残新编》，中国书店，2001年，15页。

[149]（晋）陈寿：《三国志·吴书·刘繇传》卷四十九，中华书局，1959年，1185页。

[150] Sonya S. Lee, "Nirvana Imagery in Medieval Chinese Art", Ph. D. Dissertation, the University of Chicago, 2004, p.44, Plate 3.

[151] 中国国家博物馆馆藏一件象牙雕"骑象菩萨像"，高仅15.8厘米，厚7.5厘米，可开合，内刻有佛教故事，推测为3至4世纪的印度佛教作品，7世纪始供养于榆林窟。见中国历史博物馆：《华夏之路》第三册，朝华出版社，1997年，150页。

[152] 中国壁画全集编辑委员会：《中国新疆壁画全集2·克孜尔》，天津人民美术出版社、新疆美术摄影出版社，1995年，图八十"阿阇世王灵梦入浴"。

[153] 姚崇新：《青州北齐石造像再考察》，《艺术史研究》第七辑，2005年，309～342页。

[154] 宿白：《青州龙兴寺窖藏所出佛像的几个问题》，《文物》1999年第10期，47页。

[155] 连云港市博物馆：《连云港市孔望山摩崖造像调查报告》和俞伟超、信立祥：《孔望山摩崖造像的年代考察》，均见《文物》1981年第7期，6、8～11页。一批汉画像石专家的论述也涉及了技法问题，如蒋英炬：《孔望山摩崖造像时代管见》、李发林：《也谈孔望山石刻的年代问题》，均见《孔望山造像研究》第一集，海洋出版社，1990年，18～23、53～54页。

[156] 蒋英炬、吴文祺：《试论山东汉画像石的分布、刻法与分期》，《考古与文物》1980年第4期，110～113页。本文以"减地平面线刻"代替"凸面线刻"一词。

正面　　　　　　　　　　　　　　　　　背面

图二九四　美国旧金山亚洲艺术博物馆藏 2 至 3 世纪的青铜佛龛（Sonya S. Lee 提供）

牙雕外部

牙雕内部

图二九五　中国国家博物馆藏象牙菩萨像（采自中国历史博物馆：《华夏之路》第三册，朝华出版社，1997年，150页）

图二九六 新疆克孜尔石窟第205窟"阿阇世王灵梦入浴"图（采自宫治昭著『涅槃と弥勒の図像学ーインドから中央アジアへー』，吉川弘文館，1992年，図313）

构件、伏兽和上下相叠的人兽等形象[157]。

孔望山摩崖造像群中的龛内线刻像线条纤细流畅，准确、细腻、生动地刻画出幔帐下主宾对坐的场面。阴线刻出现于西汉中晚期，是各类技法中最早出现的，一直沿用到东汉末年。其艺术特点早晚不同，早期的阴线刻多施于打制粗糙或带有凿纹的石面上，线条粗拙，构图简单；后期尤其是到东汉晚期的阴线刻，较早期的阴线刻远为成熟，都是用娴熟流畅的线条在磨光的石面上刻绘出场面复杂的图像或灵动传神的人物像，尤以今山东、苏北地区的阴线刻画像石为精，如山东诸城前凉台、福山县东留[158]、沂南汉墓[159]和江苏邳州燕子埠乡尤村及安徽亳县董园村[160]等地出土的画像石。

可以说，孔望山摩崖造像群的雕刻技法呈现出东汉晚期的

典型特征。汉画像石艺术除当时社会环境相对稳定的今四川地区可能延续到稍晚的蜀汉时期以外，在包括孔望山所在的今苏北等地区的衰亡时间大体一致，均为东汉末年[161]，所以孔望山摩崖造像群的雕造年代应在东汉晚期。

三 摩崖造像群的图像学意义

1981年孔望山摩崖造像群的调查报告发表后，学者们对造像性质的认识分歧较大。

有些学者以造像中的某一类题材内容作为推论基础，认为孔望山摩崖造像群以佛教或世俗内容为主[162]。瑞和（M.M.Rhie）更是在汉装衣饰造像和佛教类造像制作于不同时间的认识基础上，认为两类造像在世俗、佛教各自的宗教思想体系中保持着内部的一致，表明在那个时期内本土信仰和佛教是各自并行的

---

[157] 安丘县文化局、安丘县博物馆：《安丘董家庄汉画像石墓》，济南出版社，1992年，9～22页。

[158] 山东省博物馆、山东省文物考古研究所编：《山东汉画像石选集》，诸城县前凉台、福山县东留公出土，齐鲁书社，1982年，图541～557、585。

[159] 曾昭燏等：《沂南古画像石墓发掘报告》，文化部文物管理局，1956年，图版28～41；拓片第5～22幅。

[160] 中国画像石全集编辑委员会：《中国画像石全集4·江苏、安徽、浙江汉画像石》，江苏邳州市燕子埠乡尤村发现、安徽亳县董园村出土，山东美术出版社，2000年，图一三八、一三九、二二二、二二三。

[161] 蒋英炬、杨爱国：《汉代画像石与画像砖》，文物出版社，2001年，20页。

[162] 参见步连生：《孔望山东汉摩崖佛教造像初辨》，《文物》1982年第9期，61～65页；阎文儒：《孔望山佛教造像的题材》，《文物》1981年第7期，16～19页；蒋英炬：《孔望山摩崖造像时代管见》，《孔望山造像研究》第一集，海洋出版社，1990年，16～30页。

宗教体系[163]。

有些学者则立论于考察造像间的主次关系以及不同题材造像间的内在联系，其区别在于对主像的识别。俞伟超、信立祥、丁义珍等认为这里的道教造像无疑是太平道的礼拜物，当时佛教已日渐在中土流传并依附于道教，所以这里供奉的神像就包含有佛教内容[164]。信立祥随后撰文深化了这些基本认识，从X1、X73、X71（本报告编号）的位置、衣饰和X1、X73图像间的对比关系考证它们依次为尹喜、老子、黄帝，造像与"老子化胡说"有直接关系，"从图像内容配置看，把佛教当作道教的一个流派，合祀佛陀与黄帝、老子正是孔望山摩崖造像群的最显著特点"[165]。温玉成赞同孔望山摩崖造像群"是一处佛道杂糅而以道教为尊的礼拜场所"[166]的结论，并考证X1、X73、X71（本报告编号）分别为老子、孔子和东王公[167]。曾布川宽则认为"它表现了西王母的世界，最上部分坐着的一女性即是西王母（案，本报告中的X71），下左端横挎盾牌的是守门武士，右侧有许多半裸上身的力士与舞蹈人物，通过以上这些充分表达了汉代西王母世界的主题"[168]。巫鸿否定了孔望山摩崖造像群是佛道杂糅的性质，指出佛教题材造像的出现是由于当时道教的实际情况所致，孔望山摩崖造像群中的佛教造像没有严格遵循佛教艺术规范，也没有正确刻画出佛教经变内容，更不是在宣传佛教教义，而是作为中国传统的道家神仙而出现的，孔望山摩崖造像群应该是中国最早的道教艺术作品[169]。

在上述以往的讨论中对崖面造像的重要组成部分胡人形象均未加考察，而单就某类题材来求证结论的方式更是忽略了摩崖造像群中其他题材造像的客观存在，有失于对不同题材造像之间相互关系的考察。并且由于过于强调题材内容，以致于把不宜放置在同一层面上来讨论的崖面造像与龛内线刻像相提并论。

孔望山摩崖造像群在雕造前就进行了整体布局，在崖面所限制的范围内把着不同服饰和不同题材的造像通过相互位置、

大小和制作顺序等方式来表达其画面意义。下文将结合东汉晚期的社会历史背景，从孔望山摩崖造像群的构图形式、某些图像所具有的图像学意义以及不同题材造像间的相互关系等几方面来探讨其图像学意义。

孔望山崖面造像有别于东周以来中国传统图像艺术中移步换景的"叙事型"主流表现手法，而是采用了"偶像型"构图方式，不同题材的造像通过位置选取、体量对比形成一个视觉中心，周围图像均围绕这个中心来铺排。这种构图形式不是通过目光在画面上的移动而形成前后意义连贯的画面，而主要是依靠图像位置和对比来突出视觉中心。

X73位于整个造像群的正中，体量最大，从而成为整个画面的视觉中心。X1与X73着汉装服饰、体量相对较大，但其最西端的分布位置明显低于中心位置；而双手捧盾的图像学意义一般为门吏或门阙亭长，这与凭几而坐的X73形成地位上的反差。为进一步突出X73的重要，特别设置了侧身侍立的仆从X74来表现主仆关系。除对比关系外，X1、X73两像间还利用汉画

［163］ Rhie, Marylin Martin: *Early Buddhist Art of China and Central Asia*, vol. One, Brill Leiden Boston Köln, 1999, p.46.

［164］ 俞伟超、信立祥:《孔望山摩崖造像的年代考察》,《文物》1981年第7期，13～15页。另参见丁义珍:《汉东海庙今地考》,《文博通讯》1983年第4期，7～14页。

［165］ 信立祥:《孔望山摩崖造像中的道教人物考》,《中国历史博物馆馆刊》1997年第2期，17～24页。案，文中的图三沿袭了1981年调查报告中的错误。

［166］ 俞伟超、信立祥:《孔望山摩崖造像的年代考察》,《文物》1981年第7期，13～15页。

［167］ 温玉成:《孔望山摩崖造像研究总论》,《敦煌研究》2003年第5期，16～25页。

［168］（日）曾布川宽著，潘秋枫译:《汉、三国佛教遗物的图像学——西王母和佛》,《东南文化》1995年第2期，76页。

［169］ Wu Hung（巫鸿），"Buddhist Elements in Early Chinese Art（2nd and 3rd Centuries A. D.）",*Artibus Asiae*，vol.47（1986），p.303；中译本见郑岩、王睿编:《礼仪中的美术》,生活·读书·新知三联书店，2005年，344页。

像石艺术中用侧身或侧面来表现人物运动的传统表现形式[170]来建立两个图像间的联系，"5组X66（本报告的X73）以半侧面的姿势眺望着西方，而配置在造像群西端的1组X1（本报告的X1）正好进入其视野"[171]。

X73周围的佛教类造像和胡人形象体量比X73小得多，涅槃组像在两个汉装造像X1和X73之间的下方。佛像单独或与胡人形象相组合安置在X73周围的胡人形象之间，立佛像X2在X73西侧；典型佛像X77与正身侧面的胡人形象X78、X84组合成"听法"图。X75头戴尖顶帽、足着靴，X81头戴平顶帽、穿袍、蹬靴，它们穿着胡人服饰并带有佛教造像因素，前者右手施无畏印、左手持水袋，后者有头光，它们都处于X73身后的各种胡人形象之间（图四四、四五）。

孔望山摩崖造像群中佛教类造像的位置安排不同于东汉晚期以来其他佛教类造像的位置选择。东汉晚期和蜀汉初年的佛教类造像既有佛像也有菩萨像（附表二），至少存在三种不同的形式：一种为高肉髻，有头光，通肩衣，结跏趺坐，右手施无畏印，左手牵衣端；第二种为唇上有髭、裸脚的菩萨像；第三种佛像为肉髻，有头光，着圆领衣，左手握衣角再经右手腕下垂，中间形成U形，右手掌心向外施无畏印。这些佛教类造像的造型带有明显的公元2世纪初的犍陀罗艺术风格[172]，从其位置和组合看，"佛"与"菩萨"并没有区别，都是作为外域神仙来崇拜或描绘当时人们心目中的神仙世界的。这些单体的佛教类造像或独自处于接受供奉的位置（图二九七），或与东王公和西王母的图像相并列（图二七九）。由于佛教的传播与流寓中土的胡人有直接关系，这些由本地工匠依外来佛教艺术粉本制作而成的新型神仙像有的与汉代艺术中固有的程式化表现的胡人形象——头戴尖顶帽、穿长袍、着裤拼接整合，形成了佛教造像位居中心，两边胡人护持的中心性对称组合[173]（图二九八、二九九），这一组合往往位于所在场景的中心位置。

孔望山崖面造像中的单体或与胡人形象形成组合的佛像所处位置与上述情况不同。佛像X77与胡人像X78、X84形成的组合，不是以佛像为中心两侧为胡人的对称性组合即供奉与非供奉的关系，而是主次关系。佛像或与胡人形象形成的组合所占据的位置也非中心位置，而是围绕在X73周围，散落于胡人形象之间，它们并不是被供奉的对象而是从属于主像，是为主像所作的说明。

X73周围充斥着形态各异的胡人形象，这些形象是汉代图像中的常见形象或与其形态相似。X87～X89直接取材于汉代墓葬图像中的胡人乐舞场面，X82和X83则与汉画像石墓中只简略成侧面、头戴单翅尖顶帽、高鼻深目符号化的胡人形象如出一辙，它们的大小更是视石面范围而定，如同汉画像石艺术中对画面空白做填白式的处理手法，所起作用并不是与内容无关的可有可无的装饰，而是画像内容不可分割的组成部分，具有烘托画像主体内容的作用[174]。

孔望山崖面造像在由形色各异的胡人形象营造出的浓郁异域背景下，主体是身份一高一低的两尊汉装人像，其间夹杂大量的佛教题材造像和佛像等，画面的文本意义正符合了东汉时

［170］Wu Hung（巫鸿）："The Queen Mother and her Immortal Kingdom," *The Wu Liang Shrine–The Ideology of Early Chinese Pictorial Art*, Stanford University Press, 1989, pp.132–141.

［171］信立祥：《孔望山摩崖造像中的道教人物考》，《中国历史博物馆馆刊》1997年第2期，19页。

［172］（荷）许理和著，吴虚领译：《汉代佛教与西域》，《国际汉学》2，大象出版社，1998年，298页。

［173］四川彭山崖墓出土东汉时期陶座的底部有双龙衔璧图，中部塑有浮雕三人，中为坐佛，两侧各立有一胡人。四川安县文物保管所藏摇钱树树干中央铸有五尊佛像，两侧各侧立一头戴尖顶帽的胡人；A形树枝的佛像（案：树枝应为树顶，根据所描绘的"佛"的形象特征，应为"菩萨"类像）坐于璧之上，两侧有踮跪胡人。陕西城固汉墓出土摇钱树与此同例，只是一侧残损（见附表二）。

［174］蒋英炬、杨爱国：《汉代画像石与画像砖》，文物出版社，2001年，167页。

图二九七　四川麻濠汉墓中间后室门额上的佛像［采自 Rhie, Marylin Martin: *Early Buddhist Art of China and Central Asia, v*ol.One, Brill Leiden Boston Köln，1999, Plates（Black and White）：1.22b］

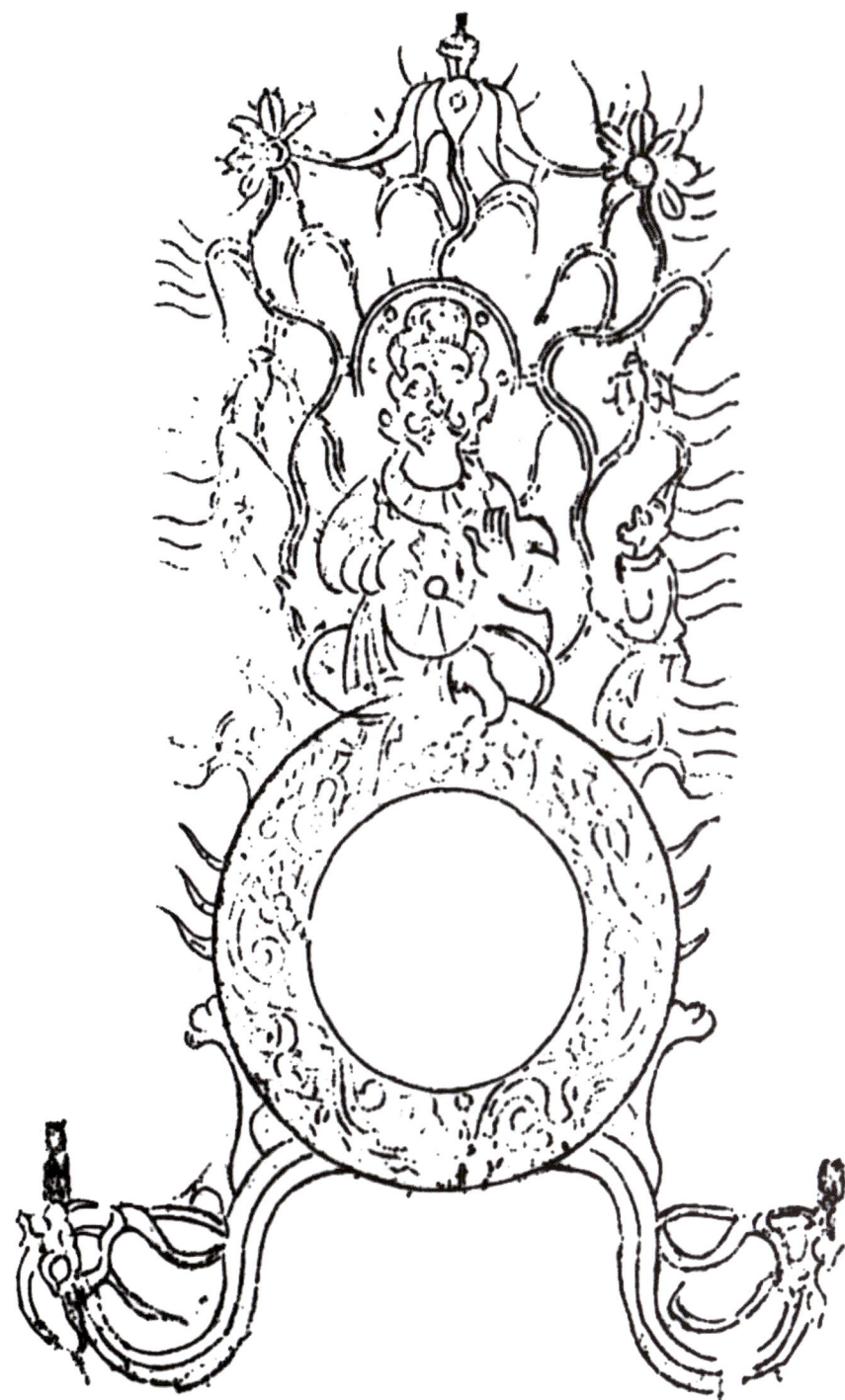

图二九八　南京博物院藏四川彭山崖墓出土陶座（王奇志　摄）

图二九九　四川安县文物管理所藏汉代摇钱树上的菩萨像（采自何志国等：《四川安县文管所收藏的东汉佛像摇钱树》，《文物》2002年第6期，图六，1.A型）

期流传的"老子化胡说"中"老子"、"尹喜"、"夷狄"、"浮屠"等基本要素，它可能是老子在胡域化为浮屠教化胡人的图像表现。X73即为老子，X1为尹喜。

老子本为先秦时期的哲人，其著作《老子》是由宇宙生于"无"（道）和"清净无为"的处世哲学（德）而构成[175]。老子西游本是老子生平的一部分，"老聃西游于秦"[176]。在老子西去中扮演重要角色的关令尹喜是由与老子同一学派而不同学说的代表"关尹"衍生而来，"老聃贵柔……关尹贵清，子列子贵虚，陈骈贵齐，阳生贵己……"[177]；"关尹曰：'在己无居，形物自著，其动若水，其静若镜，其应若响……'老聃曰：'知其雄，守其雌，为天下溪，知其白，守其辱，为天下谷……'"[178]。

后世神化老子的基本框架在西汉初期就已形成。《史记》："老子……居周久之，见周之衰，乃遂去。至关，关令尹喜曰：'子将隐矣，强为我著书。'于是老子乃著书上下篇，言道德之意五千余言而去，莫知其所终。……盖老子百有六十余岁，或言二百余岁，以其修道而养寿也"[179]。司马迁承继先秦以来对老子评述的同时还记录了老子靠修道而具备的超自然性，老子出关西去而不知所终，老子与关尹喜演变成师徒关系，"关尹"成为守护函谷关的门吏"尹喜"，《老子》是应关令尹喜之约写下的《道德经》五千言。

《老子》中原有的"养生"观念被后世蓬勃兴起的道教所利用和发挥，成为道教经典，老子被奉为道教尊神，种种传说与想象也附着其上不断延伸和发展起来。尹喜也被神化，并在种种细节和神秘成分不断丰富的老子西去中成为关键人物。关于"老子西去"，《太平经》提及："老子往西，越八十余年，生殷周之际也。"[180]《王子乔碑》："相国东莱王章字伯义，以为神圣所兴，必有铭表，昭示后世，是以赖乡仰伯阳之踪，关民慕尹喜之风。"[181]《列仙传》："关令尹喜者，周大夫也。善内学，常服精华。……老子西游，喜先见其炁，知有真人当过，物色

而遮之，果得老子。"又："后周德衰，乃乘青牛车去入大秦。过西关，关令尹喜待而迎之，知真人也。乃强使著书，作道德上下经二卷。"[182]

道教兴盛之际恰是佛教东传之时，从民间巫术、方技杂占原始宗教状态发展起来的道教由于确立老子为本教尊神的内在需要不断吸收并借鉴佛教因素。在不同文化体系中发展起来的佛、道两种宗教原本就拥有一些共通的宗教理念，如佛教的"省欲去奢"、"仁慈好施"与老子主张的"以濡弱谦下为表，以空虚不毁万物为实"[183]，佛教的"精灵起灭"、"轮回"之说与描述老子历世不灭超脱生死的神仙相类，"道成身化，蝉蜕渡世，自羲农，□为圣者作师"[184]。此外还有对佛的能力和形象的描述："佛之言觉也，恍惚变化，分身散体，或存或亡，能小能大，

[175] 李零：《说"黄老"》，《道家文化研究》第五辑，上海古籍出版社，1994年，149页。

[176] 《庄子·寓言》，（清）王先谦注：《庄子集解》，中华书局，1954年，69页。

[177] 《吕氏春秋》卷第十七《不二篇》，（秦）吕不韦辑，（清）毕沅辑校：《吕氏春秋》，中华书局，1991年，491页。

[178] 《庄子·杂篇·天下》，（清）王先谦注：《庄子集解》，中华书局，1954年，101页。

[179] （汉）司马迁：《史记·老子韩非列传》卷六十三，中华书局，1959年，2141、2142页。

[180] （唐）王悬河：《三洞珠囊》卷九之《老子化西胡品》中提及《太平经》云老子往西，越八十余年，生殷周之际也"。《道藏》第25册，文物出版社、上海书店、天津古籍出版社，1996年，355页。参见王明编：《太平经合校·附录》，中华书局，1960年，734页。

[181] （东汉）蔡邕：《王子乔碑》，陈垣编纂，陈智超、曾庆瑛校补：《道家金石略》，文物出版社，1988年，2页。

[182] 王叔岷：《列仙传校笺》，"中央研究院"中国文哲研究所中国文哲专刊，1985年，21、18页。

[183] 《庄子·杂篇·天下》，（清）王先谦注：《庄子集解》，中华书局，1954年，101页。

[184] （东汉）边韶：《老子铭》，陈垣编纂，陈智超、曾庆瑛校补：《道家金石略》，文物出版社，1988年，3页。

能圆能方，能老能少，能隐能彰，蹈火不烧，履刃不伤，在污不染，在祸无殃，欲行则飞，坐则扬光"[185]；而老子则是"浮游六虚，出入幽冥。观混合之未别，窥清浊之未分"[186]。"佛"自西方来与"老子西去"方位上的重合引发了早期道教信仰者把既已存在的"老子西去"接续而成"老子化胡"的传说，这种具有相同的能力和方位相同的情况也曾引发了图像中"佛"与西王母形象的互替[187]，其出现的原因有别于魏晋以降由于佛道对立而造作的各种"老子化胡经"。

"老子化胡说"的出现也和汉代佛教的传播特点相关，"它（汉代佛教）不是'接触传播'的结果，而是'远程传递'的结果。……它的接触是偶然的、断断续续的，相互交流也十分困难，并且没有什么反馈。宗教传播不完善，很容易变成没有系统地吸收某些宗教成分（要素），而实际上却已脱离了原来的背景，在新的文化环境中变得面目全非"[188]。

"老子化胡说"最早见于延熹九年（166年）襄楷给桓帝所上奏折中，"或言老子入夷狄为浮屠"[189]。曹魏明帝时人鱼豢所撰《魏略·西戎传》："盖以为老子西出关，过西域，之天竺，教胡。浮屠属弟子别号，合有二十九"[190]。马融所作的《樗蒲赋》曰："昔有玄通先生，游于京都。道德既备，好此樗蒲。伯阳入戎，以斯消忧"[191]。"伯阳"为老子的字，老子"入戎"的主题出现在当时的文学作品中，说明它在东汉之季已广为人知。

成书年代应在曹魏之际的《大道家令戒》[192]，保留了老子出关后道教尊神老子与佛教拼接的一种形式，也为我们理解孔望山崖面造像中手持水袋的"浮屠"形象提供了线索，"（老子）以周之末世始出，奉道于琅琊，以授干（于）吉太平之道，起于东方，东方始欲济民于涂炭，民往往欲信道。初化气微听得饮食，阴阳化宽至于父母、兄弟、酌祭之神。后道气当布四海，转生西关。由以太平不备，悉当须明师口诀。指谪为符命。道

复作五千文，由神仙之要，其禁转切急，指救治身养生之要、神仙之说付关令尹喜。略至而世多愚，心复闷闷，死者如崩，万无有全。西入胡，授以道法，其禁甚重，无阴阳之施，不杀生饮食，胡人不能信，道（老子）遂乃变为真仙，仙人交与天人浮游青云之间，故翔弱水之滨。胡人叩头数万，贞镜照天，髡头剔须愿信真人，于是真道兴焉"[193]。

孔望山崖面造像中的佛像和带有佛教造像因素的胡人形象的突出特点是左手持水袋，这些来源不同的典型佛像或类佛像X2、X50、X77都在原有的造型基础上有所改变，由左手牵衣端的形式变通为持水袋（图五〇、六七、八五）。胡人卧像X75右手施无畏印，左手也持水袋（图八一）。水袋本为印度婆罗门教中行者与仙人等形象所持的实用物，里面装有长生不死的饮料，

[185]《牟子理惑论一卷》，周叔迦辑撰、周绍良新编：《牟子丛残新编》，中国书店，2001年，3页。

[186]（东汉）王阜：《老子圣母碑》，严可均：《全上古三代秦汉三国六朝文·后汉文》卷三十二，中华书局，1958年，652页。

[187] Wu Hung（巫鸿），"Buddhist Elements in Early Chinese Art（2nd and 3rd Centuries A.D.）", *Artibus Asiae*, 47, 3/4（1986）, pp.268-269；中译本见郑岩、王睿编：《礼仪中的美术》，生活·读书·新知三联书店，2005年，297～298页。宿白：《四川钱树和长江中下游部分器物上的佛像——中国南方发现的早期佛像札记》，《文物》2004年第10期，63页。

[188]（荷）许理和著，吴虚领译：《汉代佛教与西域》，《国际汉学》2，大象出版社，1998年，309页。

[189]（宋）范晔：《后汉书·襄楷传》卷三十下，中华书局，1965年，1082页。

[190]（晋）陈寿：《三国志·魏书·乌丸鲜卑东夷传》卷三十裴松之注引，中华书局，1959年，859、860页。

[191]（唐）欧阳询撰：《艺文类聚·巧艺部》卷第七十四，上海古籍出版社，1965年，1278页。

[192] 关于《大道家令戒》的成书年代参见大渊忍尔：＜老子想尔注の成立＞，＜冈山史学＞，第19号，1967年，19-26页。饶宗颐先生亦持此说，见饶宗颐：《老子想尔注校证》，上海古籍出版社，1991年，165页。

[193]《道藏·正一法文天师教戒科经·大道家令戒》，《道藏》第18册，文物出版社、上海书店、天津古籍出版社，1996年，236页。

后在犍陀罗地区演变为梵天的印相，须跋手持皮制水瓶的形象在印度存续了很长时间[194]。此前的中国以及中亚地区的传统艺术中，并未发现水袋的图像形式。

在中国传统信仰中神仙被崇拜尊奉的重要原因就是掌握着长生不死药，如对西王母的描述，图像上常用"玉兔捣药"的形式来表现。"文化的同化暗含着选择。从一开始，外来理论的全体就被缩减为一些要素，通过与已有的中国观念和实践或真实或假想的结合，这些要素易于同化和融入。"[195]这种传统宗教信仰中的固有理念随着佛教的传入，对佛教中的某些思想和图像因素也按照固有的逻辑进行了夸大和利用，于是水袋便从佛教信仰体系中移植到中国本土信仰中，在中国图像艺术中成为描绘掌握"长生不死"之药的神异之人的道具。四川乐山麻濠一区M1后室甬道门侧人像，造型奇异，头戴异形高冠，身着长袍，左手持节杖，从其位置和神异的造型推测，应该是一个具有沟通神人法力的人物[196]，此人右手便持水袋（图二七六）。孔望山崖面造像中的佛教类造像对粉本图像进行了有意修改，强调了它们掌握着"长生不死"之药。

这些处于胡人形象之间、手持水袋的佛像围绕主像X73，特别是佛像X77与胡人装束的侧身像X78、X84在同一石面上体量由大到小"听法"的生动情景，可能就是对老子在夷地化为"浮屠"幻化胡人的描绘。

文献的引证并无意于证明孔望山崖面造像的图像学意义与何种记述相对应，旨在说明"老子化胡"是佛教在中土初传时期与道教最初的接触碰撞中的一种宗教思潮，它可能有多种形式内容，有保存下来的或已散佚的。孔望山崖面造像虽然存在目前尚不能解释的图像，但主体上应是以"老子化胡"的形式来尊崇老子的艺术表现。

汤用彤论断："此故事（老子化胡）之产生，自必在《太平经》与佛教已流行之区域也。……东汉佛陀之教与于吉之经，并

行于东海齐楚地域，则兼习二者之襄公矩首述此说，固极自然之事也。"[197]孔望山正处于这个地区，中国早期佛教史上的重要事件楚王英礼佛[198]、笮融造作浮屠寺[199]都发生在这个地区，襄楷[200]、严佛调[201]也出身于兹。它在中国道教史上占有举足轻重的地位。陈寅恪从文献上考证认为："若通计先后三百余年间之史实，自后汉顺帝之时，迄于北魏太武刘宋文帝之世，凡天师道与政治社会有关者，如汉末黄巾米贼之起原，西晋赵王伦之废立，东晋孙恩之作乱，北魏太武之崇道，刘宋二凶之弑逆，以及东西晋、南北朝人士所以奉道之故等，悉用滨海地域一贯之观念以为解释者。"[202]

位于两个汉装造像X1、X73之间下方的涅槃组像，是持晚期说学者认定孔望山摩崖造像群的时代不会是东汉时期的主要根据，因为当时佛教的涅槃、轮回等思想学说尚未被世人所理

［194］宫治昭著：《涅槃と弥勒の图像学——インドから中央アジアへ》，吉川弘文館，1992年，219、138页。

［195］中译本见（荷）许理和著，李四龙、裴勇等译：《佛教征服中国——佛教在中国中古早期的传播与适应》，江苏人民出版社，2003年，2页。

［196］唐长寿认为这是一个方士的形象，唐长寿：《乐山崖墓与彭山崖墓》，电子科技大学出版社，1993年，122页。巫鸿认为该像可能就是五斗米道的师或祭酒，巫鸿：《地域考古与对"五斗米道"美术传统的重构》，《汉唐之间的宗教艺术与考古》，文物出版社，2000年，437页。

［197］汤用彤：《汉魏两晋南北朝佛教史》第四章《汉代佛法之流布》之《太平经》与化胡说"，中华书局，1983年，42页。

［198］（宋）范晔：《后汉书·光武十王列传·楚王英传》卷四十二，中华书局，1965年，1428页。

［199］（晋）陈寿：《三国志·吴书·刘繇传》卷四十九，中华书局，1959年，1185页。

［200］（宋）范晔：《后汉书·襄楷传》卷三十下，中华书局，1965年，1075～1085页。

［201］（梁）僧祐：《出三藏记集》卷十三《安玄传第三》，《大藏经》第五十五册，新文丰出版公司影印，1987年，96页。

［202］陈寅恪：《天师道与滨海地域之关系》，《金明馆丛稿初编》，上海古籍出版社，1980年，1页。

解[203]。但孔望山崖面造像中在以老子像 X73 为崖面造像主像的情况下，涅槃图像不能完全在佛教信仰的框架下来解说。早有学者指出"这两幅佛教图像（涅槃图和舍身饲虎图）分别被配置在老子图像的左右两侧。……极有可能是当时的人们把涅槃图和舍身饲虎图理解为升仙图，才将它们刻在那里的"[204]。

一种宗教神学思想体系的建立，必须对宇宙本质、人生真谛、彼岸世界的认识以及达到彼岸世界的途径等问题做出明确回答。道教不同于其他宗教用虚拟的世界来连接此岸与彼岸，它是运用实际手段来追求不可能的境界——"长生不死"。老子从先秦时期的贤哲到逐步被赋予超自然人格再至于道教中超脱生死的神仙，认识这个过程的难点就是解说老子如何渡生死，从而也决定了解释形式的多种多样。《老子铭》中用"道成身化，蝉蜕渡世"的形式来沟通生死。《太平经》的"尸解"方式，则为"凡天下人死亡，非小事也，壹死，终古不得复见天地日月也，脉骨成涂土。死命，重事也。人居天地之间，人人得壹生，不得重生也。重生者独得道人，死而复生，尸解者耳"[205]。在神化老子的过程中，佛教的造神方式，尤其是佛教的生死轮回观念会对道教产生影响，如"生者皆当死。死者复生"[206]。"我自忆念。会于此处。六返作转轮王。终措骨于此。今我成无上正觉。复舍性命措身于此"[207]。在成书于桓帝永寿元年至延熹八年间的道教经典《老子变化经》中："吾（老子）变易身形，托死更生"[208]，这种老子历世解释的新方式"托死更生"，可能就是借鉴了佛教中的"涅槃"这种以死渡生的形式。佛教涅槃像出现在用"老子化胡"的画面来突出老子形象的崖面造像间，可能就是借用涅槃像来解说老子超脱生死、历世不灭的渡世形式。

在中国早期艺术史中，孔望山崖面造像的涅槃像已不是受佛教涅槃思想和图像影响的孤例。四川忠县涂井蜀汉时期 5 号崖墓的出土资料提供了受"涅槃"思想影响的另一种表现形式。此墓有前后两室，前室中部置二棺，左壁开龛，龛内有三座陶屋模型面向棺椁；后室中部置一棺，左壁前有五座陶屋模型面向棺椁。墓葬随葬品中带有大量的佛教因素，铜质摇钱树 M5：62 树干上有佛像[209]，65 件陶俑中至少有 11 件额前眉际有类似佛教的白毫相，大量女俑头饰莲花，其中两件陶屋 M5：40、M5：94 的形制特殊，屋脊和栏板上角装饰有莲花，陶屋 M5：40 栏板上的乐舞胡人旁有一人侧卧（图三〇〇）；陶屋 M5：94 檐下有众多的乐舞胡人，屋内设床帐，床上侧卧一人[210]（图三〇一）。吴焯认为："忠县涂井陶屋模型具有吴、晋魂瓶的作用，换言之，它极可能也是一件涉及佛教内容的随葬品"[211]。吴桂兵则进一步认为："该两件房屋模型中陶俑所组成的仪式场景比较相似：一组吹箫俑、抚琴俑及侍俑围绕着卧躺在床之人。……此仪式场景恐是尸解成仙，或者其使用目的与神仙信仰有一定的关联。"[212] 在特定的丧葬背景中，传统的随葬品陶屋吸收运用

[203] 丁明夷：《试论孔望山摩崖造像》，《考古》1986 年第 10 期，949 页。

[204] 信立祥：《孔望山摩崖造像中的道教人物考》，《中国历史博物馆馆刊》1997 年第 2 期，17～24 页。

[205] 王明编：《太平经合校》卷七十二，中华书局，1960 年，298 页。

[206] （西晋）白法祖译：《佛般泥洹经》，《大藏经》第一册，新文丰出版公司影印，1987 年，165 页。

[207] （后秦）佛陀耶舍、竺佛念译：《长阿含经·游行经》，《大藏经》第一册，新文丰出版公司影印，1987 年，24 页。

[208] 隋大业八年，书写于玄都观的敦煌文书 S.2295《老子变化经》，黄永武主编：《敦煌宝藏》，新文丰出版公司，1983～1986 年，第 18 册，113～116 页。此经的产生年代在桓帝永寿元年至延熹八年间，参见苏晋仁：《敦煌逸书〈老子变化经〉疏证》，《道家文化研究》第十三辑，生活·读书·新知三联书店，1998 年，154 页。

[209] 赵殿增、袁曙光：《四川忠县三国铜佛像及研究》，《东南文化》1991 年第 5 期，55～57 页。

[210] 四川省文物管理委员会：《四川忠县涂井蜀汉崖墓》，《文物》1985 年第 7 期，49～85 页。

[211] 吴焯：《四川早期佛教遗物及其年代与传播途径的考察》，《文物》1992 年第 11 期，44 页。

[212] 吴桂兵：《忠县涂井 M5 与蜀地早期佛教传播》，《四川文物》2002 年第 5 期，69 页。

了大量佛教图像因素和胡人形象，其间出现了侧卧者，这应该就是在佛教涅槃思想的影响下，对死亡和归宿的一种本土化描述。事实上就是在5、6世纪，中国境域内的佛教造像碑和石窟中的涅槃像，尚置于佛与未来佛之间，用佛在现实世界存在的最后形式"涅槃"来强调"死"是生死转换的中间形式[213]。

石龛与崖面造像不但制作上有先后，内容上也缺乏直接联系。K3至K5基本上呈直线排列于摩崖造像群的中部区域，K4

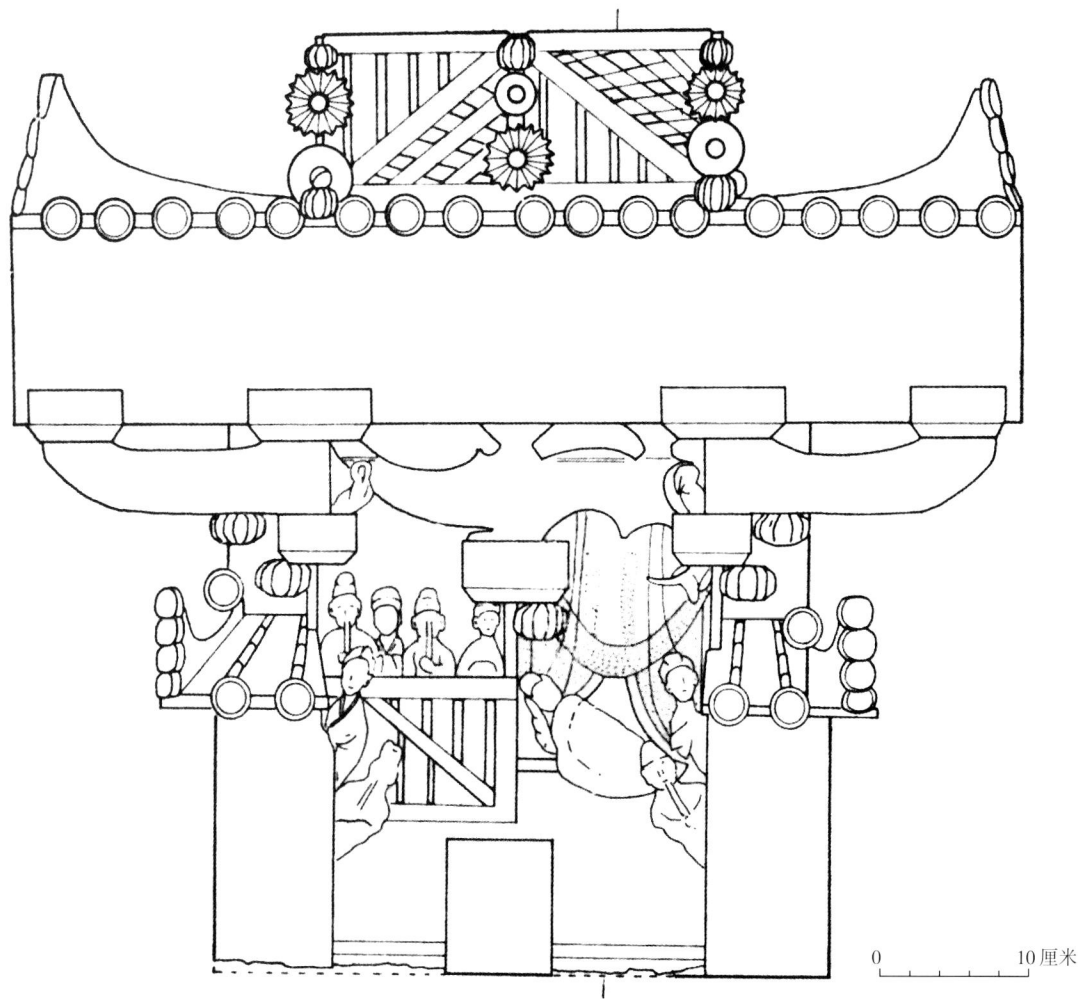

图三〇〇　四川忠县涂井崖墓出土陶屋 M5：40（采自四川省文物管理委员会：《四川忠县涂井蜀汉崖墓》，《文物》1985年第7期，74页，图五九）

图三〇一　四川忠县涂井崖墓出土陶屋 M5：94（采自四川省文物管理委员会：《四川忠县涂井蜀汉崖墓》，《文物》1985年第7期，75页，图六〇）

只残留线刻的帷幔痕迹，K3、K5刻画的是帷幔下主宾长谈的场面。从三个石龛的分布位置、雕刻技法和规定场景的方式等一系列相同的表现手法，以及K3、K5在服饰、器具和内容方面大致相同的现象推测，K4所描绘的场景也应该是这类内容。

龛中的画面内容直接截取于汉代画像石墓和壁画墓中宴饮与拜谒场面里宾主于帐幔下畅谈的部分，只是在客人的帽饰上稍事改革，由通常的弁冠改制为K3、K5中的头裹巾、巾角下垂的形式。

把墓葬中的画面复制在露天摩崖上，借用了原来的主宾对

[213] Sonya S. Lee, "Nirvana Imagery in Medieval Chinese Art", Ph.D. Dissertation, the University of Chicago, 2004, p.60.

坐场景和主人形象，只是宾客头裹巾、巾角下垂。黄巾挂杖是汉末以来道师的形象，《三国志·魏志·三少帝纪》及《晋书·武帝纪》：魏元帝咸熙二年（265年）八月，司马炎袭晋王爵，欲图篡魏。"是月，襄武县言有大人见，长三丈余，迹长三尺二寸，白发，著黄单衣，黄巾，挂杖，呼民王始语云：'今年当太平'"[214]。《三国志·吴书·孙破虏讨逆传》中引《江表传》（孙）策曰："昔南阳张津为交州刺史，舍前圣典训，废汉家法律，尝著绛帕头，鼓琴烧香，读邪俗道书，云以助化，卒为南夷所杀"[215]。石龛中的线刻像与崖面造像间的联系尚无从探知。

目前孔望山摩崖造像群尚存在不能解释的内容，如X71；X62、X63与X65~X70形成的一组画面；K2。

X71由于其位置和造型的特点尤其值得注意，X71处于整个造像群的最高点，并且正面而坐（图四四、四五、七三~七五），因而历来备受学者们关注。李洪甫、瑞和（M.M.Rhie）、曾布川宽等认为其表现的是西王母[216]，温玉成认为是东王公[217]。信立祥认为："6组X68（简报中编号）肯定是黄帝的图像。黄帝，作为上古传说时代的三皇之一，是最著名的古代圣贤之君；同时，在道教信仰中，也是比老子地位更高的教祖。因此，黄帝的图像理所当然地被配置在孔望山摩崖造像群的最高处。"[218]

上述图像的识别是建立在1981年孔望山摩崖造像群调查报告中对X71的描述："著汉式衣冠，袖手盘坐。像前平台上，凿有灯碗"[219]。经过本次重新调查和辨识，我们发现这尊造像是头戴尖顶帽、身着交领衫、双腿盘膝而坐、手心相对叠置于胸前、袍袖宽大、腰束宽带的胡人形象，造像前也未发现灯碗等祭祀遗迹。在两汉时期的图像资料中，西王母、东王公和黄帝都各自有固定的图像表现形式，X71的胡人装扮很难与上述人物直接联系起来，如果作为东汉时期广泛信仰的神仙和道教中的教主，它又未配置祭祀遗迹，违背了将在结语中论及的孔望山摩崖造像群中对主像的处理方式。上述意见暂存疑，需要进一步的研究和等待其他可资类比材料的出现。

孔望山摩崖造像群所处的鲁南苏北地区是汉画像石艺术的起源地，也是汉画像石艺术发育最为成熟、图像最为丰富的两个中心区域之一。孔望山崖面造像的"偶像型"构图方式就常见于汉代画像石艺术所描绘的有关西王母的场景中，"孔子见老子"的画面从西汉晚期的石椁画像一直延续到东汉晚期，构图形式基本一致（图三〇二）。在位于露天宗教场所的孔望山崖面造像"偶像型"构图中，老子由故事的主角之一演变为中心人物，老子形象也由侧身侧面形象演变为"偶像型"场景中正面凭几而坐的形象，并利用汉画像石艺术中人物体量大小的对比方法来突出主要人物，用传统的表现人物运动的形式来建立人物之间的联系。

汉画像石艺术中所特有的两种艺术表现手法是孔望山摩崖造像群得以出现的技术保证。一是在主题图像基础上可以延伸发展成为叙事表现。以"西王母"的图像变化为例，西王母的早期图像常表现为西王母端坐于中，两旁有侍奉者（图三〇

[214] （晋）陈寿：《三国志·魏志·三少帝纪》卷四，中华书局，1959年，153页。此事亦见（唐）房玄龄：《晋书·世祖武帝纪》卷三，中华书局，1974年，50页，作："是月，长人见于襄武，长三丈，告县人王始曰：'今当太平'。"

[215] （晋）陈寿：《三国志·吴书·孙策传》卷四十六注引《江表传》，中华书局，1959年，1110页。

[216] 李洪甫：《孔望山造像中部分题材的考订》，《文物》1982年第9期，66、67页。Rhie从其说，见Rhie, Marylin Martin: *Early Buddhist Art of China and Central Asia*, vol. One, Brill Leiden Boston Köln, 1999, p.29.（日）曾布川宽著，潘秋枫译：《汉、三国佛教遗物的图像学——西王母和佛》，《东南文化》1995年第2期，76页。

[217] 温玉成：《孔望山摩崖造像研究总论》，《敦煌研究》2003年第5期，20页。

[218] 信立祥：《孔望山摩崖造像群中的道教人物考》，《中国历史博物馆馆刊》1997年第2期，21页；《汉代画像石综合研究》第八章《江苏连云港孔望山的摩崖画像》，文物出版社，2000年，343页。

[219] 连云港市博物馆：《连云港市孔望山摩崖造像调查报告》，《文物》1981年第7期，3页。

图三〇二　山东嘉祥出土汉代"孔子见老子"画像石（采自山东省博物馆、山东省文物考古研究所编：《山东汉画像石选集》，齐鲁书社，1982年，图179）

三）。随着有关神话情节的丰富，画面也不断充实起来。在这些画面中，西王母仍端坐正中，而两侧则开始添加了羽人、玉兔捣药、蟾蜍、人首鸟身者等灵异形象（图三〇四）。二是通过重新组织有固定图像学意义的图像来表达特定的思想意识。援以四川画像石棺上的图像配置为例，出处不同的单独画像配置在石棺上构成一个新的图像组合来表达其特定的思想内涵[220]。

孔望山摩崖造像群不同于公元6世纪脱胎于佛教造像艺术而产生并流行开来的老君和真人的道教造像形式[221]，它是用汉画像石技法和艺术表现手法，把当时图像艺术中具有固定图像学意义的或流行或能见到的图像加以借用、改进从而整合以表达其思想意识的一种生硬表现方式。

图像艺术作为特定地域和某一人群集团所认同的文化符号，较之于文字，其图像学意义被认知的范围和规模要小得多，从而被传承的可能性也要小得多。在两个不同地域、文化中发展起来的佛、道两种宗教中，"老子化胡"是佛道两种宗教在最初的接触与碰撞中硬性嫁接的最早产物之一，它的文本形式贯穿了整个佛道关系发展史，从汉代道教广泛吸收佛教因素、魏晋

时期佛道的争讼辩难、元初宪宗敕令禁毁《道藏》，均有迹可寻。而孔望山摩崖造像群"老子化胡"的图像表现形式却只限一隅一时，传承情况不明。实际上，到唐代"老子化胡"的图像尚广为盛行，唐中宗《禁化胡经敕》："如闻天下诸道观，皆画化胡成佛变相，僧寺亦画元元之形，两教尊容二俱不可，敕到后限十日内，并须除毁。若故留，仰当处官吏科违敕罪。其化胡经，累朝明敕禁断，近知在外仍颇流行，自今后其诸部化胡经及诸记录有化胡事，并宜除削。若有蓄者，准敕科罪。"[222]遗憾的是，"老子化胡"的图像表现形式在其后的时间长河中如何流布与继承的已无从查考。

---

[220] 巫鸿：《四川石棺画像的象征结构》，郑岩、王睿编：《礼仪中的美术》，生活·读书·新知三联书店，2005年，167～185页。

[221] Kamitsuka, Yoshiko: "Lao-tzu in Six Dynasties Taoist Sculpture", *Lao-tzu and the Tao-te-ching*, edited by Livia Kohn and Michael Lafargue, State University of New York Press, pp.63～85.

[222] （清）董诰等编：《全唐文·中宗皇帝》卷十七，中华书局，1983年，202、203页。

图三○三 山东孝堂山石祠西壁画像中的西王母（采自中国画像石全集编辑委员会：《中国画像石全集1·山东汉画像石》，山东美术出版社，2000年，图四三）

图三〇四　山东嘉祥洪山出土汉代西王母画像石（采自山东省博物馆、山东省文物考古研究所编：《山东汉画像石选集》，齐鲁书社，1982 年，图 181）

附表一

唐代以前中国境域内涅槃图像情况一览表

	地 点	时 代	释 迦 造 型			举哀者及其位置	树 木
			头向、身姿	手	背 光		
1	美国旧金山亚洲艺术博物馆藏青铜龛	2～3世纪	头向左，横卧	不明	无	8人，其中释迦身后6人、身前2人	2棵
2	甘肃省博物馆藏造像塔	北魏	头向左，仰卧	两手长伸在身体两侧	无	8人，其中释迦身后6人、头前足后各1人	无
3	甘肃麦积山石窟1窟正壁	北魏				原型已无，后经明代补修	
4	甘肃麦积山石窟133窟10号造像碑	北魏	头向左，仰卧	两手长伸在身体两侧	无	6人，其中释迦身后4人、头前足后各1人	无
5	山西云冈石窟11窟南壁上层	北魏，5世纪	头向右，仰卧	两手长伸在身体两侧	无	比丘4人，其中头、足部各1人	2棵
6	山西云冈石窟35窟东壁左上部	北魏，5世纪末	头向右，仰卧	两手长伸在身体两侧	舟形身光	10人，其中1人在足部	无
7	山西云冈石窟38窟北壁东部	北魏，5世纪末	头向右，仰卧	两手长伸在身体两侧	舟形身光	9人，其中头、足部各1人	无
8	河南龙门石窟魏字洞（17窟）北壁佛龛东侧	北魏正光四年（523年）	头向左，仰卧	两手长伸在身体两侧	无	11人	无
9	河南龙门石窟普泰洞（14窟）北壁佛龛西侧	北魏普泰元年（531年）	头向左，仰卧	两手长伸在身体两侧	无	7人，其中头部1人	无
10	甘肃炳灵寺石窟132窟东壁门口上部	北魏，6世纪	释迦身形巨大，头向左，横卧	枕右手	有头光、身光	舟形背光上有8人，头部1人	无
11	美国芝加哥艺术研究院藏造像碑	西魏大统十七年（551年）	头向左，横卧	两手长伸在身体两侧	无	9人，其中头、足部各1人	龛沿上有4棵
12	日本大阪市立美术馆藏造像塔	西魏，6世纪中叶	头向左，横卧	两手长伸在身体两侧	无	11人，其中比丘6人、头足部位各1人	龛外2棵
13	甘肃麦积山石窟127窟正壁龛上右侧*	西魏	仰卧	两手长伸在身体两侧	无	无存	
14	甘肃麦积山石窟135窟正壁中央龛上*	西魏				无存	
15	日本东京国立博物院藏浮雕台座	北齐天保十年（559年）	头向右，仰卧	两手长伸在身体两侧	无	比丘12人，其中头、足部各1人	8棵
16	河南浚县出土，河南博物院藏造像塔	北齐武平三年（572年）	头向右，仰卧	两手长伸在身体两侧	无	10人	龛中央有1棵
17	河北南响堂山石窟5窟前壁上部	北齐	头向左，仰卧	两手长伸在身体两侧	无	11人，其中头、足部各1人，身前1人	龛外有
18	甘肃麦积山石窟26窟窟顶后斜面*	北周	仰卧	两手长伸在身体两侧	无	无存	
19	甘肃敦煌莫高窟428窟西壁中央*	北周	头向左，横卧	两手长伸在身体两侧	有头光、背光	比丘13人，其中头、足部各1人；俗人12人	4棵
20	甘肃敦煌西千佛洞8窟西壁中央*	北周	释迦身形巨大，头向左，横卧	枕右手	有头光、身光	14人，其中足部有1人	2棵

续附表一

	地　　点	时　代	释　迦　造　型			举哀者及其位置	树　木
			头向、身姿	手	背光		
21	河南博物院藏造像塔	隋开皇二年（582 年）	头向左，仰卧	两手长伸在身体两侧	无	比丘 13 人；其中头前有菩萨 5 人，足部有迦叶	龛中央有 1 棵
22	甘肃敦煌莫高窟 280 窟主室窟顶 *	隋	释迦身形巨大，头向左，横卧	枕右手	有头光、身光	16 人；其中足部有 1 人，头前有摩耶夫人	3 棵
23	甘肃敦煌莫高窟 295 窟主室窟顶 *	隋	头向左，横卧	枕右手	有头光、身光	15 人，其中足部有 1 人	2 棵
24	甘肃敦煌莫高窟 420 窟窟顶北面（法华经变）*	隋	头向左，横卧	枕右手	有头光、身光	多人，头足部位有人	有
25	山西博物院藏造像碑	唐天授三年（692 年）	头向左，仰卧	枕右手	无	多人	2 棵
26	甘肃敦煌莫高窟 332 窟西壁中央 *	初唐	无　存				
27	甘肃敦煌莫高窟 332 窟南壁西部（经变）*	初唐	头向左，横卧	枕右手	有头光、身光	比丘、菩萨多人	2 棵
28	四川广元千佛洞 495 窟（雕塑）	初唐	头向左，横卧	两手长伸在身体两侧	无	11 人；其中释迦身前 1 人，身后 10 人	2 棵
29	四川广元千佛洞 746 窟（雕塑）	初唐	头向左，横卧	枕右手	无	10 人	2 棵
30	四川安岳卧佛院	8 世纪初	释迦身形巨大，头向右，横卧	两手长伸在身体两侧	无	多人	无
31	甘肃敦煌莫高窟 120 窟东壁门口上部 *	盛唐	无　存				
32	甘肃敦煌莫高窟 130 窟东壁门口北侧 *	盛唐	无　存				
33	甘肃敦煌莫高窟 39 窟西壁 *	盛唐	无　存				
34	甘肃敦煌莫高窟 46 窟南壁 *	盛唐	头向左，横卧	枕右手	有头光、身光	比丘、俗人 23，足部有人	2 棵
35	甘肃敦煌莫高窟 225 窟北壁 *	盛唐	头向左，横卧	枕右手	有头光、身光	比丘、俗人 18	不详
36	甘肃敦煌莫高窟 148 窟西壁 *	盛唐	无　存				
37	日本滨松市立美术馆藏造像碑	唐开元二十二年（734 年）	头向左，横卧	枕右手	无头光	僧、俗人 8，其中头前、足部各 1 人	2 棵
38	甘肃敦煌莫高窟 44 窟西壁 *	中唐	无　存				
39	甘肃敦煌莫高窟 92 窟窟顶 *	中唐	无　存				
40	甘肃敦煌莫高窟 158 窟西壁 *	中唐	释迦身形巨大，头向左，横卧	枕右手	无	无存	

说明：此表以平野京子『中国北朝期の涅槃図についての一考察』文中附表为蓝本（『仏教芸術』205 号，118、119 頁），其中的 1、12、28～30、37 为增添项。1、12、30、37 参见 Sonya S. Lee，"Nirvana Imagery in Medieval Chinese Art"，Ph. D. Dissertation, the Uni. of Chicago，2004，Plate 3、29、83、47；28、29 由四川广元市文物管理所王剑平提供。

* 代表壁画。

附表二   **东汉至蜀汉时期带有佛教造像因素的图像**

山东地区	一、沂南画像石墓中室八角擎天石柱上的四个斜面刻有禽、兽和羽人像，四个正面刻出下列图像：东、西两面为典型的东王公和西王母的形象。南面：顶端是一带项光的立像，头上有束带，腰部系下垂流苏之带，衣裙下端作垂幛状，着裤，双手似捧一鱼；下面之物作人面双首鸟身，下面是一带双翼的坐像，左手蜷在胸前，右手五指外伸，类似佛教图像中的手印；再下为一羽人；最下之兽略似龙形。北面：顶端之像与南面相同，唯双手似捧一鸟；下面一力士，赤身系短裙，右佩大刀，力拔一树，再下是一翼牛；最下是鸟首翼龙[1]。 二、滕州画像石中的六牙白象图：在滕州出土的一块东汉画像石残块上刻有两头六牙象，因透视关系，每头象的六牙都只刻出右半三个。象身皆套鞍具，上有人物骑坐，惜因残缺而不见；象前一兽似辟邪，有佩剑之人相骑[2]。另外滕州市龙阳店出土的一块画像石上"象"的想象造型特异，前面一头完整，象鼻硕长，因透视关系仅雕出四颗象牙，大象背上置鞍具，上有四人端坐，面部和服饰不清，在大象的头部和尾部各有一只走兽；后面的一头大象仅雕出头部，象鼻、四颗象牙的形态与前者相同[3]。
四川、重庆、陕西和贵州地区	一、四川乐山城郊的麻濠崖墓，时代在东汉末期至蜀汉之间。墓的前部凿成石室状，前室可通向三个后室，中间后室的门额位置用浅浮雕刻出一尊坐佛像。佛像高37厘米，头带项光，结跏趺坐，手施无畏印[4]。后室甬道门侧画像的造型奇异，头戴异形高冠，身着长袍，左手持节杖，右手持水袋[5]。 二、四川乐山柿子湾东汉末至蜀汉时期的崖墓有1个前室、2个后室，还有一个后室尚未开凿。在已经凿出的两个后室的门额上都刻出一尊头有圆光的坐佛像，两尊佛像虽然模糊，仍可肯定同麻濠崖墓的坐佛像是一样的[6]。 三、四川彭山东汉崖墓内曾出土一陶座。座底部有双龙衔璧图，中部浮雕3人，中间一人高肉髻，通肩衣，结跏趺坐，右手施无畏印，左手牵衣端，两侧各有一尊站立的胡人像[7]。 四、1989年四川绵阳何家山1号东汉崖墓出土一株铜质摇钱树，树干上铸五尊形制相同的佛像[8]。佛像有头光，肉髻，圆领衣，左手握衣角再经右手腕下垂，中间形成U形，右手掌心向外，施无畏印。 五、1981年四川忠县涂井卧马崖墓群的3座墓中出土4株铜钱树，其中M5：62、M14：31（1）、M14：31（2）存有树干。树干由数节缀合而成，共清理出14节，每节树干上均有一佛像。佛像有头光，肉髻，圆领衣，左手握衣角再经右手腕下垂，中间形成U形，右手掌心向外，施无畏印[9]。5号墓为有前后室的大中型墓，前室中部置二棺，左壁开龛，龛内有3座陶屋模型面向棺椁，后室中部置一棺，左壁前有5座陶屋模型面向棺椁，其中M5：99、M5：40、M5：94、M5：34的4件屋脊和栏板上角装饰有莲花。M40屋中部于台基上立柱，柱外置栏杆，后壁右下开梯形孔，孔边侧睡1人，以圆被盖身，屋左栏内立4人，2人吹箫，2人静听。M5：94在陶屋中部台基上立柱，后壁开卧榻、方格窗，屋左有床和垂幛，床上卧1人，屋顶和屋前置跽坐吹箫、抚琴和听琴俑；陶屋内设床帐，床上人侧卧。5号墓共出土陶俑65件，根据简报提供的文字描述和图片，至少11件俑的额前眉际有类似佛教的"白毫相"，还有很多女俑头饰莲花[10]。 六、四川安县文物管理所藏摇钱树，树干中央铸5尊佛像。佛像有头光，肉髻，着圆领衣，左手握衣角再经右手腕下垂，中间形成U形，右手掌心向外，施无畏印，两侧各侧立一头戴尖顶帽的小人；A形树枝佛像（案，树枝应为树顶，根据所描绘的"佛"的形象特征，应为"菩萨"类像）坐于璧之上，头梳高髻，唇上方有卷曲胡髭，着圆领衣，右手握衣角，左手施无畏印，右脚赤裸，露于裤外，两侧有跽跪胡人[11]。 七、1972年四川什坊皂角乡白果村马堆子出土佛塔画像砖，后为四川省博物馆收藏[12]。 八、重庆丰都镇江镇观石滩村槽房沟9号墓出土延光四年（125年）摇钱树底座，铜佛像残高5厘米，为摇钱树的一部分。火焰状发饰，肩披袈裟，右手施无畏印，左

续附表二

四川、重庆、陕西和贵州地区	手提袈裟，下部残[13]。 　　九、陕西城固汉墓所出摇钱树树顶铸坐佛（案，根据所描绘的"佛"的形象特征，应为"菩萨"类像），头梳高髻，唇上方有卷曲胡髭，着圆领衣，右手握衣角，左手施无畏印，右脚赤裸，露于裤外，其一侧有踞奉状胡人，另侧残损[14]。 　　十、贵州中西部的清镇县 11 号汉墓残摇钱树上有两尊佛像，一尊高约 4.7、宽约 2.8 厘米，结跏趺坐，头顶有高肉髻，头发呈纵向，着通肩衣，双手置于身体前面且似乎都握住衣角，双手之间的衣服下摆呈"U"形；另一尊高约 4.6、宽约 2.6 厘米，造型与前者大致相同，但锈蚀严重[15]。
内蒙古地区	和林格尔小板申 M1 的前室顶部图像象征天空，东面绘"青龙"和"东王公"，西面绘"白虎"和"西王母"，南面题有"朱爵"、"仙人骑白象"、"凤凰从九韶"，北面绘"玄武"和放有 4 个圆球形物体的盘状物，在其左上方题有"猰狨"、"麒麟"、"雨师驾三虹（？）"[16]。

案，俞伟超《东汉佛教图像考》中收录的新疆民丰出土蜡缬棉布上有头光和身光、裸上身的手持花束像应为贵霜王朝时期的丰收女神阿尔多克洒[17]，不在此讨论之列。

[1] 曾昭燏等：《沂南古画像石墓发掘报告》，文化部文物管理局，1956年，图版67、68；拓片56、57。

[2] Lao Kan（劳榦）："Six-tusked elephants on a Han Bas-relif"，*The Harvard journal of Asia*，vol.17，1954，pp.366-369. 傅惜华：《汉代画像全集》初编，巴黎大学北京汉学研究所图谱丛刊之一，北京，1950年，图113。

[3] 胡新立：《鲁南地区汉画像中的佛教图像考》，《'96临沂中国汉画学会年会论文选》，中国汉画学会选编，1996年，48页。

[4] Edwards，R．"The Cave Reliefs at Ma Hao"，*Artibus Asiae*，vol. XVⅡ（2），1954，fig. 11，p105.

[5] 唐长寿：《乐山崖墓与彭山崖墓》，电子科技大学出版社，1993年，122页。

[6] 俞伟超：《东汉佛教图像考》，《先秦两汉考古学论集》，文物出版社，1985年，165页。

[7] 曾昭燏等：《沂南古画像石墓发掘报告》，文化部文物管理局，1956年，66、67页。

[8] 何志国：《四川绵阳何家山 1 号东汉崖墓发掘简报》，《文物》1991年第3期，5、7页，图19。

[9] 赵殿增、袁曙光：《四川忠县三国铜佛像及研究》，《东南文化》1991年第5期，55～57页。

[10] 四川省文物管理委员会：《四川忠县涂井蜀汉崖墓》，《文物》1985年第7期，52、56～94页。

[11] 何志国等：《四川安县文管所收藏的东汉佛像摇钱树》，《文物》2002年第6期，63～67页。

[12] 吴焯：《四川早期佛教遗物及其年代与传播途径的考察》，《文物》1992年第11期，40页，图二。

[13] 刘宏斌、辛怡华：《陕西宝鸡考古队完成三峡文物考古发掘任务》，《中国文物报》2002年3月22日第2版。

[14] 罗二虎：《陕西城固出土的钱树佛像及其与四川地区的关系》，《文物》1998年第12期，63、64页，图三。

[15] 罗二虎：《略论贵州清镇汉墓出土的早期佛像》，《四川文物》，2001年第2期，50页。

[16] 俞伟超：《东汉佛教图像考》，《先秦两汉考古学论集》，文物出版社，1985年，157～162页。

[17] 孙机：《建国以来西方古器物在我国的发现与研究》，《文物》1999年第10期，71页。

第二章　造像群周边石刻遗迹的研究

一　象石和蟾蜍石

　　孔望山象石和蟾蜍石都是利用天然巨石随形浑雕而成的立体圆雕作品。象身与底座相连，四肢之间未加雕透，仅对细部稍做加工并用阴线刻表现细部，具有汉代大型圆雕的特点[1]。在陵园、苑囿中布置立体圆雕动物或人像组合的传统可以追溯至西汉时期霍去病墓前的石刻动物和汉长安城昆明池边的牵牛织女石刻人像[2]。

　　商周时期的青铜器、玉器中有以象为器形和装饰纹样的，象与胡人象奴的组合在湖北出土的商周时期青铜器上就可见到[3]（图三〇五）。汉代的画像石、铜器和陶俑等不同材质的艺术品中都有大象形象[4]，河南孟津象庄的一对圆雕石象[5]（图三〇六）与孔望山石象的形态相似，二者皆以一块巨石雕刻而成，腹部浑圆，整体下部向内凿进以表现象腿和腹上部，象尾则通过减地而高出周围石面，象耳皆以剔地形成的弧线来表现

耳内的凹凸质感，但象庄石象的四肢之间施以雕透，象耳、象牙等细部表现较孔望山石象更为立体。

　　在汉画像石艺术中，很多"象"是与"象奴"成组合出现的。《孔望山摩崖造像的年代考察》中就列举了9例象奴驯象画像石以及文献中有关用钩驯象的记载，此类图像还见于江苏徐州洪楼出土"神人出行图"[6]、祠堂天井石画像[7]等汉代图像资料中。汉画像石中的大象和象奴皆为平面分布，象奴通常骑

---

[1] 俞伟超、信立祥：《孔望山摩崖造像的年代考察》，《文物》1981年第7期，11页。

[2] 班固《两都赋》和张衡《西京赋》中有牵牛和织女石刻的记载，见《后汉书·班彪列传》卷四十，中华书局，1965年，1348页。（清）严可均校辑：《全上古三代秦汉三国六朝文》（一），中华书局，1958年，763页。

[3] 湖北省博物馆：《湖北出土文物精粹》，文物出版社，2006年，81页。

[4] 贾娥：《说汉唐间百戏中"象舞"——兼谈"象舞"与佛教"行像"活动及海上丝路的关系》，《文物》1982年第9期，53~55页。

[5] 位于东汉三大陵墓正南方，属于墓葬神道两侧的雕刻。见杨宽：《中国古代陵寝制度史研究》，上海古籍出版社，1985年，150页。

[6] 中国画像石全集编辑委员会：《中国画像石全集4·江苏、安徽、浙江汉画像石》，江苏徐州洪楼发现，山东美术出版社，2000年，图四一。

[7] 徐州市博物馆：《徐州汉画像石》，江苏美术出版社，1985年，图33，说明见85页。

图三〇五　湖北商周时期墓葬中出土的青铜象尊（采自湖北省博物馆：《湖北出土文物精粹》，文物出版社，2006 年，81 页）

图三〇六 河南孟津象庄东汉陵前石刻大象（采自张书田主编：《中国名流丛书·洛阳卷》，香港大学出版印务公司，1995 年，11 页）

图三〇七　河南唐河出土汉代"晏子见齐景公"画像（采自南阳汉代画像石编辑委员会编：《南阳汉代画像石》，文物出版社，1985年，图版38、40）

坐于大象背部或立于象前。孔望山大象的左侧颈部石面凸出，用平面浅浮雕技法雕出椎髻、右手持钩、足带桎梏的象奴，象与象奴的组合承袭了汉画像石造型的思维模式。象奴头上所戴冠，与河南唐河针织厂出土的"晏子见齐景公"画像石中的侍从冠式相同[8]（图三〇七）。

东汉时期的中国传统艺术由于受佛教中"象"的宗教含义影响，大象往往被作为宗教符号来使用。如山东滕县"六牙白象"被用于表现仙界的场景中[9]，江苏连云港海州双龙汉墓出土的一件彩绘木胎尺[10]，其上绘有车马出行、仙人、云纹以及一头大象拉车的形象（图三〇八）。此外，内蒙古和林格尔汉墓壁画绘有"仙人骑白象"[11]；而河北定县汉墓出土错金银铜车饰上的四幅图像中，最上面一幅图像的主要内容是三人骑象，

[8]　李发林：《也谈孔望山石刻的年代问题》，《孔望山造像研究》第一集，海洋出版社，1990年，52页。

[9]　傅惜华：《汉代画像全集》初编，巴黎大学北京汉学研究所图谱丛刊之一，北京，1950年，图113。

[10]　连云港博物馆编著：《连云港馆藏文物精粹》，荣宝斋出版社，2006年，74、75页。案，双龙汉墓位于孔望山石象西不足2公里处。

[11]　引自俞伟超：《东汉佛教图像考》，《先秦两汉考古学论集》，文物出版社，1985年，157页。

图三〇八 江苏连云港海州双龙汉墓出土彩绘木胎尺上的"象车图"（采自连云港博物馆编著:《连云港馆藏文物精粹》，荣宝斋出版社，2006年，74页）

三人中的一人以钩触大象的右耳，周围环绕着翼马、鸿雁等珍禽异兽[12]；陕西绥德黄家塔7号汉墓后室门口横额内栏刻有象奴以象钩驯象的图像，其左侧有双头凤鸟，右侧有天马、羽人驭龙等[13]（图三〇九）。

蟾蜍从战国以来就是传统观念中的灵物[14]，常与月亮联系在一起，并有嫦娥从西王母那里窃得不死之药奔月而成为月精的传说[15]。蟾蜍有时还与长寿[16]、富贵[17]、求雨[18]、避兵[19] 等观念有关。

汉代的陶器、铜器和漆器等常以蟾蜍为器形或作为装饰图案，蟾蜍更是汉画像石、画像砖中常见的形象，它大量出现在表现仙人世界和升仙的图像中。蟾蜍常在月轮中与日轮中的金

有相同说法。

[15] 如《淮南子·精神训》："日中有踆乌，而月中有蟾蜍。"（何宁:《淮南子集释》，中华书局，1998年，508、509页）（汉）司马迁:《史记·龟策列传》卷一百二十八："日为德而君于天下，辱于三足之乌。月为刑而相佐，见食于虾蟆。"中华书局，1959年，3237页。（宋）李昉:《太平御览》卷四引刘向《五经通义》："月中有兔与蟾蜍何? 月，阴也；蟾蜍，阳也，而与兔并明，阴系于阳也。"同卷引《春秋元命苞》："月之为言阙也，两设以蟾蜍与兔者，阴阳双居，明阳之制阴，阴之倚阳。"中华书局，1960年，22、21页。（梁）萧统编，（唐）李善注:《文选》卷六〇载《祭颜光禄文》注引《归藏》云："昔嫦娥以西王母不死之药服之，遂奔月为月精。"中华书局，1977年，838页。（宋）范晔:《后汉书·天文志》注引张衡曰："羿请无死之药于西王母。姮娥窃之奔月，托身于月。……姮娥遂托身于月，是为蟾蜍。"中华书局，1965年，3216页。

[16]《抱朴子内篇·对俗》篇："蟾蜍寿三千岁。"（王明:《抱朴子内篇校释》，中华书局，1985年，47页）（宋）李昉:《太平御览》卷九百四十九引《玄中记》云："蟾蜍头生角，得而食之寿千岁"，中华书局，1960年，4211页。

[17]《水经注·榖水》引《晋中州记》曰："先是有谶云:'蛤蟆当贵'"。（北魏）郦道元注，杨守敬疏:《水经注疏》，江苏古籍出版社，1989年，1396页。

[18] 苏舆撰，钟哲点校:《春秋繁露·义证》，中华书局，1992年，432页。

[19]（宋）李昉:《太平御览》卷九百四十九引《文子》曰："蟾蜍避兵"，中华书局，1960年，4211页。《抱朴子内篇》的《仙药》篇和《杂应》篇中也有蟾蜍避兵的说法，见王明:《抱朴子内篇校释》，中华书局，1985年，201、270页。

[12] 中华人民共和国出土文物展览工作委员会编:《中华人民共和国出土文物展览展品选集》，文物出版社，1973年，图85。

[13] 绥德汉画像石展览馆编:《绥德汉代画像石》，陕西人民美术出版社，2001年，37页。

[14]《论衡·无形》篇云"蛤蟆为鹑。"（黄晖:《论衡校释》，中华书局，1990年，60页）《淮南子·齐俗训》（何宁:《淮南子集释》，中华书局，1998年，763页）也

图三〇九　陕西黄家塔7号汉墓后室门口横额画像（局部）（采自绥德汉画像石展览馆编：《绥德汉代画像石》，陕西人民美术出版社，2001年，37页）

图三一〇　山东宋山小石祠西壁画像（采自中国画像石全集编辑委员会：《中国画像石全集1·山东汉画像石》，山东美术出版社，2000年，图九一）

鸟相对以表现天界的日月，又常与玉兔、灵芝、九尾狐、开明兽、仙人等共同出现在表现西王母的场景中。如山东武梁祠西壁画像的第一层房山部分，西王母端坐正中，两侧有羽人、玉兔、蟾蜍、人首鸟身者等侍奉[20]；宋山小石祠西壁画像中，第一层中间为西王母端坐榻上，两侧有羽人执三珠果等侍奉，再右边有玉兔和蟾蜍捣药[21]（图三一〇）。可见，蟾蜍在汉代艺术中为表现仙界的图像符号。

在汉代艺术中，象与蟾蜍共同表现仙界的情况不乏其例。如陕西神木大保当M24门楣画像的中部刻绘有钢钩驯象图，其

[20] 中国画像石全集编辑委员会：《中国画像石全集1·山东汉画像石》，嘉祥县武宅山村北出土，山东美术出版社，2000年，图四九。

[21] 中国画像石全集编辑委员会：《中国画像石全集1·山东汉画像石》，嘉祥县满硐乡宋山村北出土，山东美术出版社，2000年，图九一。

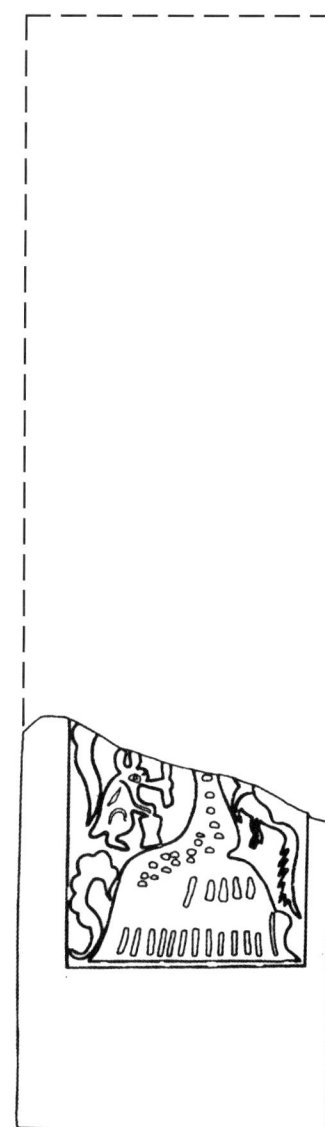

图三一一　陕西神木大保当M24门楣
画像（采自陕西省考古研
究所、榆林市文物管理委
员会办公室编著:《神木大
保当》，科学出版社，2001
年，图九七～一〇〇）

左侧为天马行空，右侧为骑射；门楣画像的左右两端为绘有金乌和蟾蜍的日月，周围云气缭绕。门左侧立柱上刻卷云纹与门楣纹饰相接，下刻西王母袖手盘坐，两侧分刻蟾蜍、玉兔和神乌等[22]（图三一一）。

二　杯盘刻石与承露盘

杯盘刻石与承露盘位于孔望山的最高峰东主峰上，二者呈南北排列，相距仅7.6米（图一七〇、一七一）。它们都是就地取材，利用山巅的巨石打制而成。从所处位置和制作手法上看应该是经过整体规划的一组遗存。

孔望山杯盘刻石是以位居中心的圆形表示盘，围绕盘有8个椭圆形耳杯，以杯盘外围的长方形表示案（图一七二），盘、杯的组合及形制与东汉肥致碑趺座前刻出的盘杯一致[23]（图三一二）。杯与常见的汉画像石墓出土的祭案上的耳杯相同，均为挖凿出椭圆形凹槽浅洞以为杯身，两侧以阴线刻出双耳[24]。

宋代洪适《隶续》载洛阳上清宫"五君杯柈文"："圆穴五，椭穴九"、"圆者代柈，椭者代杯"，所描述的情况与孔望山杯盘刻石上打制的器物形制相似。洪适认为其"字画类汉世隶"，"乃汉世所作"[25]。根据《五君杯柈文》自题，洛阳上清宫杯盘刻石所祠"真仙"有"大老君、西海君、东海君、真人君、仙人君"，而孔望山杯盘刻石虽不见题榜，但从所处位置可以肯定其与洛阳上清宫刻石当为同类物，是祭祀神主的"祠具"，只是所处环境不同、对象有别而已。

承露盘位于东主峰上一块向外突出的天然巨石上，凌空飞绝，由凿切有流口的盆体、基座槽、长条形沟槽和水池四部分

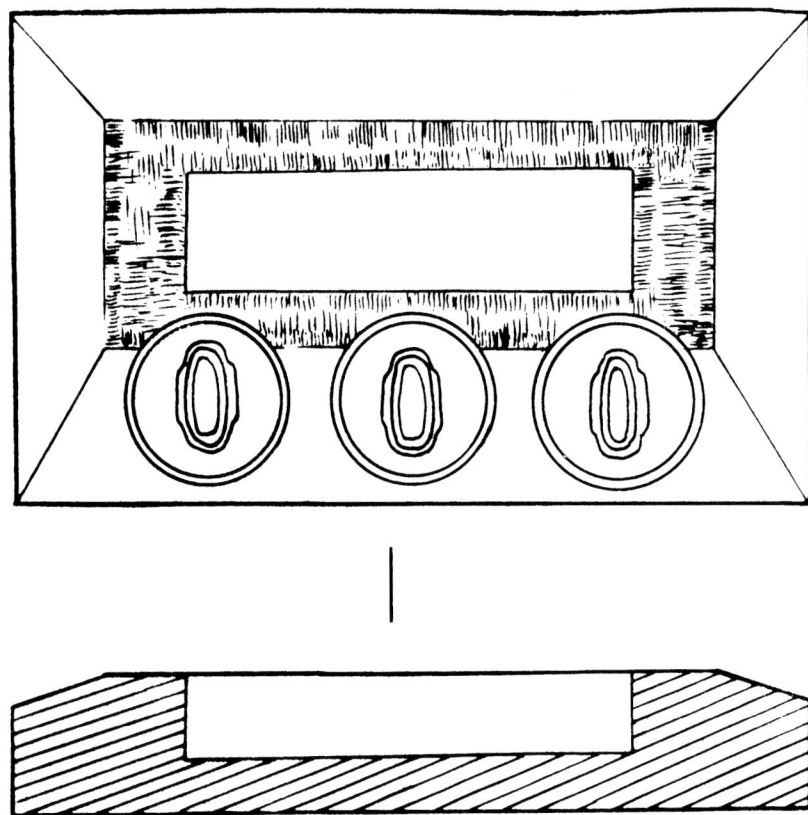

图三一二　河南偃师东汉墓出土肥致碑碑座（采自河南省偃师县文物管理委员会：《偃师县南蔡庄乡汉肥致墓发掘简报》，《文物》1992年第2期，40页，图四）

组成（图一七六），适于承接聚集雨露。

《庄子·内篇·逍遥游》云："藐姑射之山，有神人居焉。肌肤若冰雪，淖约若处子。不食五谷，吸风饮露。乘云气御飞龙，而游乎四海之外。"[26] 食气、饮露是区别神仙与平常人的一个

---

[22] 陕西省考古研究所、榆林市文物管理委员会办公室编著：《神木大保当》，科学出版社，2001年，图九七～一〇〇。

[23] 河南省偃师县文物管理委员会：《偃师县南蔡庄汉肥致墓发掘简报》，《文物》1992年第9期，38页。

[24] 中国画像石全集编辑委员会：《中国画像石全集2·山东汉画像石》，滕州市官桥镇后掌大出土，山东美术出版社，2000年，图一七八。另，郑州市文物考古研究院也保存有登封县出土的多块同类画像石。

[25] （宋）洪适：《隶释·隶续》，中华书局，1985年，302页。

特征[27]，也是修道者修炼以成仙的方法[28]，因为"欲得长生，肠中当清，欲得不死，肠中无滓"[29]，故而食气服露被视为求得长生的好办法[30]。《论衡》载有项曼都斥仙的故事："曼都好道学仙，委家亡去，三年而返。家问其状，曼都曰：'去时不能自知，忽见若卧形，有仙数人，将我上天，离月数里而止，见月上下幽冥，不知东西。居月之旁，其寒悽怆。口饥欲食，仙人辄饮我以流霞一杯，数月不饥，不知去几何年月，不知以何为过，忽然若卧，复下至此。'河东好之曰斥仙。"[31]《洞冥记》记载："（东方朔）得玄黄青露，盛之璃器，以授帝，帝遍赐群臣，得露尝者，老者皆少，疾病皆愈。"还有称甘露为天酒的[32]。"餐六气，饮沆瀣，漱正阳，含朝霞"的气功修炼法门是战国秦汉以来东方神仙家的正宗[33]。虽然葛洪固执"金丹"一端，批评其为"行气者一家之偏说"[34]，但这种法门却为后来的道教所吸纳并逐步整理发展，如孙思邈《存神炼息铭》以及《幻真先生服内元气诀》、《延陵先生集新旧服气经》和《云笈七签·诸家气法》等，均为道教服气法的精典。

在汉代，"甘露降"被视为祥瑞之一，承接甘露的器具，皇家所用的如《汉书·郊祀志》记载："作柏梁、铜柱、承露仙人掌之属矣。"[35]魏明帝曾仿效汉西京建承露之盘[36]。甘肃成县摩崖石刻中的"甘露降"、"承露人"图像则表现承接甘露的一种形式（图三一三）。文献所记汉魏时期的承露盘实物现已无存，但"高三十丈"、"修茎"的描述表明承露盘当建于高处以"承云表之清露"。由此推测，孔望山山巅的这件器物大概即为道家修炼服食的承露之用。

---

[26]（清）王先谦注：《庄子集解》，中华书局，1987年，5页。

[27]《楚辞·远游》曰："轩辕不可攀援兮，吾将从王乔而娱戏；餐六气而饮沆瀣兮，漱正阳而含朝霞；保神明之清澄兮，精气入而粗秽除。"王逸注引陵阳子明经言："春食朝霞，朝霞者，日始欲出赤黄气也；秋食沦阴，沦阴者，日没以后赤黄气也；冬食沆瀣，沆瀣者，北方夜半气也；夏食正阳，正阳者，南方日中气也。并天地玄黄之气，是为六气也。"（宋）洪兴祖撰，白化文等点校：《楚辞补注》，中华书局，1983年，166页。《大人赋》云："呼吸沆瀣兮餐朝霞。"见（汉）司马迁：《史记·司马相如列传》卷一百一十七，中华书局，1959年，3062页。（唐）房玄龄：《晋书·夏侯湛传》卷五十五："夏侯湛曰：'子独不闻夫神人乎！嚼风饮露，不食五谷'"。中华书局，1974年，1494、1495页。

[28]《太平经》卷一至十七"后圣九玄帝君"也以"吞光服霞，咀嚼日根"为修炼方法，王明编：《太平经合校》，中华书局，1960年，2页。

[29]《抱朴子内篇·杂应》篇认为"道书虽言欲得长生，肠中当清；欲得不死，肠中无滓。又云，食草者善走而愚，食肉者多力而悍，食谷者智而不寿，食气者神明不死"为行气者一家之偏说。王明：《抱朴子内篇校释》，中华书局，1985年，266页。

[30]（梁）孙柔之撰：《瑞应图记》曰："甘露者，味清而甘，降则草木畅茂，食之令人寿。"见叶德辉辑《观古堂所著书》（光绪本）第一集，4页。《淮南子·地形训》曰："食气者神明而寿。"见何宁：《淮南子集释》，中华书局，1998年，345页。（宋）李昉：《太平御览》卷六六九《吐纳经》曰："八公有言：食草者力，食肉者勇，食谷者智，食气者神。"中华书局，1960年，2984页。

[31]黄晖：《论衡校释·道虚》篇，中华书局，1990年，325页。《抱朴子·祛惑》篇记载的曼都斥仙故事与此基本相同，见王明：《抱朴子内篇校释》，1985年，350页。

[32]东方朔《神异经》曰："西北海外有人，长二千里，两脚中间相去千里，腹围一千余里，但日饮天酒五斗。"张华注："天酒，甘露也。"见（唐）徐坚等：《初学记》卷第二，中华书局，2004年，33页。

[33]见顾颉刚：《〈庄子〉和〈楚辞〉中昆仑和蓬莱两个神话系统的融合》，《中华文史论丛》，1979年第2期，31～57页。

[34]《抱朴子内篇·杂应》篇，见王明：《抱朴子内篇校释》，中华书局，1985年，266页。

[35]（汉）班固：《汉书·郊祀志》卷二十五注引苏林曰："仙人以手掌擎盘承甘露。"师古曰："《三辅故事》云建章宫承露盘体高二十丈，大七围，以铜为之。上有仙人掌承露，和玉屑饮。盖张衡《西京赋》所云：'立修茎之仙掌，承云表之清露，屑琼蕊以朝餐，必性命之可度'也。"中华书局，1962年，1220页。班固《两都赋》中也有述及："抗仙掌以承露，擢双立之金茎，轶埃壒之混浊，鲜颢气之清英。骋文成之丕诞，驰五利之所刑，庶松乔之群类，时游从乎斯庭，实列仙之攸馆，匪吾人之所宁。"见（宋）范晔：《后汉书·班彪列传》卷四十，中华书局，1965年，1342页。

[36]曹植《承露盘铭》曰："大形见者莫如高，物不朽者莫如金，气之清者莫如露，承之安者莫如盘，乃诏有司，铸铜建承露盘于芳林园。"见（唐）徐坚等：《初学记》卷二，中华书局，2004年，34页。魏明帝并试图徙长安承露盘，见（晋）陈寿：《三国志·魏书·明帝纪》卷三注引《魏略》、《汉晋春秋》，中华书局，1959年，110页。

图三—三　甘肃成县摩崖《西狭颂》"五瑞图"中的"承露人"、"甘露降"图像（采自成县《西狭颂》文物管理所编印：《汉西狭颂》，2006 年）

在历代仙传中，山顶高处常常是仙人出没的地方，人们常以缑山或缑峰借指修道成仙处[37]，汉乐府诗中也有神仙在与天相近处的说法[38]，《抱朴子内篇·仙药》篇还有南阳文氏在山中"常见一高岩上，有数人对坐博戏者，有读书者……"的遇仙记载[39]。汉代画像石中也常有西王母或仙人高居的形象，如沂南汉墓中室八角立柱的东面上方刻东王公怀抱琴状物，西面上方刻西王母拱手，二者皆端坐于"山"形高座上（图二七九）；

四川彭山 2 号石棺"三神山图"也有仙人居山顶六博、抚琴、宁思的形象[40]（图三—四），如同汉武帝作蜚廉桂观、益延寿观和通天台以"招来神仙之属"[41]，寇谦之欲造静轮宫"以上接天神"[42]。

相距甚近的承露盘与杯盘刻石同处于孔望山最高峰，视野开阔，向南望去是东西向的青龙山，东面和北面当时是一片大海，隔海是海上神山云台山（原名郁州）[43]。这里是道家服气修炼的好去处，也构成了饮露修炼和邀仙的器物组合。从承露盘与杯盘刻石的共存关系以及道教流行的服气修炼的方法看，承露盘应与杯盘刻石同时。

[37]（宋）李昉：《太平广记》卷四"王子乔"引《列仙传》记载王子乔成仙之后，"见桓良曰：'告我家，七月七日待我于缑氏山头。'果乘白鹤，驻山岭"。中华书局，1981 年，24 页。

[38]《步出夏门行》云："邪径过空庐，好人常独居。卒得神仙道，上与天相扶。过谒王父母，乃在太山隅。离天四五里，道逢赤松俱。揽辔为我御，将吾上天游。"见（宋）郭茂倩：《乐府诗集·相和歌辞十二》，中华书局，1979 年，545 页。

[39] 王明：《抱朴子内篇校释》，中华书局，1985 年，207 页。

[40] 中国画像石全集编辑委员会：《中国画像石全集 7·四川汉画像石》，彭山江口乡高家沟崖墓出土，河南美术出版社，2000 年，图一五七。

[41]（汉）司马迁：《史记·孝武本纪》卷十二："公孙卿曰：'仙人可见，而上往常遽，以故不见。今陛下可为观，如缑氏城，置脯枣，神人宜可致。且仙人好楼居。'于是上令长安则作蜚廉桂观，甘泉则作益延寿观，使卿持节设具而候神人。乃作通天台，置祠具其下，将招来神仙之属。"中华书局，1959 年，478、479 页。

[42]（宋）司马光：《资治通鉴·宋纪》卷一百二十四："谦之（寇谦之）又奏作静轮宫，必令其高不闻鸡犬，欲以上接天神"，中华书局，1956 年，3895 页。

[43] 云台山为海上神山的传说甚早，《山海经·海内东经》："都州在海中，一曰郁州。"郭璞注云："今在东海朐县界，世传此山自苍梧从南徙来，上皆有南方物也。"见袁珂：《山海经校注》，上海古籍出版社，1980 年，330 页。《水经注·淮水》亦云："言是山自苍梧徙此，云山上犹有南方草木。今郁州治。故臧季珪之叙《述初赋》，言郁州者，故苍梧之山也，心悦而怪之，闻其上有仙士石室焉，乃往观焉。见一道人独处，休休然不谈不对，顾非己所及也。"见（北魏）郦道元注，杨守敬疏：《水经注疏》，江苏古籍出版社，1989 年，2564、2565 页。

图三一四　四川彭山2号石棺上的三神山图（采自中国画像石全集编辑委员会：《中国画像石全集7·四川汉画像石》，河南美术出版社，2000年，图一五七）

三　人工石室"龙洞"

石室"龙洞"是一个人工洞穴，可在洞室内加门扉栏板来封闭洞口，这表明"龙洞"可作为居室。

早期道教信徒常常把山中洞穴看作神仙居所，并作为与世隔绝、存思、导引、得见仙人之处，求道者在洞中还有可能得到神奇的赐予。

东汉《太平经》认为地为万物之母，大兴土木则"多不寿"，若"多就依山谷，作其岩穴，……又多倚流水，其病地少微，故其人少病也"[44]。道家中的神仙常常是居于穴中的，《山海经·大荒西经》："（昆仑之丘）有人戴胜，虎齿，有豹尾，穴处，名曰西王母。"[45]《神异经》："东荒山中有大石室，东王公居

---

[44] 王明编：《太平经合校》卷四十五，中华书局，1960年，120页。

[45] 袁珂：《山海经校注》，上海古籍出版社，1980年，407页。司马相如《大人赋》云："吾乃今目睹西王母曤然白首。载胜而穴处兮，亦幸有三足乌为之使。"见（汉）司马迁：《史记·司马相如列传》卷一百一十七，中华书局，1959年，3060

焉。"[46] 其他如赤松子、淮南八公、广成子以及一些不具姓名的神仙亦居于洞室[47]。《神仙传》："广成子者，古之仙人也，居崆峒之山，石室之中。……答（黄帝）曰：'至道之精，杳杳冥冥，无视无听，抱神以静，形将自正，必净必清，无劳尔形，无摇尔精，乃可长生，慎内闭外，多知为败。我守其一，以处其和，故千二百岁而形未尝衰'。"[48]《神仙传》所记内容乃至句式用词多承袭《庄子·在宥》[49]，只是增加了石室的意象，这或许反映了道教中石室对于求仙得道的作用变得更加明确。

洞穴石室不仅是仙人的居所，往往还藏有道家的圣灵之物。《大洞真经》为上清派经系之首经，出现于东晋哀帝兴宁年间（364～365年），"大洞"可能系指茅山之华阳洞，茅山上清派道教以此为仙人所居之洞，托言经书本藏于此洞，故名《上清大洞真经》[50]。虔诚的求道之士可以得到这类道教经典，葛洪所认定的最重要的两部道经《三皇内文》和《五岳真形图》也是"藏之于石室幽隐之地"的[51]。除了重要的道家经典外，石室洞穴中还常有可供服食之物，幸运的求道者得而食之，便可不死[52]。

洞穴石室还常常是人仙奇遇之仙窟，求道之士也常常修道于洞穴石室之中，这类记载不绝于书。战国时期的魏牟就"隐岩穴"[53]。汉魏以降，除了正史中有所提及之外，诸如《列仙传》、《神仙传》、《拾遗记》、《搜神后记》、《幽明录》等皆有记载[54]。《三天内解经》云："汉安元年壬午岁五月一日，老君于

页。（汉）班固：《汉书·地理志》卷二十八："（金城郡）西北至塞外，有西王母石室。"中华书局，1962年，1611页。《列仙传·赤松子》："（赤松子）至昆仑山上，常止西王母石室中，随风雨上下。"见（宋）张君房：《云笈七签》卷一〇八，中华书局，2003年，2333页；（汉）司马迁：《史记·秦本纪》卷五，正义引《十六国春秋》，中华书局，1959年，176页。（唐）房玄龄：《晋书·张轨列传》卷八十六载张轨孙张骏时酒泉太守马岌上言有云："酒泉南山，即昆仑之体也，周穆王见西王母，乐而忘归，即谓此山。此山有石室玉堂，珠玑镂饰，焕若神宫。"中华书局，1974年，2240页。（宋）李昉：《太平御览·礼仪部》卷

五二六引《汉旧仪》："祭西王母于石室，皆在所二千石令长奉祠。"中华书局，1960年，2388页。

[46]《神异经》，见（明）陶宗仪：《说郛三种》六，上海古籍出版社，1988年，3061页。

[47]（唐）欧阳询：《艺文类聚》卷七十八载齐孔稚珪《玄馆碑》："神道无门，阴阳不测，是故赤松家石室之下，神农行弟子之敬，广成在崆峒之上，轩辕禀顺风之礼。"中华书局，1965年，1340页。《水经注·肥水》："山有隐室石井，即崔琰所谓余下寿春，登北岭，淮南之道室，八公石井在焉。"《水经注·浙江》引《东阳记》云："信安县有悬室坂，晋中朝时，有民王质，伐木至石室中，见童子四人，弹琴而歌，质因留，倚柯听之，童子以一物如枣核与质，质含之，便不复饥。俄倾，童子曰：'其归，承声而去，斧柯灌然烂尽。'"见（北魏）郦道元注，杨守敬疏：《水经注疏》，江苏古籍出版社，1989年，2685、3293页。《神仙传·广成子》："广成子者，古之仙人也。居崆峒之山石室之中。"载（宋）张君房：《云笈七签》卷一百九，中华书局，2003年，2359页。又（北齐）魏收：《魏书·释老志》卷一百一十四："河东罗崇之，常饵松脂，不食五谷，自称受道于中条山。世祖令崇还乡里，立坛祈请。崇云：'条山有穴，与昆仑、蓬莱相属。入穴中得见仙人，与之往来。'"中华书局，1974年，3054页。

[48]（宋）李昉：《太平广记·广成子》卷第一，中华书局，1981年，5、6页。

[49]（清）王先谦注：《庄子集解》，中华书局，1987年，94页。

[50] 李养正：《道教概说》，中华书局，1989年，350页。

[51]《抱朴子·遐览》篇称"道书之重者，莫过于《三皇内文》和《五岳真形图》也……诸名山五岳，皆有此书，但藏于石室幽隐之地，应得道者，入山精诚思之，则山神自开山，令人见之"。《金丹》篇云："此道至重，百世一出，藏之石室。"王明：《抱朴子内篇校释》，中华书局，1985年，336、83页。

[52]《水经注》引《嵩高山记》："山下崖中有一石室，云有自然经书，自然饮食。"见（北魏）郦道元注，杨守敬疏：《水经注疏》，江苏古籍出版社，1989年，3346页。《博物志》卷一："名山大川，孔穴相内，和气所出，则生石脂、玉膏，食之不死，神龙灵龟行于穴中矣。"（晋）张华撰，范宁校证：《博物志校证》，中华书局，1980年，13页。

[53]《庄子·让王》曰："魏牟，万乘之公子也。其隐岩穴也，难为于布衣之士。虽未至乎道，可谓有其意矣。"见（清）王先谦注：《庄子集解》，中华书局，1987年，257页。

[54]《列仙传》载仇生、修羊公修道于山中石室，（宋）张君房：《云笈七签》卷一〇八，中华书局，2003年，2338、2345页。（汉）班固：《后汉书·逸民传》卷八十三载台佟、矫慎隐于山中因穴为室存神修道，中华书局，1965年，2770～2771页。（唐）房玄龄：《晋书》的王嘉、许迈、郭瑀、张忠等列传提及他们以及李雄载记中的范长生均"岩居穴处，求道养志"。见《晋书》卷九十五、八十、九十四、一百二十一，中华书局，1974年，2496、2106～2107、2454～2455、2451、3036页。《水经注》中也有不少此类记载，如《水经注·清水》："北有石室二间，旧是隐者念一之所，今无人矣。"《水经注·浙江》："山（灵隐山）

蜀郡渠亭山石室中，与道士张道陵将诣昆仑大治。"[55]《真诰》中的此类记述更是数不胜数，卷十八言有"静室法"，谓"存想入室"，卷九则言《正一平经》曰：'闭气拜静，使百鬼畏惮，功曹使者，龙虎君，可见与语'"[56]，并云是"汉中法"，源出张修所传"静室"。陈世骧据此推测："或张鲁托言入静室存想见神，以注《老子》，而名其注曰'想尔'也。"[57]《魏书·释老志》关于寇谦之的记载中有"三重石室"的描述[58]，这段叙述表明：洞穴石室对于修道者来说，不仅是修炼的场所，不同的洞穴石室还意味着所达到的不同境界和层次[59]。

求道者隐居石穴以求"去喧嚣、离尘杂"是确实存在的[60]，洞穴石室之于修道成仙的作用是显而易见的。所以，索安（Anna Seidel）在总结西方道教研究时引述了康德谟（Kaltenmark）和柏夷（Bokenkamp）的观点："中国人在洞穴中看到的是通向神仙居室的迷宫，得道之士可在那里发现神圣的启示、符和天降经书。"[61]"洞"字有沟通、通达的意思，而"洞"在早期道教信徒那里则是与仙人精神交感、沟通人神的处所。

陈国符在探讨道馆起源时认为："张陵设治，多在山中，山居修道者皆居山洞，即于其旁筑有馆舍，此即后世道馆之始。后始立道馆于都邑。"[62]《太平经·解师策书诀》第五十有"谨归思于幽室"之说；《神司人守本阴祐诀》云："若神入神，则真道也。乃多成于幽室，或有使度于室中而去者，或有一出一入未能去者，或有但见神而终古不去者。"《经钞》癸部"分别形容邪自消清身行法"云："其为之法，当作斋室，坚其门户，无人妄得入。日往自试，不精不安复出，勿强为之。如此复往，渐精熟即安。"[63] 张修的天师道教法也施有静室[64]。《道家金石略》收录有发现于石窟的两通题刻，一为"阳嘉四年三月造作

在四山之中，有高崖洞穴，左右有石室三所，……昔有道士长往不归，或因以稽留为山号。"见（北魏）郦道元注，杨守敬疏：《水经注疏》，江苏古籍出版社，1989年，808、3296页。《神仙传》中的有关记述更多，见（宋）李昉：《太平

广记》所载彭祖、皇初平、赵瞿、王烈、孔元方、刘根、王遥等，中华书局，1981年，8～61页。《真诰》中屡述仙人和道士修炼于洞室事迹，卷二十言许翙："居雷平山下，修业精勤，常早游洞室，不欲久停人世。""即居方隅山洞方园馆中。"《道藏》第20册，文物出版社、上海书店、天津古籍出版社，1996年，491～610页。《天柱山郑道昭题刻》："天柱山上东堪石室铭，魏秘书监、司州大中正、平东将军、光州刺史荧阳郑道昭作，其辞曰：'朝晖岩室，夕曜松清，九仙仪彩，余用栖形。'"陈垣编纂，陈智超、曾庆瑛校补：《道家金石略》，文物出版社，1988年，17页。《七域修真证品图》的神仙谱系中，"第一初果，洞宫仙人……其所居在地中十洞、三十六洞、五岳名山洞府之中"。见《道藏》第6册，文物出版社、上海书店、天津古籍出版社，1996年，695页。

［55］《三天内解经》，《道藏》第28册，文物出版社、上海书店、天津古籍出版社，1996年，414页。杨联陞认为是出于南朝刘宋时期，《〈老君音诵诫经〉校释》，《中国语文札记——杨联陞论文集》，中国人民大学出版社，2006年，38～94页。

［56］（南朝·梁）陶弘景：《真诰》卷十八、卷九，《道藏》第20册，文物出版社、上海书店、天津古籍出版社，1996年，596、597、541页。

［57］陈世骧："想尔"老子道经敦煌残卷论证，《清华学报》新一卷第二期，1957年，50页。

［58］（北齐）魏收：《魏书·释老志》卷一一四云："兴（仙人成公兴）乃令谦之洁斋三日，共入华山。令谦之居一石室，自出采药，还与谦之食药，不复饥。乃将谦之入嵩山。有三重石室，令谦之住第二重。历年，兴谓谦之曰：'兴出后，当有人将药来。得但食之，莫为疑怪。'寻有人将药而至，皆是毒虫臭恶之物，谦之大惧出走。兴还问状，谦之具对，兴叹息曰：'先生未便得仙，政可为帝王师耳。'兴事谦之七年，而谓之曰：'兴不得久留，明日中应去。兴亡后，先生幸为沐浴，自当有人见迎。'兴乃入第三重石室而卒。谦之躬自沐浴。明日中，有叩石室者，谦之出视，见两童子，一持法服，一持钵及锡杖。谦之引入，至兴尸所，兴欻然而起，著衣持钵、执杖而去。"中华书局，1974年，3050页。

［59］《释老志》的这段记载与《淮南子·地形训》中关于昆仑山的描述相似，反映了求道者修炼的不同境界，"昆仑之丘，或上倍之，是谓凉风之山，登之而不死。或上倍之，是谓悬圃，登之乃灵，能使风雨。或上倍之，乃维上天，登之乃神，是谓太帝之居"。见何宁：《淮南子集释》，中华书局，1998年，328页。

［60］《集仙录》，见（宋）李昉：《太平广记》卷第五十六，中华书局，1981年，344～346页。

［61］［法］索安著，吕鹏志、陈平等译：《西方道教研究编年史》，中华书局，2002年，39页。

［62］陈国符：《道藏源流考》，中华书局，1985年，267页。

［63］王明编：《太平经合校》，中华书局，1960年，63、438、723页。

［64］（晋）陈寿：《三国志·魏志》卷八《张鲁传》注引《典略》载天师道教法云："（张）修法略与（张）角同，加施静室，使病者处其中思过。"中华书局，1959年，264页。

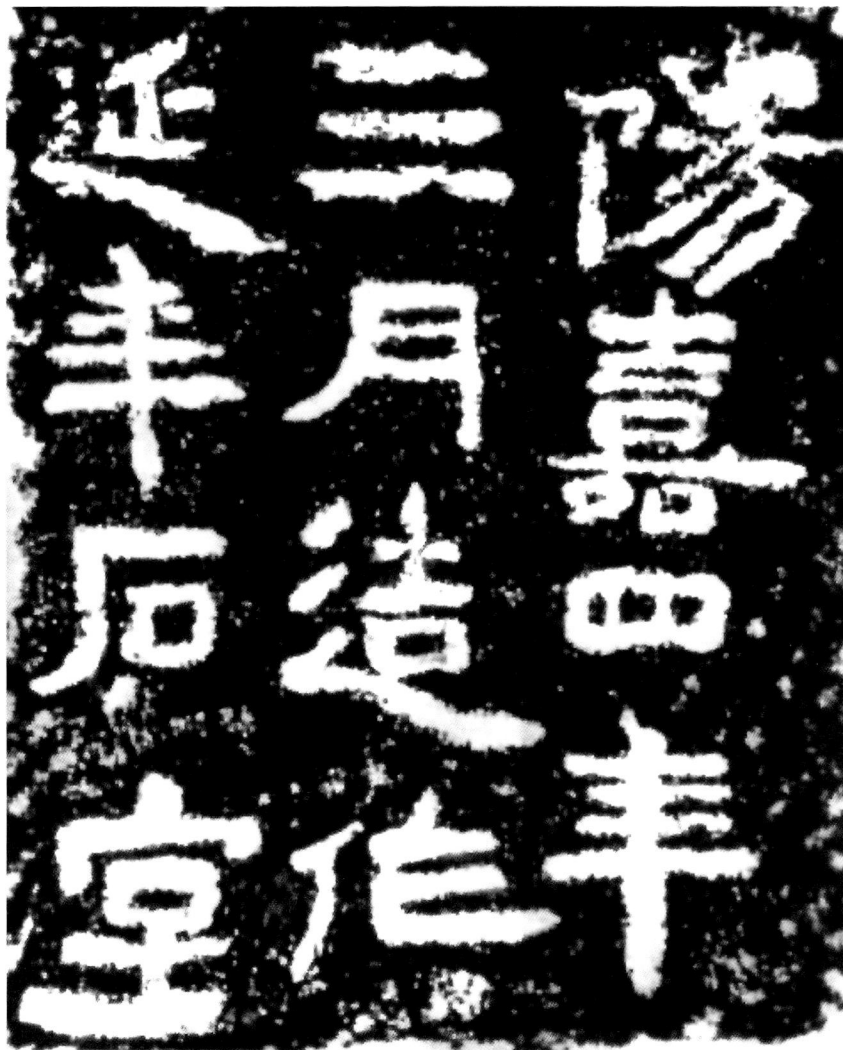

图三一五 "阳嘉四年三月造作延年石室"题刻（采自 Wu Hung （巫鸿），"Mapping Early Taoist Art: The Visual Culture Of Wudoumi Dao", *Taoism and The Art of China*, edited by Steplem Little, University of California Press. fig.10）

延年石室"（图三一五），一为"汉安元年四月十八日会仙友"[65]（图三一六），这两处题刻可作为文献记载的佐证。

南北朝时期，道教成熟之后，在家信徒分别于家中设静室，"道民入化，家家各立靖室"[66]。刘宋时人陆修静描述了"靖室"的形制，并对当时不合法度的现象作了批评；《真诰》中也有关于"静室"形制更为细致的描述[67]。从《云笈七签》所录诸神

仙传记看，早出的《列仙传》和《神仙传》比后出的《洞仙传》、《神仙感遇传》、《续仙传》和《集仙录》等与山中洞穴相关者明显较多，山中洞穴当即后世道书中经常出现的"静室"、"精室"、"靖室"、"斋室"等的原型[68]，从这一发展过程来看，居于山

---

[65] 陈垣编纂、陈智超、曾庆瑛校补：《道家金石略》引《希古楼金石萃编》卷六："此石于光绪二十四年四月有人在四川郫县相近处勘相煤矿，迷途入一山中，林木森茂，不通人径，见高处有一山洞，进内探视，有一小石室，此石刻即在其室中。因携归至京师，赠宗室绪斋贝子溥伦。延年石室者，当是汉时道家修养之地。"后者引《两汉金石记》："云在四川简州逍遥山石窟"，两侧小字，《金石粹编》卷七认为："疑是宋元人所刻"。文物出版社，1988年，1、2页。这两通题刻的发现地巫鸿以为是崖墓，并认为前者明显反映了神仙家或道家的思想，后者是道徒聚会或试图遇仙的场所，见 Wu Hung（巫鸿），"Mapping Early Taoist Art: The Visual Culture Of Wudoumi Dao", *Taoism and the Art of China*, edited by Stephen Little, University of California Press, p.83.

[66] 《要修科仪戒律钞》卷10"治屋"，《道藏》第6册，文物出版社、上海书店、天津古籍出版社，1996年，966页。

[67] 陆修静：《道门科略》曰："奉道之家，靖室是至诚之所。其外别绝，不连他屋。其中清虚，不杂余物。开闭门户，不妄触突。洒扫精肃，常若神居。唯置香炉、香灯、章案、书刀四物而已。必其素净，政可堪百余钱耳；比杂俗之家，床座形象幡盖众饰，不亦有繁简之殊，华素之异耶。而今奉道者，多无静室。或标栏一地为治坛，未曾修除，草莽刺天。或虽立屋宇，无有门户。六畜游处，粪秽没膝。或名为静室，而藏家什物，唐突出入，鼠犬栖止。以此祈尊妙之道，不亦远耶。"《道藏》第24册，文物出版社、上海书店、天津古籍出版社，1996年，780页。《真诰》卷一八："所谓静室者，一曰茅屋，二曰方溜室，三曰环堵。制屋之法，用四柱三桁二梁，取同种材。屋东西首长一丈九尺，成中一丈二尺，二头各余三尺，后溜余三尺五寸，前南溜余三尺，栋去地九尺六寸，二边桁去地七尺二寸。东南开户高六尺五寸，广二尺四寸，用材为户扇，务令茂密，无使有隙。南面开牖，名曰通光，长一尺七寸，高一尺五寸。在室中坐令平眉，中有板床，高一尺二寸，长九尺六寸，广六尺五寸。荐席随时，寒暑又随月，建周旋转首，壁墙泥令一尺厚，好摩治之。"《道藏》第20册，文物出版社、上海书店、天津古籍出版社，1996年，596、597页。

[68] 《抱朴子·金丹》篇中记载制造金液的精室云："不得与俗人相往来，于名山之侧，东流水上，别立精舍。"《辨问》篇："入室炼形"。见王明：《抱朴子内篇校释》，中华书局，1985年，83、224页。《真诰》卷二《运象篇第二》载许穆云："昔人学道，寻师索友，弥积年载，经历山岳，无所不至，契阔险试，备尝劳苦，然后授以要诀。穆德薄罪厚，端坐愍室，横为众真所见采录，鉴戒继至，

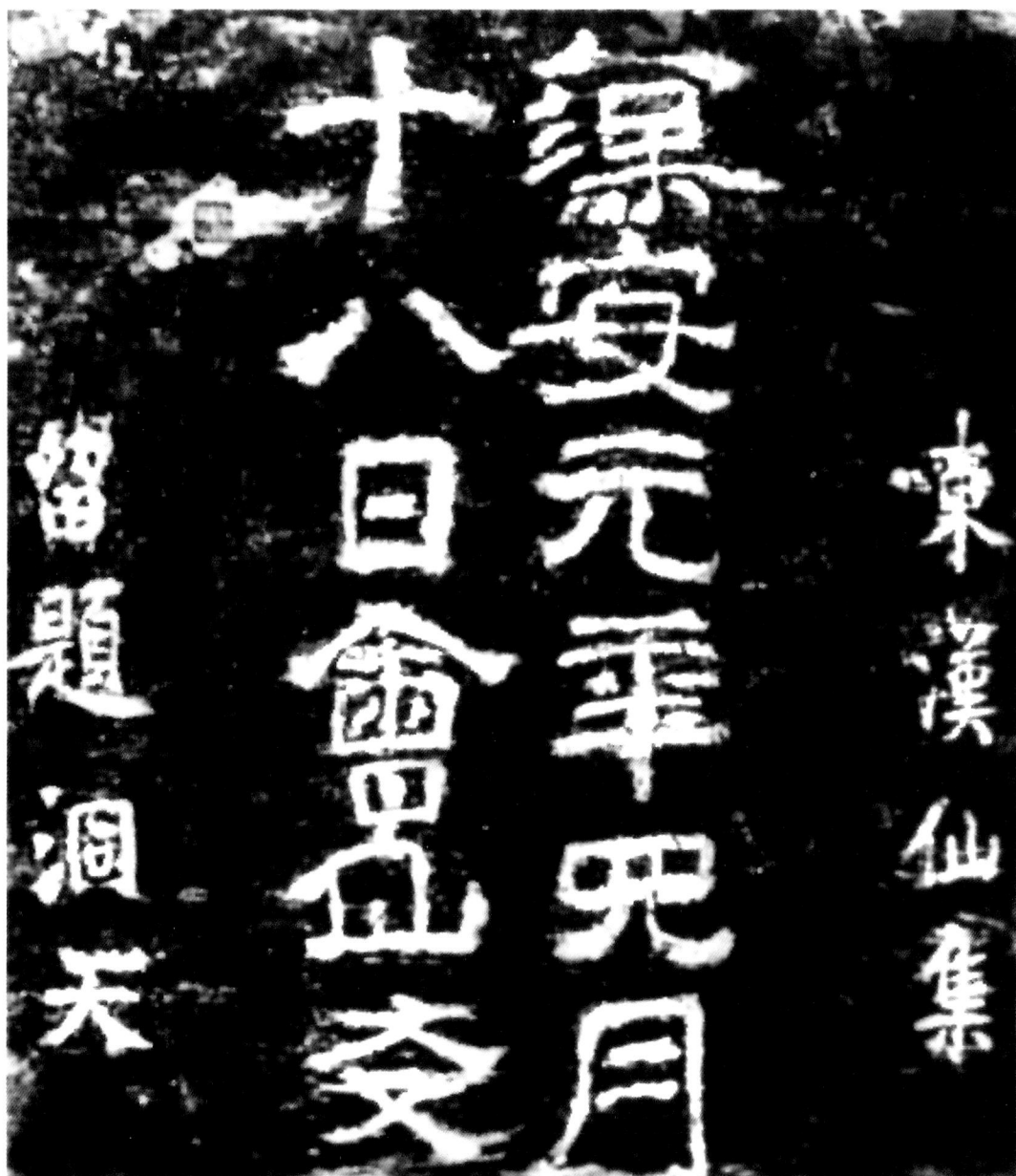

图三一六 "汉安元年四月十八日会仙友"题刻（采自陈垣编纂，陈智超、曾庆瑛校补：《道家金石略》，文物出版社，1988年，3页）

洞存神念是一种产生较早、较为原始的道家修炼方法。

根据人工石室"龙洞"的构造和周边的石刻题记，可以确认孔望山"龙洞"作为人居场所的年代当早于北宋，同时"龙洞"也具备了修道静室"静密"、"勿令人入"的特征。依据东

汉以来文献记载的道士修炼于石室以及道教静室的传统，且"龙洞"与摩崖造像群、杯盘刻石、承露盘和蟾蜍石、象石等带有早期道教色彩的石刻遗迹共存的现状，推测孔望山"龙洞"或可解释为当时的道教遗迹。

"龙洞"内石壁上刻有鱼的形象，鱼在汉代也是一种祥瑞。《史记·周本纪》说周有鸟、鱼之瑞。鱼在传说中还可作神的使者[69]，并有鲤腹中得道符、兵钤[70]和借鱼还瓜刀[71]的故事。

汉魏六朝时期关于鱼的神奇传说很多，在当时的观念中鱼

启悟非一。"《道藏》第20册，文物出版社、上海书店、天津古籍出版社，1996年，504页。《金锁流珠引》卷十二："道君曰：'夫志心学，土栖宿山林静室，烧香读书（注：书是道书也，世人号曰经），清斋素食，或有绝谷休粮，或三十年、四十年、五十年、六十年，老病而死。'"《道藏》第20册，文物出版社、上海书店、天津古籍出版社，1996年，413页。《云笈七签·诸家气法》也多见于静室内服气修炼的方法，如"每日入净室守玄元"、"凡欲胎息，必先于静室中，勿令人入"、"夫欲行气，起精室于山林之中隐静之处，必近甘泉东流之水向阳之地"、"夫服气导引，当居静密房室"等，见（宋）张君房：《云笈七签》卷五十六至卷六十二，中华书局，2003年，1215～1399页。参见吉川忠夫《静室考》，刘俊文主编：《日本学者研究中国史论著选译》第七卷，中华书局，1993年，446～477页。

[69] 《水经注·洛水》云："《地记》曰：'昔黄帝之时，天大雾三日，帝游洛水之上，见大鱼，煞五牲以醮之，天乃甚雨，七日七夜，鱼流，始得图书，今《河图·视萌》篇是也'。"见（北魏）郦道元注，杨守敬疏：《水经注疏》，江苏古籍出版社，1989年，1317页。（晋）干宝：《搜神记》载："南州人有遣吏献犀簪于孙权者，舟过宫亭庙而乞灵焉。神忽下教曰：'须汝犀簪'。吏惶遽，不敢应。俄而犀簪已前列矣。神复下教曰：'俟汝至石头城，返汝簪'。吏不得已，遂行。自分失簪，且得死罪。比达石头，忽有大鲤鱼，长三尺，跃入舟，剖之得簪。"中华书局，1979年，81页。

[70] 见《列仙传》中"涓子"、"陵阳子明"、"吕尚条"，载《道藏》第5册，文物出版社、上海书店、天津古籍出版社，1996年，65、66、75页。（唐）欧阳询：《艺文类聚·灵异部》卷七十八，1327页。（宋）李昉：《太平御览》卷九三六引《续搜神记》，中华书局，1960年，4160页。

[71] （晋）陶潜：《搜神后记》："钱塘杜子恭，有秘术。尝就人借瓜刀，其主求之，子恭曰：'当即相还耳'。既而刀主行至嘉兴，有鱼跃入船中。破鱼腹，得瓜刀。"中华书局，1981年，10页。

是能够"神变"、具有神性的灵瑞，这种观念在现存的汉代及其后的图像资料中也有反映。鱼的形象在汉画像石中除了在表现庖厨、宴飨、历史故事以及捕鱼等水上活动的画面中出现之外，也常常被作为祥瑞加以表现，如山东武氏祠祥瑞图中就有白鱼和比目鱼，榜题"白鱼，武王渡孟津，入于王舟"，"比目鱼，王者幽明无不徇则至"[72]。图像中与"鱼"相伴的经常是鸟、龙、虎、龟、蛇、羊、熊等瑞兽以及表示西王母的"胜"和伏羲女娲的形象。三国至西晋时期江浙地区较为常见的"堆塑罐"，其顶部常堆塑楼阁、胡人、佛、飞鸟、走兽等形象，腹部则常有鱼、蛙、龟、蜥蜴、凤等动物形象以及佛像、仙人的贴塑，如浙江衢州市博物馆藏三国吴"青瓷佛饰堆塑罐"[73]（图三一七）、中国国家博物馆藏三国吴"釉陶佛饰堆塑罐"[74]（图三一八）等。"堆塑罐"上的鱼、蛙等动物与佛道形象共存，说明二者之间存在观念上的联系。

道教除了其宗教性之外还带有人神交通的巫术倾向，动物常被作为沟通人神的媒介或工具，这种观念起源甚早，甚至可能产生于新石器时代。商周青铜器上的动物纹样是巫师从事通达天地工作的助手，而汉魏道教承袭了这种观念，如《列仙传》中"英氏乘鱼以登遐"[75]。《淮南子·地形训》高诱注"䲔鱼"云："䲔鱼如鲤鱼也，有神圣者乘行九野，在无继民之南。"何宁案曰："䲔鱼，《海外西经》作'龙鱼'。"[76]文学作品如张衡《思玄赋》、曹植《洛神赋》中也描绘了乘鱼的情景[77]。最为典

图三一七　浙江衢州市博物馆藏青瓷佛饰堆塑罐（采自贺云翔等：《佛教初传南方之路》，文物出版社，1993年，图61）

[72] 俞伟超《中国画像石概论》，中国画像石全集编辑委员会：《中国画像石全集1·山东汉画像石》，山东美术出版社，2000年，10页。
[73] 贺云翔等：《佛教初传南方之路》，文物出版社，1993年，图61。
[74] 贺云翔等：《佛教初传南方之路》，文物出版社，1993年，图66。
[75] （宋）李昉：《太平御览》卷九三六引《列仙传·子英》，中华书局，1960年，4160页。
[76] 何宁：《淮南子集释》，中华书局，1998年，358页。
[77] （汉）班固：《后汉书·张衡列传》卷五十九载《思玄赋》曰："超轩辕于西海

型的是仙人琴高的故事，这一故事流传甚广，《列仙传》《水经注》《搜神记》等皆有记载，内容也基本一致。《水经注·获水》说："赵人有琴高者，以善鼓琴，为宋康王舍人，行彭、涓之术，浮游砀郡间二百余年，后入砀水中取龙子，与弟子期曰：皆洁斋待于水傍，设屋祠。果乘赤鲤出，入坐祠中。砀中有千万人观之，留月余，复入水。"[78] 可见鱼也是传说中神仙的坐骑，来往于人神之间。

鱼作为沟通人神的工具和媒介，在战国至汉代的图像资料中不乏其例。湖南省长沙市战国楚墓出土的人物御龙帛画，画中一男子直立驾驭一条龙，龙尾上部立有一鹤，龙首下方有一鲤鱼（图三一九），报告认为帛画上的龙、鹤、鲤鱼或都表示成仙登天的思想[79]。长沙马王堆1号汉墓帛画画面正中人物的两侧上方各绘一条大鱼（图三二〇），报告认为其"应与死者灵魂得以升天有关"[80]。山东苍山元嘉元年画像石墓题记："室上殃（墙），五子舆，僮女随后驾鲤鱼。前有白虎青龙车，后即被轮雷公君，从者推车，平理冤厨（狱）。"[81] 驾鲤鱼的形象在汉画像石中是一个较为常见的题材，如山东孝堂山石祠东壁画像就刻有仙人乘鱼车，旁侧还刻有仙人乘鹿车以及虎、鹿、兔、鸟、龟、鱼等瑞兽；山东武氏祠左石室屋顶后坡东段画像，除了刻

分，跨汪氏之龙鱼。"中华书局，1965年，1923页。曹植《洛神赋》："于是屏翳收风，川后静波。冯夷鸣鼓，女娲清歌。腾文鱼以警乘，鸣玉鸾以偕逝。六龙俨其齐首，载云车之容裔，鲸鲵踊而夹毂，水禽翔而为卫。"（清）严可均校辑：《全上古三代秦汉三国六朝文》（二），中华书局，1958年，1123页。

[78]（北魏）郦道元注，杨守敬疏：《水经注疏》，江苏古籍出版社，1989年，1981~1982页。《列仙传》《搜神记》所载与此同，《列仙传·琴高》见《道藏》第5册，文物出版社、上海书店、天津古籍出版社，1996年，68页；（晋）干宝：《搜神记》，中华书局，1979年，11页。

[79] 湖南省博物馆：《新发现的长沙战国楚墓帛画》，《文物》1973年第7期，3页。

[80] 傅举有、陈松长编著：《马王堆汉墓文物》，湖南出版社，1992年，19页。

[81] 释文引自信立祥《汉代画像石综合研究》，文物出版社，2000年，239页。

图三一八　中国国家博物馆藏釉陶佛饰堆塑罐（采自贺云翱等：《佛教初传南方之路》，文物出版社，1993年，图66）

图三一九　湖南长沙战国楚墓帛画（采自湖南省博物馆：《新发现的长沙战国楚
　　　　　墓帛画》，《文物》1973 年第 7 期，图版一）

图三二〇　湖南长沙马王堆 1 号汉墓出土帛画（采自傅举有、陈
　　　　　松长编著：《马王堆汉墓文物》，湖南出版社，1992
　　　　　年，19 页）

图三二一　山东嘉祥武氏祠左石室屋顶后坡东段画
　　　　　像（采自中国画像石全集编辑委员会：
　　　　　《中国画像石全集1·山东汉画像石》，山
　　　　　东美术出版社，2000年，图八九）

有仙人驾乘鱼车外，在鱼车的上下左右还雕刻了众多骑鱼的神
仙[82]（图三二一），类似资料在汉代画像石中不胜枚举。

《博物志》中也提及神龙灵龟之类的神兽行于名山大川之
穴中[83]，如果"龙洞"确系道徒修炼的设施，那么其内壁所刻
的鱼很有可能是道徒通神的媒介。

[82] 中国画像石全集编辑委员会：《中国画像石全集1·山东汉画像石》，长清县孝里
　　 铺村南孝堂山，嘉祥县五宅山村北出土，山东美术出版社，2000年，图四二、
　　 八九。

[83] 《博物志》卷一："名山大川，孔穴相内，和气所出，则生石脂、玉膏，食之不
　　 死，神龙灵龟行于穴中矣。"（晋）张华撰，范宁校证：《博物志校证》，中华书
　　 局，1980年，13页。

结　语

1981年《连云港市孔望山摩崖造像调查报告》[1]公布了孔望山遗址群中摩崖造像群、象石、蟾蜍石和石碑座的材料后，学者们主要围绕摩崖造像群的年代和性质进行了探讨，随着认识的深入大家意识到，孔望山遗址的内涵远不只调查报告所披露的内容。全面细致地发表相关材料，使孔望山遗址群从整体上得以考察和认识是这次重新调查与研究的重点。

本次重新调查和研究的结果揭示出孔望山古城是一座建于南宋时期的军事性城堡，与城圈内分布的摩崖造像群、石刻、建筑基址等早期遗迹无关。

在山峦岗地环绕的腹地，以摩崖造像群和附近的建筑为中心，南有象石、蟾蜍石，山顶有杯盘刻石和承露盘，东有人工石室"龙洞"和石碑座，它们之间存在着密切的内在联系。

在孔望山南麓山前台地发掘出的建筑基址，其地层关系和出土遗物表明，最晚期的建筑基址属于隋唐时期。本次发掘未发现早于隋唐时期的文化层，但出土的大量建筑材料中，有少量属于汉代的云纹瓦当和绳纹筒瓦以及汉代的石研和五铢钱等，隋唐建筑基址中的部分石材也发现有早期使用的痕迹，推测此

地或附近应该有早于隋唐时期的建筑。未见早期建筑遗迹的原因，一方面由于此区域是附近唯一的平坦开阔地带，不同时期的建筑在此反复修建导致早期建筑基址被破坏；另一方面，也是为保护最上层基址的完整，未做进一步揭露清理。

孔望山遗址中的摩崖造像群题材来源于当时常见和流行的图像，它运用当地盛行的画像石技法，把传统图像中具有固定图像学意义的内容进行重新组合以表达一定的思想内涵。虽然我们万难意会制作人赋予摩崖造像群的全部含义，但根据当时的社会思潮、摩崖造像群的构图形式、不同题材造像的位置和体量对比等，摩崖造像群的图像要素对应了当时流行的"老子化胡说"，它是尊崇道教神祇老子的图像表达。

巨型圆雕石象、石蟾蜍的造型特点和技法带有明显的东汉晚期风格。大象和蟾蜍的形象在中国传统艺术中源远流长，随着佛教的东渐和道教的兴起，大象和蟾蜍的形象成为表现神异

[1] 连云港市博物馆：《连云港市孔望山摩崖造像调查报告》，《文物》1981年第7期，1~7页。

世界的符号，孔望山遗址群中的石象和石蟾蜍当属此类遗存。

杯盘刻石和承露盘位于孔望山的最高峰，二者相距甚近，呈南北向排列，都是利用原地的巨石搭叠凿刻而成，应属于一组器物。

石碑座位于孔望山南麓，为一块从山体高处滚落于斜坡地面的独立巨石，顶部略加打平，刻有下凹的平面呈长方形的槽形碑座，座槽四壁垂直并呈台阶状内收，平底，形成上部的碑身槽和下部的榫槽。石碑在东汉时期正式定型，开始广泛应用于宫室、庙宇、通衢、陵墓和名胜古迹处。孔望山只残留碑座，碑座取象天然，呈现出石刻作品的早期特征。

人工石室"龙洞"洞口开于孔望山东部山体上，洞口面南，与摩崖造像群和建筑基址方向一致。洞室底部平坦，南壁即门道内侧尚留有人工加工过的工具凿痕，门扉的启闭只能由洞室内居住者控制。洞室内除两处晚期题记外，后壁下部偏东处有一条阴线刻游鱼。山中洞穴在早期道教中地位非常，常被看作神仙居所，并作为与世隔绝、存思、导引、得见仙人之处，求道者在洞中还有可能得到神奇的赐予。鱼在中国传统文化中的神奇传说很多，是"神变"、具有神性的灵瑞，在现存的汉代及后来的图像资料中有着充分的反映。

汉代时，孔望山位于朐山县治（今海州）东2.5公里处，东、北两面临海，西与县治间曾发掘出战国、两汉时期的多座墓葬，说明此处当时是人迹罕至之处。随着摩崖造像群图像学意义的确定，联系早期道教的研究成果，我们认为孔望山遗址群除城址外均为道教活动的遗存。

文献记载说明晋代的道教活动场所中已存在洞室、道坛、馆舍的组合形式，《晋书》："（许迈）于是立精舍于悬霤，而往来茅岭之洞室，放绝世务，以寻仙馆。"[2]"永嘉之乱，（张忠）隐于泰山。恬静寡欲，清虚服气，餐芝饵石，修导养之法。冬则缊袍，夏则带索，端拱若尸。无琴书之适，不修经典，劝教

但以至道虚无为宗。其居依崇岩幽谷，凿地为窟室。弟子亦以窟居，去忠六十余步，五日一朝。其教以形不以言，弟子受业，观形而退。立道坛于窟上，每旦朝拜之。"[3]南朝人沈约描述的桐柏山金庭馆，"驻景濠谷，还光上枝，吐吸烟霞，变炼丹液，出没无方，升降自己，下栖洞室，上宾群帝，……早尚幽栖，屏弃情累，留爱岩壑，托分鱼鸟，途愈远而靡倦，年既老而不衰，……因高建坛，凭岩考室，饰降神之宇，置朝礼之地"[4]。上述道教活动场所都有进行祭祀、修炼等活动的洞室、道坛等宗教建筑。

两晋南北朝时期的洞室、道坛、馆舍以及礼神的组合设置早有发轫。《江表传》曰："时有道士琅邪于吉，先寓居东方，往来吴会，立精舍，烧香读道书，制作符水以治病，吴会人多事之。"[5]虽然此"于吉"未必就是作《太平经》的于吉，但其各种道教行事之中的"立精舍"，据福井康顺的考证应是与佛教寺庙相类的建筑物[6]。成书年代大约在东汉桓帝时的《周易参同契》是丹鼎派的基本经典，以内视、房中、食气、履星步斗、立坛淫祀等为旁门左道全失老君之旨。关于立坛祭祀，其文曰："累垣立坛宇，朝暮敬祭祀，鬼物见形象，梦寐感慨之，心欢意悦喜，自谓必延期，遂以夭命死，腐露其形骸。举措辄有违，悖逆失枢机。"[7]《周易参同契》反对立坛宇祭祀的法门，从反面说明这种道术在东汉晚期的道教活动中当是比较普遍的现象。

［2］（唐）房玄龄等：《晋书》卷八十，中华书局，1974年，2106、2107页。

［3］（唐）房玄龄等：《晋书》卷九十四，中华书局，1974年，2451页。

［4］（清）严可均校辑：《全上古三代秦汉三国六朝文·全梁文》卷三十一，中华书局，1958年，3130页。

［5］（晋）陈寿撰：《三国志·吴书·孙策传》卷四十六注引《江表传》，中华书局，1959年，1110页。

［6］福井康顺：『道教の基礎的研究』，書籍文物流通会，1959年，118页。

［7］《周易参同契》，见《道藏》第20册，文物出版社、上海书店、天津古籍出版社，1996年，75页。

孔望山遗址群的发现使这些模糊的线索得到了印证，摩崖造像群、附近的建筑、人工石室"龙洞"、象石、蟾蜍石以及山顶的杯盘刻石、承露盘共同构成了祭祀、修炼设施的组合，它们的时代或有早晚，但相去不应太远，当同为东汉晚期至魏晋时期的道教遗存。

早期道教信仰的仪式仪规只在文字、图像或实物中保留有一些模糊线索。从事早期道教研究的学者认为道教从佛教中借鉴了仪式仪规，如五斗米道的"义舍"和太平道的烧香等[8]。文献中也记录有皇家祭祀老子的形式，"（桓帝）九年，亲祠老子于濯龙。文罽为坛，饰淳金扣器，设华盖之坐，用郊天乐也。"[9]孔望山摩崖造像群也遗留有类似祭祀形式的痕迹。

在孔望山摩崖造像群间，有两个直壁、平底的圆形深洞Z1和Z2。Z2位于摩崖造像的主像X73即老子像所在岩石顶部的中心部位，与老子像垂直相对；Z1在X18~X33所在岩石的顶部，即涅槃像中释迦X42的上方。

在两汉的图像资料中，墓主人或神仙等重要人物的头顶上方多撑举有华盖，有的浮悬于半空或与从天际垂落的圆柱状柄接挂。前者如湖南长沙马王堆1号墓[10]和3号墓[11]出土的非衣图像，成仙途中的墓主人头顶上部浮悬着饰有垂幔的华盖；后者如山东沂南画像石墓中室八角擎天石柱上所刻东王公、西王母像上的华盖[12]（图二七九）。铜镜"三段神仙镜"[13]和山西离石马茂庄3号墓墓门左右立柱画像[14]等是伞柄从下支撑的形式。据文献所记，在两汉时期，华盖也为皇家宗教祭祀礼仪之一[15]。

孔望山的这两个柱洞正处于摩崖造像主像上方，从位置和形制上分析很可能为固定老子和释迦之上撑举华盖之伞柄的遗迹。涅槃组像中的主像释迦头前和身后分布有烧灼痕迹的圆形浅槽D1和D2、D3；石龛K3、K4前分布有D4、D5。D1至D5均为圆口，弧壁，圜底浅碗状，口沿有烤灼的使用痕迹，功能

应为灯碗。这些具有祭祀功能的遗迹进一步说明孔望山遗址群是一个宗教仪式场所。

早期道教研究的难点一是早期道教的宗教信仰和仪规来源于对传统文化和世俗生活中某些固有观念、常用物品的吸收和改造，而在其后的发展中又枝蔓庞杂，世俗和宗教的界限很难划分。二是道教的多层次和多形态性，它既包括组织严密、教规统一的教团组织如"五斗米"教，也有匿迹于山林的隐士高人。皇帝的求子、寻仙与民间的禳除祠祀都属于道教的范畴，只不过因层次不同而表现形式多样，彼此影响交流，很难厘清明细脉络。

东汉末年的道教刚刚脱离以神仙家思想为主体同时兼采阴阳五行、方技杂占以及道家学说的原始状态，情况纷杂，与佛教滥觞时期"众道丛残，凡有九十六种"[16]的情况相似，并非

[8] 福井康顺：『道教の基礎的研究』，書籍文物流通会，1959年，112-130頁。
[9]（晋）司马彪：《后汉书志·祭祀》志八，见（宋）范晔：《后汉书》，中华书局，1965年，3188页。
[10] 傅举有、陈松长编著：《马王堆汉墓文物》，湖南出版社，1992年，19页。
[11] 湖南省博物馆等：《长沙马王堆二、三号汉墓发掘简报》，《文物》1974年第7期，42页，图版五。
[12] 曾昭燏等：《沂南古画像石墓发掘报告》，文化部文物管理局，1956年，第26、27页；图版65、66；拓片第54、55幅。
[13] 绵阳博物馆：《四川绵阳何家山1号东汉崖墓清理简报》，《文物》1991年第3期，5、7页，图版壹：3，铜镜拓片见6页。在该文中，"三段神仙镜"被称为"重列神兽铜镜"。陕西省文物管理委员会：《陕西省出土铜镜》，文物出版社，1959年。重列神兽镜，图75~77、85~87页；图也见巫鸿：《地域考古与封土"五斗斗道"美术传统的重构》，《汉唐之间的宗教艺术与考古》，文物出版社，2000年，图22-14、15。
[14] 中国画像石全集编辑委员会：《中国画像石全集5·陕西、山西汉画像石》，陕西离石马茂庄三号墓墓门左、右立柱，图二六一、二六二，山东美术出版社，2000年。
[15]（宋）范晔：《后汉书·孝桓帝纪》卷七，中华书局，1965年，317、320页。（晋）司马彪：《后汉书志·祭祀》志八，中华书局，1965年，3188页。
[16]《牟子理惑论一卷》，周叔迦辑撰、周绍良新编：《牟子丛残新编》，中国书店，2001年，20页。

经过后代条分缕析的"太平道"、"五斗米道"等主流教派所能完全涵盖的。孔望山所在的鲁南苏北地区是东汉晚期道教的活动中心，是中国道教最早的纲领——《太平经》的诞生地，也是东汉晚期蓬勃兴盛的太平道的活动中心。在《太平经》中虽未看到崇拜老子的迹象，但《历代三宝纪》中有关于"事老子"的记载："光和七年（184年），张角等谋，诛其逆党内外姻属。诸事老子妖巫医卜，并皆废之。"[17] 孔望山道教遗址群很可能就是当时某个教团的遗存，是太平道进一步发展的结果或是不同教团间的差别所致。

本次孔望山遗址群的研究成果对我们今后从事早期佛教、道教及其相互关系的研究有如下两点启示。一是我们以往对中国早期佛教的认识是通过墓葬出土材料构筑起来的，而墓葬材料是经过丧葬习俗过滤的，不是当时社会生活的直接反映，因而往往使我们对中国早期佛教与道教的认识有所偏差，致使我们在阅读相关文字记录时对其所描述的宏大场面和复杂仪规感到突兀和怀疑。如东汉晚期时："（笮融）乃大起浮图祠，以铜为人，黄金涂身，衣以锦采，垂铜槃九重，下为重楼阁道，可容三千余人，悉课读佛经，令界内及旁郡人有好佛者听受道，复其他役以招致之，由此远近前后至者五千余人户。每浴佛，多设酒饭，布席于路，经数十里，民人来观及就食且万人，费以巨亿计。"[18] 孔望山摩崖造像群是当时社会生活中的佛道艺术样本，揭示出当时的佛道关系远比我们想象的复杂与鲜活。

二是道教初成时期，对宗教体系的构成模式和宗教符号有着强烈需求，早期道教不仅从传统艺术汲取营养，还大量借鉴和吸收佛教的形式，早期佛教造像因素集中发现于四川和鲁南苏北等道教活动的中心地区就是这种需求的反映。

孔望山遗址群中，摩崖造像群利用了汉画像石中的固有图像和技法重新组合而成，更借助大象、蟾蜍等神异形象来布置环境。这种做法还见于其他道教艺术类别，道教基本法器符箓、

镜、剑、尺、印等无一不是来源于日常用品，"天帝杀鬼之印"是道教法器，而在印文的另一面是建筑、禽鸟等汉代常见的图像[19]。龙、虎都是中国传统艺术中的常见形象，最早在河南西水坡仰韶文化墓葬中就有发现，随着东汉晚期道教的兴起，道教的外丹、房中等派别常以龙虎交媾设喻[20]，故而在铜镜纹饰中就出现了与这类内容相对应的图像题材[21]。四川长宁县飞泉乡保民村附近的红砂岩峭壁上分布着28座墓，其中7座墓中的墓室内壁、残存石棺和墓外崖壁上都有石刻画像。在墓门框和附近还各有一组由阙、玄武、胜、龙、马、楼阁、伏羲、女娲等画像石艺术中常见的图像题材与带纪年的题记[22]，围绕墓门重新组合表达了某种思想意识。

此类遗存表明，在脱胎于佛教艺术的成熟的道教艺术产生之前，还有一个对传统和日常用品进行借用和改造的中国早期道教艺术传统有待于我们的发现和研究。

附记：《连云港孔望山》报告完稿后，《中国文物报》2005年9月28日第2版刊登了李洪波《孔望山佛教"石象"发现东汉纪年铭刻年代早于敦煌三百年》一文，认为在石象的左前腿内侧有"永平四年四月"的题记。随后，在2006年2月17日第7版和2006年4月14日第7版上登载了以此次发现为基础的纪达凯《孔望山造像纪年题刻的发现及相关学术问题》和艮迪《对孔望山摩崖造像时代和祀主新说的质疑》两篇文章。经仔细辨认，所谓字体应是制作时施凿痕迹疏密不均造成的视觉误差所致。

[17]（隋）费长房：《历代三宝纪》卷第四，《大藏经》第49册，新文丰出版公司影印，1983年，49页。
[18]（晋）陈寿：《三国志·吴书·刘繇传》卷四十九，中华书局，1959年，1185页。
[19] 刘昭瑞：《考古发现与早期道教研究》，文物出版社，2007年，139页，图四一。
[20]《周易参同契》，见《道藏》第20册，文物出版社、上海书店、天津古籍出版社，1996年，75、76、87、89、90页。
[21] 王趁意：《中国东汉龙虎交媾镜》，中州古籍出版社，2002年，22~40页。
[22] 罗二虎：《长宁七个洞崖墓群汉画像研究》，《考古学报》2005年第3期，279~303页。

Kongwangshan of Lianyungang

(Abstract)

Kongwangshan is a small, freestanding mountain in the Haizhou district of Lianyungang city in Jiangsu province. It is located 2.5 km east of the district center in Haizhou and about 6 km southwest of the Xinpu area in Liangyungang.

At the western end of the south face of Kongwangshan, pictorial images are carved onto the jagged but relatively smooth cliff surfaces. The carved area, extending about 18 m from east to west and about 6 m in height, is located at the bottom of the mountain slope, which on the whole resembles an asymmetrical oval and faces southwest. In the nearby level area in front of the mountain are also found other stone objects, including a large elephant, a toad and a stele base.

Since the first publication on the various stone carvings from Kongwangshan in the No. 7 issue of Wenwu in 1981, scholars have focused mainly on their dating and function. As our understanding of the subject grew over the years, however, it becomes clear that the site contained so much more than what the initial report had covered. In order to provide a thorough, detailed account of all the related material at Kongwangshan, the Center for Field Archaeology and Research at National Museum of China, the Archaeological Institute at

Nanjing Museum, Office of Cultural Relics Management Committee in the City of Liangyungang and Liangyungang City Museum jointly conducted a new research investigation into the site's archaeological remains from 2000 to 2003, accounting for their quantity, type and distribution within the concerned area.

This investigation defines the site of Kongwangshan as one comprised of various clusters of archaeological remains that extend from the mountain's own ridges to the slopes of the nearby Fenghuangshan, covering an area about 300,000 square meters. The archaeological remains can be divided into three main types: remnants of an ancient city, stone carvings and fragments, and foundations of old buildings. Stone carvings are chiefly distributed along the south face of Kongwangshan and at the top of its eastern peak. They include the aforementioned cliff side carvings of the south face, the large, free-standing stone animals and stele base in the front area, as well as a man-made stone chamber called "Dragon Cave" on the east slope; and two large stone containers (one resembling a basin and one as a cup tray) at the mountaintop.

This new report shows that the ancient city of Kongwangshan

was built during the Southern Song dynasty for military purposes. This was not related to other earlier remains.

The most recent layer of architectural remnants found in the level area in front of the south face of Kongwangshan can be dated to Sui and Tang times on the basis of soil layers and analyses of excavated objects. The excavation yielded a large quantity of ceramic tiles of various types at the foundation level. The few tiles decorated with cloud patterns and tile ends with rope motifs were building materials common in the Han dynasty. There were also other stone measuring tools and strings of coins from the Han period. Many of the stone material at the site show signs of repeated use. This may be due to the fact that the concerned area was the only flat surface in the vicinity, where buildings from different periods concentrated. We speculate that the earliest structures were first constructed in the late Eastern Han. In order to preserve the integrity of the uppermost layer of foundations, however, we have decided not to carry out any further excavation at the location.

Based on the analysis of subject matter and comparison with pictorial images from the Warring States to Wei Jin periods, we have determined that the various stone carvings from Kongwangshan were derived from motifs of the late Eastern Han. As many of these themes already had stable iconographic meaning and design layout by then, carving techniques and patterns of compositional distribution typical of Han pictorial stones were utilized to articulate certain ideas. Although it is difficult for us now to fully understand the meanings vested in these images by their makers, we can at least infer from their subject matter, positioning, hierarchical ratio and historical context of the time that they were made in response to the popularity of the Laozi Converting barbarians theme. In short, the stone carvings at Kongwangshan represented the worship of the Daoist deity Laozi in pictorial terms.

The unique shape and carving techniques of the large, three-di-mensional stone elephant and toad pertain to the late Eastern Han style. The iconography of these two animals had a long history in China. With the introduction of Buddhism and the rise of religious Daoism, the elephant and toad became symbols of the world of the immortals. The two stone animals at Kongwangshan thus ought to be considered as part of this development.

There is only one stele base left at Kongwangshan. Situated near the mountain's south face, the stele base is positioned to the south of the stone elephant along a direct north-south axis, about 20 m apart from one another. It was carved out of a piece of granite stone fallen from the mountain top. Freestanding, the top portion of the stone was leveled off such that a rectangular indentation was made for the insertion of a stele body at the top, which in turn must have contained a protruding part of a similar shape to secure it to the base. The format of stone steles first became standardized during the Eastern Han, as they were commonly used at palatial halls, ancestral shrines, major roadways, funerary parks and historical sites. The stele base from Kongwangshan partook a natural shape, boasting characteristics of an earlier period.

The man-made stone chamber "Dragon Cave" is located at the bottom of the eastern side of Kongwangshan. The chamber's entrance faces south, thus retaining the same directional orientation as the cliff side carvings and architectural structures at the site. The area near the entrance (i.e. the chamber's south wall) still retains some chisel marks. The chamber's doors were made to be opened and closed by the user from within. Aside from two donor inscriptions dating from much later periods, there is a fish image near the bottom of the back wall toward the east side. The fish's head points west and tail to east, measuring about 45 cm long and 18 cm wide. Physical features such as its overall contour, lungs, eyes, tail and fins are carved intaglio in thick, rough outlines, whereas the body scales are inscribed in more refined, small circles.

The large stone tray and dew-containing basin are located at the highest peak of Kongwangshan. The two are close to one another and aligned along a north-south axis. As they were both made out of large boulders in-situ, they probably shared similar functions as a single group.

In Han times, Kongwanshan was situated in Qushan county seat (now Haizhou), which in about 2.5 km away was surrounded by water on both east and north sides. In recent years, several tombs dating from the Warring States, Western and Eastern Han periods have been discovered, indicating that the area was not a heavily populated area at that time. As a whole, the site of Kongwangshan centered on its cliff side carvings and the nearby architectural structures, with the large stone elephant and toad to the south, the "Dragon Cave" and stele base to the east, and two large stone containers at the mountaintop. As we have come to a better understanding of these stone carvings and the development of early Daoism, it becomes clear that the functions of these artifacts were closely related to one another, and that they were likely made for the practice of early Daoism.

In the final years of the Eastern Han, Daoism had just arose out of the immortality cult and taken on aspects of the yin-yang theory, the Five Elements thinking, various forms of prognostication, and the theory of origin propounded by Daoist philosophers of the time. This form of Daoism was decidedly heterogeneous in character and thus should not to be examined as though it were some well-organized religious group like the "Taiping" or "Five Pecks of Rice" schools thought as people of later times. Kongwangshan was part of the land on the boundary of Shandong and Jiangsu provinces where early Daoism flourished in the late Eastern Han. It is likely that the site was once the center of a certain sect of Daoism active in the region.